SOUVENIRS

DE L'ALGÉRIE.

faible jeune fille, ma douleur fut plus
forte que mon courage, et je pleurai......

(Une Française captive à Alger. Page 206.)

Lith. de H Laporte et Bouu.

SOUVENIRS

DE L'ALGÉRIE

ET

DE LA FRANCE MÉRIDIONALE,

PAR M. DOPIGEZ,

AUMONIER DE L'ARMÉE D'AFRIQUE.

> . . . . . Un peu de baume à la souffrance,
> Aux corps quelque remède, aux âmes l'espérance
> Un secret au malade, aux partans un adieu,
> Un sourire à chacun, à tous un mot de Dieu.
> M. de LAMARTINE.

DOUAI.
V. ADAM, IMPRIMEUR-ÉDITEUR,
RUE DES PROCUREURS, 12.

M DCCC XL.

INTRODUCTION.

Les Numides et les Maures, peuples d'origines différentes, mais unis par les mêmes intérêts, occupaient le pays qui fut appelé plus tard Barbarie. Leurs annales sont si incertaines, elles sont enveloppées de tant de fables et d'obscurités qu'on ne peut guère s'en rapporter à elles pour ce qui regarde les temps primitifs. Justin et Horace parlent de leurs querelles avec Carthage *.

Malgré la nuit des temps, il paraît certain que le despotisme avait prévalu en Afrique. Tel était du moins son régime gouvernemental, lorsque les Romains portèrent leurs armes dans cette partie du monde. L'histoire laisse apercevoir, il est vrai, quelques traces de li-

* Mauri venenatis gravida sagittis, Fusce, Pharetra.

berté, mais seulement parmi les tribus mauresques des montagnes, qu'Appien désigne par un mot grec qui signifie un peuple gouverné par ses lois, et dont les chefs ont une puissance limitée. Mais à cette forme de gouvernement succéda enfin la monarchie, qui parut plus propre à des temps de guerres continuelles. Aussi trouve-t-on toute la Numidie réunie sous le sceptre d'un roi absolu, plusieurs années avant l'ère chrétienne, quand Rome envoya des troupes pour étendre sa puissance.

L'Algérie est en grande partie composée de la Numidie et de la Mauritanie Césarienne. Ce pays fut conquis par les Romains. L'an XLVIe. avant Jésus-Christ, César défit Scipion et Juba, roi de Numidie, qui tenait le parti de Pompée. Juba fut tué en combattant, et son fils envoyé à Rome. Les charmes que ce jeune prince trouva dans l'étude des sciences adoucirent ses malheurs, et ses belles qualités lui concilièrent l'affection d'Auguste, qui le rétablit dans les états de son père et le maria à Silérie, fille d'Antoine et de Cléopâtre. Juba en eut un fils nommé Ptolomée, qui lui succéda un peu avant l'empire de Caligula. Mais ce cruel et ambitieux empereur envahit bientôt la Numidie et ôta la vie à l'infortuné Ptolomée. Après cette malheureuse révolution, le royaume fut partagé en deux provinces; l'une reçut le nom de Mauritanie Césarienne, d'une ville que Juba avait nommée Julia-Cæsarea en l'honneur d'Auguste, son bienfaiteur; et l'autre, celui de Tingitane, de Tanger. A cette époque, nous trouvons dans la Mauritanie Césarienne une petite ville nommée *Iommium Municipium*, que les indications des anciens, entre autres de Ptolémée et de Pline, permettent de placer à l'endroit où se trouve aujourd'hui Alger. Quand le christianisme vint conquérir l'Afrique, Iommium relevait de l'évêché de *Rusgunium*, dont les ruines s'appellent aujourd'hui *Tamedfond* ou *Matifou*, et qui était alors l'un des deux cent dix évêchés représentés par leurs pasteurs au concile œcuménique de Carthage, lequel anathématisa l'erreur des Pélagiens*. Cette opinion est corroborée par les savans et les voyageurs les plus célèbres, par *Ibnu-Alraquik*, historien africain, *Grammaye, Louis de Marmol, Jean, Léon* surnommé l'Africain, *Diego de Haëda*, et *Dapper*, qui a recueilli tout ce qu'on a écrit de plus curieux sur l'histoire d'Afrique.

Au commencement du cinquième siècle, la Mauritanie fut ravagée par les Vandales, qui l'envahirent sous la conduite de Genséric, au nombre de quatre-vingt mille hommes. Ils renversèrent les villes, rasèrent les maisons

---

* Saint-Augustin, avec les évêques d'Afrique, ayant reçu le décret qui condamnait Pélage, s'écria: Pierre a parlé par la bouche de Zozime, l'affaire est finie.

de campagne et massacrèrent la plupart de ceux que la fuite ne put dérober à leur fureur. Les religieux et les prêtres étaient dispersés çà et là, ils se sauvaient dans les bois et dans les montagnes, se cachaient au milieu des rochers et dans les cavernes; on leur ôtait la vie quand on les découvrait, ou bien ils mouraient de faim et de misère. D'un nombre prodigieux d'églises qu'il y avait en Afrique, on n'en comptait que trois qui n'eussent point été endommagées, celles de Carthage, d'Hippone, dont St.-Augustin était alors évêque, et de Cirta ou Constantine, parce que ces barbares n'avaient pu ruiner ces villes. L'impératrice Placidie envoya une armée en Afrique, commandée par le comte Boniface, qui fut défait et se sauva à Hippone, qui était la plus forte place du pays. les Vandales l'y assiégèrent. St.-Augustin mourut pendant ce siége, qui dura quatorze mois.

La Mauritanie fut reprise par Bélisaire, ce héros qui ressuscita pour quelques instans la gloire de l'empire romain. Son habileté après une bataille prépara l'affermissement de la conquête nouvelle, et ses dispositions savantes déjouèrent tous les complots ultérieurs des vaincus. Mais, en l'année 665, les Africains, lassés de la tyrannie et des exactions des agens du gouvernement grec, appelèrent eux-mêmes les kalifes sarrasins. Akbé, général musulman, partit de Damas à la tête de dix mille Arabes, traversa la Numidie et ne s'arrêta que lorsque les flots de l'océan atlantique lui opposèrent une barrière. C'est lui qu'on regarde comme le conquérant de l'Afrique; cependant il ne conserva pas ses avantages, et mourut les armes à la main en combattant contre les Grecs. Ses successeurs éprouvèrent à peu près le même sort, et ce ne fut guère qu'en 710 que les Arabes purent se regarder comme définitivement maîtres du pays; ce qui les conduisit à la conquête de l'Espagne, qu'ils ravirent aux Goths, et où ils se maintinrent pendant près de huit cents ans.

Les Arabes musulmans qui s'établirent dans la Mauritanie Césarienne se déclarèrent indépendans et usèrent de leur autorité avec beaucoup de mansuétude et de sagesse; mais la discorde et la guerre civile ouvrirent, en 1068, le chemin du trône à la famille des *Omaïades*. C'est Mohammed, quatrième kalife ou roi de cette dynastie, qui perdit la fameuse bataille de la *Sierra Moréna* contre les Espagnols. Il y eut encore trois princes de cette famille qui finirent leur règne par une mort violente. La race des *Mérins*, élevée sur la ruine des Omaïades, fut encore plus malheureuse. Enfin, la Mauritanie se partagea en plusieurs petits états, et l'un d'eux eut Alger pour capitale. Au milieu de cette succession de vainqueurs et de dominations diverses, une contrée seule conserva son indépendance et l'originalité de sa physionomie, c'est le pays des Kabyles. Cachés entre les gorges de l'Atlas, où les Romains, les Vandales, les Sarrasins, les Turcs, puis les Français ont toujours inutilement attaqué leur liberté, les Kabyles ont échappé aux observations des philosophes comme au glaive des conquérans. Chez eux tout a résisté aux siècles, et l'on dirait que derrière leurs montagnes, ils ont trouvé un asile contre le tems et contre les oppresseurs.

Sous le ministère du cardinal Ximenès, Ferdinand V, roi d'Arragon, envoya une armée en Afrique, commandée par le comte de Navarre, qui prit en 1509, Oran et deux îlots en face d'Alger, qu'il fit fortifier. Eutemi, alors sultan d'Alger et de la plaine de Metidja, désirant en expulser les Espagnols et n'ayant pas de marine, appela à son secours des pirates de Turquie, qui, sous la conduite de Barberousse, devinrent les maîtres du pays. Barberousse, s'étant emparé du trône après avoir étranglé de sa propre main le sultan qu'il avait trouvé seul dans le bain, périt plus tard lui-même avec une armée qui avait souffert un long siége dans la Kasaba de Tlemsen. Son frère Kheir-Eddin, qui hérita de son trône, acheta la protection du sultan Sélim, en échangeant son titre de roi contre celui de pacha relevant de la sublime Porte. Les secours d'hommes, d'argent et d'artillerie qu'il reçut de Constantinople, non-seulement le consolidèrent dans la possession de tout le royaume de son frère, mais lui permirent d'en reculer les limites jusqu'à Tunis et Tripoli. Les Espagnols, attaqués avec acharnement par ses galères, furent obligés de capituler et d'abandonner l'île et le château qu'ils y avaient construit. Kheir-Eddin s'empressa de joindre cette île à la ville par un môle. Alors s'établit ce gouvernement qui devint la terreur de tous les peuples civilisés. Ils résistèrent à la puissance colossale de Charles-le-Quint, défirent les quinze mille Espagnols du comte d'Alcaudète, conquirent à la bataille de Lépante le grand étendard de Saint-Jean de Jérusalem, et vendirent en un an dix mille esclaves chrétiens au bazar d'Alger.

En 1600, la milice turque institua les deys, pour contrebalancer l'autorité suzeraine du sultan de Constantinople et tenir en bride le despotisme des pachas. Le dey leur chef était censé vassal de la Porte ottomane; mais, souverain de fait, il ne respectait pas toujours les ordres du grand sultan. Les principales puissances de l'Europe avaient, à l'aide de traités conclus avec les Algériens, garanti en partie leurs sujets des attaques de ces forbans; mais d'autres étaient obligées de leur payer un tribut déguisé sous le nom de présent, et quelques-unes étaient constamment exposées aux aggressions des Algériens. Les traités même ne mettaient pas toujours à l'abri de ces violences. Alors les grandes puissances bombardaient Alger ; c'est ce que firent Louis XIV en 1683 et 1684, la Grande-Bretagne en 1816. Dans le premier de ces bombardemens aux ordres de Duquesne, les Algériens lancèrent dans la direction de la flotte française et à l'aide d'un canon l'infortuné Levacher, qui, alors missionnaire et consul de France, allait négocier une capitulation avec les janissaires. La flotte algérienne brûlée, la moitié des maisons d'Alger réduites en cendres et en ruines, le quart des habitans tués, vengèrent l'assassinat du consul.

Dans la tentative audacieuse de lord Exmouth en 1816, la marine algérienne fut détruite. Cet amiral s'approcha si près de la darse, que son mât de beaupré touchait aux bâtimens qui étaient dans le port. Cette tentative ne pourrait maintenant se renouveler à cause d'un fort qui y a été bâti depuis, et que couronne une batterie formidable nommée Bescaris.

Mais l'arrogance de ces brigands était incorrigible. Hussein-Pacha avait offensé grièvement le consul de France. Il importait de punir cet outrage; une satisfaction convenable fut demandée inutilement ; alors la France résolut d'en finir avec ces ennemis du genre humain. Une armée partit de Toulon, et le monstre de la piraterie expira bientôt après sous la bayonnette française.

« Le 14 juin 1830, l'armée toucha le sol de l'Afrique, et le 5 juillet elle avait atteint le but de sa mission ; ainsi, en vingt jours, cette armée avait vengé l'insulte faite à la France, détruit la piraterie, et enfin accompli les vœux que formaient depuis trois siècles les hommes généreux et éclairés de toutes les nations. » Telles sont les expressions de M. le baron Dennié, intendant en chef de l'armée d'expédition. Comment se fait-il, dira le lecteur en lisant nos pages, qu'un gouvernement tel que celui d'Alger, si chancelant dans son chef, si sujet aux agitations dans sa milice, si oppressif pour le peuple, se soit soutenu aussi long-tems malgré ses guerres continuelles avec tant de princes d'Europe, dont le plus faible pouvait mettre en mer des forces supérieures aux siennes ? Ce n'est cependant que depuis 1830 que les fastueuses dynasties de l'Europe règnent en souveraines sur la mer !

On sait que les colonies françaises, autrefois nombreuses, se réduisaient, en vertu des nouveaux traités, à la Guadeloupe, la Martinique, la Guyane, l'île de Caïenne, l'île Bourbon et à quelques possessions aux Indes-Orientales. Sous ce rapport, cette campagne sera un jour préconisée dans nos fastes militaires du 19ᵉ. siècle, comme ayant tout à la fois jeté de l'éclat sur nos armes et offert les avantages d'une conquête solide, durable et avantageuse. On a donné bien des batailles en Europe jusqu'à la conquête de l'Algérie, et dans tous ces combats on a répandu des flots de sang pour des intérêts bien changés depuis.

La piraterie éteinte au milieu de la grande famille européenne prépare à l'Algérie une régénération nouvelle, dont nous ne voyons que poindre l'aurore, et dont les Asiatiques, qui seuls pénètrent en Afrique par terre, se ressentiront par leur contact continuel avec l'Europe, d'où cet uniforme et paisible empire de la civilisation, plus durable et plus fort que l'empire des armes, se répandra en s'accroissant également des fruits de la paix et des leçons de la guerre. Puissent ces peuples, sans changer leur type ancien, secouer seulement leur barbarie !

Spectateur et acteur de cette lutte, pour ainsi dire épique, de la France et de l'Afrique, je me suis déterminé à retracer succinctement ce que j'ai vu, ce que j'ai recueilli de plus remarquable sur cette terre jadis si féconde en événemens, et dont le littoral fixe actuellement l'attention du commerce et de l'intérêt national.

L'ex-régence d'Alger égale en étendue plus

d'un tiers de la France ; elle se divisait en quatre parties : la première, qui obéissait immédiatement au dey, et avait Alger pour chef-lieu ; les trois autres, qui avaient un gouverneur nommé bey. Les chefs-lieux de ces trois provinces étaient Oran, Titery et Constantine. On verra paraître ces chefs et leurs contingens sur les champs de bataille ; je peindrai leurs mœurs, leurs usages et leur caractère, d'après les couleurs locales et toutes particulières à ces contrées, riches de singularités.

Ceci m'entraîne à jeter un coup-d'œil sur le caractère général et les progrès de l'ordre intellectuel. Dans notre âge tout investigateur, ce grand côté de l'humanité doit vivement fixer l'attention. La topographie du littoral, les champs de bataille et autres engagemens de l'armée française ont été décrits avec exactitude sur les lieux mêmes ; et s'il manque quelques expressions stratégiques, le récit n'en demeurera pas moins fort ressemblant, selon le témoignage d'un officier supérieur distingué qui a fait la campagne.

Suivons notre analyse. Le 25 mai 1830, départ de Toulon de l'armée expéditionnaire de France pour Alger, composée de 37,000 hommes d'armée de terre, et 600 voiles. Le général Bourmont et l'amiral Duperré commandent l'expédition.

Le 30, la flottille est dispersée par des rafales ; elle se réunit à Mayorque.

Le 14 juin, l'armée française fait son débarquement; l'ennemi est battu à Sidi-Ferruch; prise de 9 pièces de canon.

Le 16 juin, on fortifie la presqu'île; les 17 et 18, on achève de se fortifier.

Le 19, l'armée du dey, à laquelle se sont réunis les beys d'Oran, de Titery et de Constantine, forte de 80,000 hommes, attaque nos positions; elle est battue. Les tentes, l'artillerie et 60 dromadaires tombent au pouvoir du vainqueur.

Le 24, combat de Sidy-Kalef; les Arabes se retirent vers Elbiar.

Le 29, attaque des lignes algériennes; les Arabes ne peuvent tenir contre le feu roulant et le pas de charge des régimens français; ils abandonnent leur artillerie.

Le 4 juillet, bombardement du fort de l'Empereur, dit Sultan-Calasy. Le 5, les Français entrent en vainqueurs dans la capitale de la régence.

Voilà pour la première partie de mon livre; la seconde offrira plusieurs particularités nouvelles de la Provence et du Languedoc, et on ne lira pas sans émotion l'épisode de la captive d'Alger et celui de l'entrevue touchante des deux Contarini.

Mon récit ne doit pas être plus long que ma course. Il ne pouvait entrer dans mon texte de donner des détails sur tout ce qui s'est passé dans l'Algérie depuis que le drapeau de la France flotte sur les remparts d'Alger, de Bone et d'Oran. Pour hâter notre marche, il suffira de dire que le bey de Constantine n'ayant pas voulu entrer en accommodement, on marcha sur sa capitale en novembre 1836 ; l'intempérie de la saison la sauva. En 1837, l'armée française sortit du camp de Med-el-Hamar. Le général Damrémont la commandait. A l'avant-garde marchait le second fils du roi des Français. Le commandement de l'artillerie avait été confié au général Caraman et au colonel Tournemine, officiers très-distingués, qui prirent leurs dispositions avec tant d'habileté qu'en peu de jours les feux qu'ils dirigeaient eurent foudroyé les remparts de Constantine, qui, le 13 octobre, furent enlevés à la baïonnette. Le courage de nos intrépides soldats fut si sublime, qu'un général danois, envoyé par son souverain pour assister aux opérations de cette campagne, disait dans son rapport : « L'excellente discipline des soldats français, leur admirable résignation, leur patience à supporter les privations et les fatigues, leur courage héroïque enfin, sont au-dessus de tous les éloges ; et, à mes yeux, depuis le général jusqu'au simple soldat, leur patrie leur doit à tous une couronne de laurier. » Le général en chef paya cette victoire de sa vie ; le commandement passa aux mains du général Valée, qui depuis fut appelé aux fonctions de gouverneur-général. Enfin tout le monde sait que depuis lors un évêque a été installé à Alger.

Le lecteur connaît notre plan. Nous voulons maintenant raconter avec la simplicité et l'exactitude d'un voyageur sans prétentions ; ce que nous avançons repose sur des preuves irréfragables. Heureux si par les soins que nous avons apportés dans toutes les parties de cet ouvrage, nous parvenons à exciter l'intérêt du lecteur et à recueillir ainsi le plus doux fruit de notre travail.

SOUVENIRS DE L'ALGÉRIE.

I.

Blocus d'Alger. — Préparatifs de l'expédition. — Les montagnes d'Ollioules. — La Sainte-Baume. — Toulon. — Les bagnes. — L'embarquement. — Le bivouac de l'Empereur. — La rade. — Le peintre de Charles X. — Enthousiasme des Provençaux et de l'armée. — L'armée huit jours stationnaire. — La corvette la Bonite. — La couche anti-sociale. — Le homar de terre. — Le départ. — Les deux aventurières. — Physionomie de la Bonite en pleine mer. — Le spectacle en plein vent. — Vue de Mahon et de son port. — Croisières des Algériens. — Mlle. de Bourck et la rançon de 75,000 francs. — Le coup de vent.

EN 1827, Hussein-Pacha, dey d'Alger, ayant, au milieu d'une discussion très-animée, donné un coup d'éventail à M. de Val, consul de France, avait ensuite refusé non-seulement de se soumettre à la juste réparation que l'on exigeait de lui, mais encore, joignant les hostilités à l'outrage, il avait donné l'ordre de faire feu sur le vaisseau parlementaire, monté par le contre-amiral de la Brétonnière; et, au moment où cet officier-général regagnait son bord, trois boulets lancés par les pièces de la batterie établie sur le môle avaient insulté son pavillon. Imprudent défi jeté par un chef de barbares à la nation française !

Mais comme le vautour qui ayant bâti son nid sur un roc inaccessible, le croit à l'abri de toutes les atteintes, Hussein-Pacha, ce roi des forbans, fier d'avoir pour auxiliaires les écueils et la tempête, se croyait en sûreté derrière ses rochers sauvages. Il se trompait, et l'intrépidité de nos soldats devait lui faire payer cher son audace et son erreur.

On était au mois d'avril 1830, et ni le blocus d'Alger par notre marine, ni les négociations entamées pour obtenir satisfaction de la double insulte faite au consul et au pavillon français, n'avaient pu amener aucun résultat. Charles X et son conseil décidèrent que la question allait être tranchée par les armes. Cette nouvelle fut accueillie par la France et par l'armée avec des transports d'enthousiasme

Depuis le blocus d'Alger par le contre-amiral de la Brétonnière, une activité extraordinaire régnait dans la ville et dans le port de

Toulon ; mais aussitôt que l'expédition fut résolue, cette activité devint prodigieuse.

A la rade, au port, au bassin de carénage, à l'arsenal, à la corderie, des milliers de bras organisaient le matériel nécessaire à la flotte et aux soldats qui bientôt allaient paraître armés de la foudre française sur le sol africain, et frapper au cœur la puissance des états barbaresques. Une armée de 35,000 hommes allait partir avec mission de châtier l'arrogance de Hussein-Pacha, et d'anéantir la piraterie dans la Méditerranée.

Les troupes de terre étaient commandées par le général Bourmont, ministre de la guerre, et la flotte était sous les ordres de l'amiral Duperré.

A ces deux hommes de guerre avait été dévolue la tâche enviée par tant de chefs illustres de marcher à la tête de nos jeunes soldats, jaloux eux-mêmes de prouver au monde entier qu'ils étaient dignes aussi de porter la noble épée de la France, et qu'entre leurs mains elle serait aussi puissante, aussi terrible qu'aux jours où leurs pères la promenaient triomphante et glorieuse sur tous les champs de bataille de l'Europe.

Toulon avait été choisi pour point de départ, à cause de sa position et de l'étendue de sa rade, l'une des meilleures de la Méditerranée.

Cette ville, qui avait déjà vu le départ de l'expédition d'Egypte et plus tard celui de l'expédition de Morée, allait contempler encore une fois le spectacle grandiose d'une flotte composée de plusieurs centaines de voiles, quittant les rivages de France pour aller chercher les dangers et la gloire.

La plus grande partie de l'armée expéditionnaire se dirigea sur Toulon par les montagnes d'Ollioules.

Aux yeux du voyageur qui se rend de Marseille à Toulon, en passant par le Bausset, l'aspect de ces montagnes offre un spectacle si imposant que la plume doit renoncer à le décrire. Si ces masses gigantesques et bizarres qui vous environnent de toutes parts, si ces solitudes aériennes qui se confondent avec les nuages, et ces profondeurs immenses au fond desquelles l'œil de l'homme, en plongeant, n'aperçoit les autres hommes que comme des points dans l'espace, si tout cela, dis-je, n'est pas capable de donner à l'âme des impressions, il ne faut aller en chercher nulle part.

Et pourtant l'armée expéditionnaire, qui était en extase devant ce spectacle des grandeurs de la nature, devait en admirer bientôt un autre plus grandiose encore, en portant ses armes victorieuses jusqu'au pied de l'Atlas.

Les montagnes d'Ollioules sont célèbres en Provence par le séjour qu'y fit, dit-on, Sainte-

Magdeleine, dont l'antique hermitage, nommé la *Sainte-Baume*, attirait, dès les premiers tems du christianisme, et attire encore de nos jours, dans la Province Narbonnaise, un nombre considérable de pieux pèlerins *.

Mais suivons l'armée à Toulon.

Cette ville est bâtie en demi-cercle sur un port magnifique, pouvant servir d'abri à des milliers de bâtimens.

En mai 1830, le regard se perdait dans cette forêt plantée sur l'eau et dont les arbres étaient des mâts de vaisseaux, de frégates, de corvettes, de goëlettes, flûtes, gabarres, chaloupes canonnières, avisos, allèges, transports, etc., amarrés dans le port et dans le bassin, ou flottant dans la rade.

Une montagne très-élevée domine la ville et la protège contre les vents du Nord. Le long des flancs de cette montagne, à travers des cultures variées, entre des massifs d'oliviers, d'orangers, d'arbres exportés de l'Afrique et de l'Italie, on voit poindre à perte de vue les bastides, ces blanches et gracieuses maisonnettes, où les Toulonnais vont se récréer les dimanches et les fêtes.

---

* La tradition des tems fait arriver sur les côtes de Provence Saint-Maximin, suivi de Lazare et de Magdeleine, et Cidoine, évêque de Marseille.

Vid. Magdalena massiliensis advena, etc. Actuarium historicum de Magdalenâ massiliensi advenâ. Par Guesnay, jésuite.

Les rues de Toulon sont étroites et les places irrégulières, mais décorées de fontaines qui tempèrent les chaleurs de l'été. En général, les maisons ont de l'élégance. La place du champ de Mars, qui fut le théâtre de représailles sanglantes lorsque les conventionnels reprirent la ville sur l'amiral Hood et sir Sidney-Smith, est belle, spacieuse et entourée d'une double rangée d'arbres.

Sur le quai des marchands, large et aéré, se trouve l'Hôtel-de-Ville, monument moderne, très-vaste et d'une assez belle architecture; l'église principale n'a rien de remarquable; le siége de l'évêque est à Fréjus.

C'est dans le port neuf que vous voyez les pontons, ces prisons flottantes, qui servent de bagnes. Les forçats y sont renfermés et organisés au nombre de 4,000. On les emploie aux travaux du port et des bassins. Ce sont eux qui transportent les immondices et qui nettoient chaque jour les rues de la ville.

Les bagnes! le souvenir de Vincent de Paule qui poussa, dit-on, la charité chrétienne jusqu'à se charger volontairement des fers d'un malheureux père de famille, pour lui permettre de donner du pain à ses enfans avec le travail de ses bras, ce souvenir, dis-je, se présente naturellement à l'esprit en voyant cette multitude d'hommes sur le front desquels le crime a imprimé sa flétrissure et que la société a repoussés de son sein......

Un jour, j'accompagnai l'aumônier des bagnes dans une de ses visites. Nous entrâmes dans un chantier où étaient rassemblés une vingtaine de condamnés à perpétuité. Ces malheureux, dès qu'ils nous virent, vinrent former un cercle autour de nous, et parlèrent un instant tous à la fois avec une volubilité étonnante de leurs privations et de leurs souffrances; puis ils m'offrirent de petits ouvrages en crin et en cheveux, et recommencèrent aussitôt leurs bruyantes supplications accompagnées des gestes les plus expressifs, pour obtenir de nous quelque argent. L'un d'eux n'avait que 25 ans. Ce malheureux me dit en me serrant la main:« Vous le voyez, Monsieur,
» j'ai été lancé bien jeune encore dans l'éter-
» nité des galères ! »

L'embarquement des troupes de l'expédition se fit avec assez d'ordre pour une opération aussi compliquée. Les régimens arrivaient sur le quai des marchands, où venaient les prendre des embarcations pour les conduire à bord.

C'était un admirable coup d'œil, un spectacle ravissant à voir que ces innombrables chaloupes hérissées de bayonnettes et s'avançant majestueusement vers les vaisseaux de la rade, au bruit d'une musique guerrière, et aux acclamations mille fois répétées de : *Vive le Roi ! Vive la France !*

Les chevaux n'entraient point en ville; on

les lançait en rade du point même appelé le bivouac de l'Empereur, parce que jadis, pendant le siége de Toulon, le chef de bataillon Napoléon Bonaparte y avait bivouaqué....... Napoléon ! cet astre des batailles, qui se leva rayonnant de génie sur les bords de la Méditerranée, et qui, après une course glorieuse, s'abîma comme le soleil au milieu de l'océan !

Le pavé de Toulon était encombré de la foule élégante des curieux accourus de la France et de l'étranger, pour assister à l'embarquement des troupes et au départ de la flotte. Une multitude de personnages de distinction, de brillans oisifs parmi lesquels il se trouvait beaucoup d'Anglais, attendirent huit jours ce départ, et allèrent pendant ce tems-là se promener à travers la flotte et visiter les bâtimens. Jamais, au dire des anciens marins et des Toulonnais eux-mêmes, la rade n'avait été aussi animée. Une flotte de six cents voiles couverte de soldats, et dont les mille canots se croisaient dans tous les sens, impressionnait les imaginations les plus froides et faisait battre tous les cœurs français du sentiment de l'orgueil national.

Un peintre envoyé par le roi Charles X suivait l'armée. Il avait mission de retracer sur la toile, dans son ensemble et dans ses détails, le tableau vaste et animé que présentait son imposant aspect.

L'expédition d'Egypte elle-même s'effaçait

du souvenir, en présence de celle que la France accompagnait de ses vœux et qui avait su se concilier dans tous les cœurs une popularité vraiment nationale.

L'enthousiasme des Provençaux surtout, dont le commerce avait tant souffert de la piraterie, était, comme celui de l'armée, inexprimable. L'armée! oh! de quels nobles élémens elle était composée! De vieux guerriers, restés debout sur les ruines de l'empire, étaient là comme des piliers autour desquels se groupaient nos jeunes soldats, avides de dangers et de gloire, heureux de prouver à leurs devanciers qu'ils étaient dignes de marcher sur leurs traces, et fiers de trouver enfin une occasion d'ajouter un fleuron de plus à la couronne déjà si glorieuse placée sur le front de la patrie.

Qu'il me soit permis de payer ici un faible tribut de reconnaissance et de doux souvenir, en citant quelques-uns de ces jeunes gens au cœur chevaleresque dont l'amitié me fut si chère et si précieuse : Berthier de Sauvigny, d'Oraison, de Fleury, Montesquiou, d'Abrantès, Amédée de Bourmont, Bessières, de Mourogue, La Tour du Pin, de Neuchèze, de Marcelange, de la Forcade, Baylon de Chassy, et tant d'autres encore, plusieurs d'entre vous, en mourant les armes à la main aux postes les plus périlleux, prouvèrent à leurs camarades et à la France que le sang dont ils rougissaient la terre d'Afrique était un sang noble et pur, digne de la source qui l'avait fait couler dans leurs veines.

Attirés par la renommée dont l'armée française jouit dans toute l'Europe, des généraux étrangers arrivaient, pour la contempler et pour assister à ses opérations, des rives lointaines du Volga, du Danube et du Rhin. Parmi eux se trouvait un Poniatowski, nom glorieux, nom si cher aux braves de la Pologne et de la France.

La religion avait aussi ses représentans. Seize aumôniers, dont un aumônier général et un prêtre Syrien, attaché comme interprète au quartier-général, allaient au nom de l'Evangile prendre possession, eux aussi, de cette terre d'Afrique, où Saint-Augustin avait dit : *Aimer les hommes, immoler l'erreur.*

L'expédition demeura stationnaire pendant huit jours qui parurent huit années à la bouillante ardeur de nos soldats, retenue comme par un frein qu'elle aurait voulu pouvoir briser. D'abord le calme de la mer et ensuite les vents contraires causèrent ce retard, pendant lequel l'armée de terre, transplantée sur un autre élément que le sien, eut le tems de fraterniser à bord avec la marine, qui, fière de dominer sur son empire, s'amusait d'un air tant soit peu railleur de l'inexpérience et du pied peu marin de nos jeunes conscrits.

La corvette la *Bonite*, à bord de laquelle j'invite le lecteur à vouloir bien me suivre un instant, était commandée par un homme qui avait couru toutes les mers. A terre, c'était le meilleur vivant et l'être le plus jovial du monde; mais une fois en mer et dès qu'il avait posé le pied sur son navire, son abord était glacial et son sérieux imperturbable.

Son premier lieutenant aussi, était un vieux loup de mer qui avait navigué et combattu depuis Trafalgar jusqu'à Navarin; mais chez tous les deux si l'enveloppe était garnie de quelques aspérités qui la rendaient un peu rude au toucher, le cœur n'en était pas moins plein de noblesse, de franchise et de bonté ; c'étaient deux vrais marins formés à l'épreuve des dangers et des longs voyages, c'étaient deux hommes, en un mot, et la lime de la civilisation ridicule et maniérée de nos salons ne leur avait point donné ce faux poli qui nous séduit et nous trompe si souvent.

La *Bonite* stationnait non loin de la *Provence*, vaisseau de soixante-quatorze, monté par l'amiral et le général en chef. Elle avait à bord un bataillon d'infanterie légère, le colonel et une partie de l'état-major du régiment, un chirurgien-major, un aumônier, l'intendant de la troisième division et un intendant sanitaire. Les fonctions de ce dernier ne devaient commencer qu'à Alger. Cette sinécure avait été accordée à un négociant de Marseille auquel ses anciennes relations avec la régence avaient pu donner quelques faibles notions du littoral du nord de l'Afrique.

Tous les soirs les musiques des régimens exécutaient en rade des symphonies et des fanfares; puis, au son du fifre et du tambour, les matelots enlevaient les hamacs du *prélat* ou *bastingage*. La retraite battait à neuf heures comme dans une place de guerre, et chacun alors gagnait son hamac. Cette façon inaccoutumée de se mettre au lit n'était pas le côté le moins amusant du voyage, et les figures les plus sérieuses étaient obligées de se dérider et de rire en voyant l'embarras et la manière empruntée avec lesquels nos fantassins parvenaient à se blottir dans ces couches vacillantes et suspendues. Hélas ! la plupart d'entre eux n'avaient vu la mer et ses vaisseaux qu'en peinture; il les voyaient maintenant dans toute leur réalité.

Parmi les passagers de la *Bonite*, il y avait un capitaine d'infanterie dont le volumineux abdomen avait peine à se caser dans les étroites limites de son hamac; aussi cette couche lui était-elle odieuse, et les plaintes nocturnes qu'elle lui arrachait étaient devenues proverbiales parmi l'équipage de la corvette, qui les répétait malicieusement en contrefaisant le gros capitaine. Celui-ci ne voyait dans le hamac qu'une invention diabolique et anti-sociale,

Un soir que le malaise auquel il était en proie s'exhalait, suivant l'habitude, en injures contre la couche des matelots, le hamac dans lequel il était, disait-il, censé reposer, tomba tout-à-coup, contenant et contenu, sur l'entrepont. Il fallut le suspendre de nouveau, et les marins égayés par cette mésaventure que leur malice avait probablement préparée, se prêtèrent en riant à rehisser dans son lit le *homar de terre* (c'est ainsi qu'ils appelaient les soldats de l'armée de terre à cause de leur pantalon garance, nouveau à cette époque, et qu'ils voyaient pour la première fois).

A peine réinstallé de son mieux dans son hamac maudit, le capitaine, dont la voix avait un volume proportionné à sa tournure d'aérostat, se mit à pérorer à peu près en ces termes :

« Nous autres *marche à terre*, l'élément liquide nous sourit peu, et quand nous allons planter notre drapeau sur le sol étranger, rien ne nous va mieux qu'un bon chemin de terre ferme. Il est vrai de dire que l'étranger ne nous voit qu'en tems de guerre, tandis que la paix n'est pas plus tôt faite qu'on le voit abonder chez nous.

» Mon père, qui était un homme sage, me disait que de son tems à lui c'était s'aventurer beaucoup que de passer les Alpes, et que l'on faisait son testament quand on se hasardait à franchir le Pas-de-Calais. Que dirait-il, s'il était encore de ce monde, en me voyant, moi son fils, embarqué pour l'Afrique?

» Le pays où nous allons est, dit-on, couvert de plantes aromatiques, et nous y dormirons à l'ombre des orangers; nous respirerons alors une odeur un peu moins nauséabonde que celle du goudron, et nous ne serons plus ballotés ni par le roulis ni par le tangage. »

A part ces plaisanteries, assez innocentes du reste, qui égayèrent plus d'une fois la traversée, la bonne harmonie ne cessa jamais de régner entre les passagers et l'équipage de la *Bonite*.

L'état-major de la corvette et celui du bataillon embarqué à son bord mangeaient à la même table. On suivait ici le précepte des Lacédémoniens qui, selon Cicéron, reconnaissaient que pour entretenir l'union et l'amitié entre les citoyens, il était quelquefois nécessaire de les faire manger ensemble.

La santé de nos soldats était parfaite, et dans leur gaîté toute française ils se racontaient en riant leurs rêves de fortune et de gloire, sans songer que plus d'un d'entre eux les échangerait bientôt contre un peu de sable pour tombeau.......

Le 25 mai, le vent étant favorable, le signal d'appareiller fut arboré sur le vaisseau amiral. Bientôt un bruit sourd et saccadé annonça la levée de l'ancre, et le pont retentit sous les pas précipités des matelots et des mousses qui répondaient à l'appel du contre-maître.

Il n'y avait pas deux minutes que ces jeunes gens folâtraient encore le long du bastingage, et tous, en un clin d'œil et au premier coup de sifflet, étaient à leur poste. Agiles et prompts comme des oiseaux, ils voltigeaient sur les cordages et s'alignaient sur les vergues.

La corvette, par un mouvement gracieux, s'inclina d'abord deux ou trois fois comme une grande dame qui prend congé d'une soirée brillante; et obéissant à la voix de l'officier qui avait commandé : *Hissez le grand foc;* — *Bordez le grand foc à tribord;* — *Virez;* — *Range à hisser les huniers;* — *Bordez les huniers;* — *Range à hisser les perroquets;* — *Bordez les perroquets;* — *Range à hisser les kakatoës;* — *Bordez;* la *Bonite* prit d'abord une marche grave, puis elle s'avança voiles déployées et comme à tire d'aîles au milieu de l'escadre.

Oh! qu'il fut grandiose le spectacle qui s'offrit à tous les regards au moment du départ de la flotte!

Que l'on se figure treize grands vaisseaux de ligne, vingt frégates, quatre-vingts bâtimens légers avec leurs longues flammes de guerre, et une quantité prodigieuse de transports de toute grandeur voguant majestueusement pour aller chercher des aventures et des combats; que l'on se figure, disons-nous, cinquante mille spectateurs qui, des hauteurs du fort Lamalgue, suivent du regard et accompagnent de leurs vœux cette flotte qui occupe une étendue de douze lieues carrées sur la mer; les musiques des dix-huit régimens embarqués répondant aux acclamations qui saluent leur départ; les soldats montés sur les hunes, sur les haubans et sur les vergues, et faisant retentir l'air de leurs chants d'adieux au rivage aimé de la patrie; et l'on pourra se faire une idée du vaste tableau dont les proportions gigantesques ne peuvent s'esquisser que difficilement par la plume ou par le pinceau.

La flotte doubla le cap Sepet, entrevit les îles d'Hyères, lieux charmans couverts de plantations d'orangers *, et le vent secondant sa marche, elle cingla rapidement vers la mer.

A soixante lieues des côtes de France, nous aperçûmes une quantité considérable de marsouins et des myriades de poissons volans; puis des oiseaux en grand nombre vinrent se reposer sur les cordages.

Deux colombes blanches s'y réfugièrent aussi, et leur arrivée devint un événement à bord de la corvette, car l'une d'elles portait

---

* C'est la patrie de Massillon.

un cœur suspendu à un ruban couleur de feu, qui tranchait admirablement sur son blanc plumage.

Tout ce qui rappelle le souvenir de la terre plaît à l'homme de mer; aussi, dans un moment tout fut en mouvement parmi l'équipage et les passagers de la *Bonite*. Tous les regards à la fois se dirigèrent vers le point du navire occupé par nos deux aventurières; mais elles ne restèrent que peu d'instans sur notre bord et reprirent bientôt leur volée vers d'autres bâtimens.

La réunion d'un aussi grand nombre d'individus sur un petit espace donnait à la *Bonite* une physionomie mobile et piquante d'originalité. L'esprit, la gaîté franche et quelquefois même étourdie des soldats français intéressent ceux qui les approchent, et s'ils s'ennuient peu entre eux, il est difficile de s'ennuyer avec eux. *Plas mi cavalier francès*, disait, il y a bien des années, ce Frédéric Ier. qui avait vu toute l'Europe et qui était notre ennemi.

La gaîté naturelle est en mer une puissante ressource; car le ciel, la mer et un bâtiment, quand on ne voit pas autre chose et que cela dure long-tems, finissent par devenir furieusement monotones.

Aussi, chacun, pour conjurer l'ennui, utilisait et passait son tems suivant ses goûts.

3.

L'officier d'état-major, dessinateur espiègle et spirituel, appuyé sur le cabestan, esquissait une caricature; un vieux capitaine racontait l'entrée de l'Empereur à Moscou; le docteur du bord et l'aumônier tenaient les échecs; des soldats à longues moustaches gardaient, en jouant à la drogue silencieuse, un sérieux imperturbable et qui contrastait avec le morceau de bois fendu qui pinçait le nez du perdant et le forçait à ouvrir la bouche afin de respirer.

Des sapeurs alsaciens chantaient en chœur, en caressant leur longue barbe, des refrains d'amour ou de guerre; d'autres soldats écoutaient un troupier orateur, le loustic de l'escouade, débitant en languedocien un monologue puisé dans Robinson, ce qui l'avait fait surnommer *Vendredi* par ses camarades.

Un autre soldat annonçait un spectacle en plein vent, et s'écriait d'une voix qui dominait toutes les conversations particulières :

« Attention, Messieurs et Dames,

» Vous allez voir une foule de choses curieuses, et entre autres Hussein-Pacha, dey d'Alger, monté sur le plus grand de ses dromadaires, précaution sage qu'il crut devoir prendre, après avoir donné un coup d'éventail à un Français, afin de pouvoir lui dire qu'il le regardait comme beaucoup au-dessous de lui. Ceci n'empêche point que l'armée française avance pour dire sa façon de penser à ce Monsieur, et lui donner une représentation gratis qui ne l'amusera guère. Dans cette représentation, Messieurs, les acteurs c'est nous, la mer est le théâtre, les canons sont l'orchestre, l'Europe est le parterre. »

Le second jour, de grand matin, l'île Minorque, la seconde des Baléares, découpa sur l'horison les flancs du Mont-Toro (90 lieues de France). A quatre heures du soir, la flotte passa en vue de Mahon et de son port. Nous aperçûmes un terrain bien cultivé, une grosse tour blanche réfléchissant des rayons argentés, mais pas un seul être vivant ne fut distingué sur la côte.

Les parages de Minorque, Maïorque et Iviça, étaient autant de croisières pour les pirates algériens, dont les excursions s'étendaient dans la Méditerranée depuis le détroit de Gibraltar jusqu'à la rivière de Gênes et la côte de Naples; et dans l'Océan, depuis Cadix jusqu'aux Açores.

Quelques corsaires d'Alger poussaient, dit-on, jusqu'à Terre-Neuve. On prétend même que certains d'entre eux portèrent quelquefois l'audace jusqu'à enlever des navires dans le Texel.

Quand quelque vaisseau européen croisait sur eux dans la Méditerranée, ils se jetaient sur les côtes de Portugal ou des îles Canaries.

Ainsi, à la honte des nations civilisées et de l'humanité tout entière, un peuple de forbans, par ses déprédations, ses massacres et les cruautés qu'il exerçait sur les infortunés qu'il réduisait en esclavage, jetait la terreur et la désolation dans le commerce et dans les familles.... Que de larmes ces brigands n'ont-ils pas fait répandre dans toute l'Europe? et depuis St.-Vincent de Paule et Mademoiselle de Bourck, qui furent capturés par eux, quel long martyrologe ne formerait-on pas des autres victimes qui rendirent, après de longues et affreuses tortures, leur dernier soupir sur le sol inhospitalier de l'Afrique?

Mais n'anticipons pas. Parlons un instant de l'infortune de Mademoiselle de Bourck; nous retrouverons plus tard des malheureux de tous les pays dans les fers où les faisait gémir le tyran dont les boulets français ont brisé le trône en même tems que le rocher sur lequel il était bâti.

Le 23 octobre 1719, la comtesse de Bourck s'embarqua à Cette à bord d'un bâtiment génois, avec son fils, sa fille, l'abbé de Bourck, son beau-frère, quatre filles de service et deux laquais.

Cette dame se rendait auprès de son mari, général irlandais, au service d'Espagne.

Deux jours après avoir quitté le port, le navire génois fut abordé par un corsaire algérien, à la hauteur de Barcelone.

Un passeport délivré à la comtesse au nom du Roi de France fut produit par elle et lu attira le respect du pirate, qui, voyant la frayeur à laquelle cette dame était en proie, essaya de la rassurer en lui disant qu'elle n'avait rien à craindre.

Voulant mettre à l'épreuve la sincérité du pirate, Madame de Bourck lui demanda la faveur de rester avec sa famille et sa suite sur le vaisseau gênois, ce qui lui fut accordé sur-le-champ.

L'équipage gênois passa sur le navire algérien, et fut remplacé par un pareil nombre de matelots turcs pris à bord du corsaire.

Cet arrangement terminé, le pirate, comme la bête fauve qui, après avoir saisi la proie qu'elle guétait, l'emporte dans son antre pour la dévorer à son aise, cingla vers Alger avec sa prise.

Mais arrivés le 30 du même mois sur la côte des états barbaresques, les deux navires furent assaillis par une tempête violente qui les sépara et pendant laquelle le bâtiment gênois fut jeté sur les rochers de la côte entre Bougie et Gigeri.

Les Maures kabyles virent ce naufrage du haut de leurs montagnes, et aussitôt et de toutes parts ils accoururent au pillage.

Ceux des Algériens qui montaient le navire gênois et qui étaient parvenus à se sauver à la nage, informèrent les Kabyles qu'il y avait à bord une princesse française.

A cette nouvelle, plusieurs de ces barbares, mus par l'espoir d'une forte récompense, se jetèrent à l'eau pour la sauver; mais il était trop tard. Ils ne trouvèrent plus à bord que Mademoiselle de Bourck, l'abbé de Bourck, une femme de chambre et les deux laquais. La comtesse avait déjà été engloutie par les flots avec son fils, et trois de ses femmes avaient éprouvé le même sort.

Les Maures conduisirent Mademoiselle de Bourck et son oncle dans un des plus inaccessibles défilés de leurs montagnes, ils les logèrent dans une tente avec l'un des domestiques, et mirent dans une autre la femme de chambre et le second laquais.

Le lendemain, les cheiks de la tribu tinrent conseil sur le sort à réserver aux prisonniers que leur avait envoyés la tempête, et il fut décidé qu'afin d'obtenir une plus forte rançon, l'on attendrait que le consul de France les réclamât lui-même.

Mademoiselle de Bourck, qui n'était encore que dans sa douzième année, écrivit le 4 novembre une lettre fort touchante au consul français. Elle lui dépeignait toute l'horreur de sa position, à elle pauvre enfant séparée de sa mère, que les flots lui avaient enlevée comme pour la dérober à la captivité; puis elle terminait en suppliant le consul de la racheter à quelque prix que ce fût.

Cette lettre fut remise par les Maures à un marabout du voisinage dont la sainteté était en grande vénération dans les montagnes, et celui-ci dépêcha un exprès qui la porta au consul de France.

Dans cet intervalle, un jeune arabe, fils d'un cheick, supplia son père de lui obtenir Mademoiselle de Bourck pour épouse. Une proposition à cet égard fut aussitôt déférée à une assemblée générale de tous les cheiks de la tribu. Heureusement l'arabe, qui, vu l'extrême jeunesse de Mademoiselle de Bourck, était, à n'en pas douter, bien plus amoureux de ses richesses que de ses charmes, avait plusieurs rivaux ; et ce fut probablement là le motif qui porta l'assemblée des cheiks à décider que l'esclave chrétienne serait rachetée par les siens.

Cependant l'envoyé de France insista fortement, mais en vain, pour que le dey ordonnât la mise en liberté de Mademoiselle de Bourck. Ce chef lui répondit que les Kabyles, retranchés dans leurs montagnes, refuseraient de reconnaître son autorité; que l'on avait d'ailleurs des exemples trop récens des échecs éprouvés par les troupes envoyées contre eux pour hasarder quelques entreprises, et que c'était dans tous les cas exposer les jours de la jeune captive,

— « Tout ce que je puis faire, ajouta le dey, c'est de faciliter, autant qu'il est en moi, la négociation de la rançon de la jeune chrétienne, et de faire assurer les montagnards au pouvoir desquels elle est en ce moment que je regarderai leur complaisance en cette occasion comme une marque de leur amitié. »

Quelque tems après, deux agas se rendirent, par ordre du dey, dans la tribu où la jeune française était captive; et sa rançon, avec celle de son oncle et de sa suite, fut portée à 75,000 fr., qui furent accordés sur-le-champ.

Les Kabyles, en recevant cette somme et en remettant les captifs, déclarèrent fièrement aux députés que leur condescendance venait du respect qu'ils portaient à leurs marabouts; mais qu'ils ne craignaient ni la puissance turque ni le fer de ses soldats.

Conduite à Alger par les agas, Mademoiselle de Bourck put, au bout de quelques jours, s'embarquer avec son parent et sa suite à bord d'un vaisseau qui partait pour la France.....! Mais l'infortunée jeune fille, au lieu de se réjouir en posant son pied sur ce rivage de la patrie autrefois tant désiré, sentit des larmes dans ses yeux et des sanglots dans sa poitrine. C'était bien la France qu'elle revoyait; mais, hélas! elle la revoyait sans sa mère!

Mademoiselle de Bourck était petite-fille du lieutenant-général de Bourck, gouverneur de la châtellenie de Bouchain.

Pendant une longue suite d'années, la régence d'Alger put exercer impunément ses brigandages sur les mers; et pendant ce tems-là les nations de l'Europe, au lieu de prendre chacune une torche pour aller mettre le feu à ce nid de forbans, payaient des tributs et rachetaient les captifs.

Ce rachat se faisait de trois manières. Il y avait premièrement la rédemption publique; c'était celle qui se faisait aux dépens de l'état auquel appartenaient les esclaves. Il y avait ensuite le rachat qui s'opérait par la médiation des religieux de la *Merci*, lesquels faisaient des quêtes dont le montant était destiné à cette œuvre chrétienne; et enfin le rachat qui se faisait directement par les parens ou les amis des captifs.

Il est nécessaire d'ajouter qu'aussitôt que la rançon avait été payée au propriétaire de l'esclave, on exigeait ensuite une foule de paiemens supplémentaires à titre de droits divers, comme, par exemple, le droit du caffetan du pacha, le droit du secrétaire d'état, le droit du capitaine du port, le droit du bachi ou gardien des portes du bagne, et mille autres encore qui, réunis, finissaient par doubler la rançon fixée et convenue.

Après avoir vu Maïorque, Iviça et Formentera, la flotte française parut en vue et en face d'Alger, où elle arriva le 29. Mais, au grand désappointement de l'armée qui sentait déjà son sang bouillonner dans ses veines, l'amiral donna le signal de virer de bord.

Il était tems ; car, bientôt après, nous fûmes assaillis par une rafale qui dispersa toute la flotte.

II.

La rade de Palma.— L'officier espagnol.— Palma et sa cathédrale.— Le général Berthier de Sauvigny. — L'évêque de Palma.—Le corps saint.— La trésorerie.— San Domingo. — Le général la Romana.— Lalameda. — Beauté des femmes de Maïorque. — Les funérailles.

Au moment où la flotte fut assaillie et dispersée par le coup de vent du 29, devant Alger, le vaisseau amiral signala Maïorque ou Palma pour point de ralliement. Alors chaque navire vogua isolément. Les uns coururent vers la Sardaigne ; plusieurs, et entre autres les bateaux-bœufs, entraînés par la tempête, ne purent se rallier que plus tard.

L'escadre de réserve arriva la première en rade de Palma, et toutes les voiles reprirent successivement leur rang de bataille comme en pleine mer.

L'ancre de la *Bonite* fut jetée vis-à-vis du fort San Carlos, construit au bas du rocher. Un détachement du régiment de Cordoue, stationné dans ce fort, envoya aussitôt une chaloupe, et l'on vit paraître un officier espagnol qui fut reçu à bord par les officiers français comme une ancienne connaissance.

—« On ne peut plus douter, dit l'espagnol en nous abordant, de la colère de la France; mais que vont dire les wighs et les torys? Votre expédition doit peu sourire aux enfans d'Albion. »

Une terre nouvelle, une terre de transition entre l'Europe et l'Afrique était chose assez curieuse pour tenter des imaginations impressionnables comme celles des Français; aussi, dès le lendemain de l'arrivée en vue de Palma, de ce pays inconnu, tout le monde voulait prendre terre, dans l'espoir de trouver un délassement et une distraction aux ennuis et aux privations inséparables de l'embarquement.

Ceux qui n'avaient pas le pied marin, et grand en était le nombre, étaient heureux de retrouver leur équilibre naturel; plusieurs souffraient du mal de mer, et espéraient s'en guérir à terre, et tous regardaient presque comme une félicité leur entrée dans la capitale des îles Baléares.

En un instant les *fondas* ou cafés se remplirent des hôtes passagers que leur avait amenés la tempête. Je suivis le torrent et j'entrai à la *fonda* de *Las tres Palomas*, d'où je pus contempler les plantations de palmiers, ces sentinelles avancées de l'Orient.

A Palma on en aperçoit partout, sur les collines, autour de la ville, sur les places publiques et dans tous les jardins.

Bientôt la foule des curieux se porta vers *Lalameda*, promenade charmante, plantée d'arbres odoriférans et terminée par une belle statue de Diane chasseresse; puis elle se fractionna et se répandit, partie dans les rues de cette ville demi-espagnole, demi-mauresque, partie dans les églises et les monastères que les Français visitèrent alors, comme autrefois leurs chevaleresques ayeux dans le tems des croisades.

Le capitaine Aiméric, gouverneur de la ville, avait donné une consigne particulière et pleine de courtoisie pour l'armée française; la porte de la marine resta ouverte presque toute la nuit, à la grande satisfaction des patrons de *lancheros* ou canots de la rade.

Palma, ville capitale de l'île Maïorque et des îles Baléares, a 5250 toises de circuit. Elle est fortifiée, d'après le système moderne, d'un rempart et d'un fossé. Ses cassemates sont revêtues de meurtrières, et ses plates-formes sont d'un ordre parfait. Plusieurs châteaux la défendent du côté de la mer. Le principal est le fort San Carlos dont j'ai déjà parlé. Il est situé au bas de la colline, sur laquelle est la prison d'état nommée *Château de Belver*.

Le édifices de la ville, comme les remparts, sont bâtis d'une brèche dure et rouge, particulière au pays, qui de loin ressemble à de la brique, mais qui, vue de plus près, présente un aspect beaucoup plus beau et plus uni. La ville de Palma a huit portes pour ses communications extérieures.

Les églises de cette capitale sont nombreuses et richement décorées. Il y a neuf paroisses, neuf couvens de religieux, onze de religieuses, trois hôpitaux, deux colléges et trois écoles primaires. Sa population est de 36,000 âmes.

La cathédrale, par sa position, offre un aspect des plus imposans. Elle est bâtie sur une éminence qui domine la ville, et du parvis on découvre la rade dans toute son étendue. Il serait difficile de se faire une idée du spectacle animé que présentait pendant notre séjour cette rade, couverte alors de plus de vaisseaux qu'elle n'en avait jamais vu, et que de long-tems peut-être il ne s'y en rassemblera.

Le style de l'architecture de la cathédrale est le sarrazin-gothique. Les colonnes qui séparent la grande nef des nefs latérales représentent des troncs de palmiers, dont le fût s'élève à une hauteur prodigieuse, et dont les palmes, se répandant des volutes dans l'ogive de la voûte, forment un aspect grave et majestueux. La hardiesse, l'élégance et la vaste étendue de ce monument, la suave blancheur des marbres qui le décorent, les ornemens remarquables de la tribune où se chante l'évangile, tout cela forme un ensemble admirable et grandiose. Lorsque j'y entrai, mon âme fut vivement impressionnée quand je vis cette forêt de colonnes au travers desquelles j'apercevais, à l'aide de ce demi-jour qui sied si bien à la majesté des temples, le plus beau peuple de la terre prosterné sur le marbre de cette basilique, où les pompes et les solennités de l'église romaine s'observent encore aujourd'hui avec toute leur magnificence. Là les efforts du siècle sont demeurés impuissans. Rien n'a été changé ni même modifié dans le culte extérieur. Quand je vais dans cette église, me disait un des officiers supérieurs de notre expédition, il me semble encore être à Rome*.

---

* Le lecteur qui désire se faire une idée de l'ensemble des cérémonies de l'église romaine, doit lire Claude Arnault, oratorien : *Abrégé du trésor des cérémonies religieuses.*

Le général Berthier de Sauvigny, homme aussi distingué par sa piété et son amour de la religion que par l'éclat de sa naissance et l'étendue de son savoir, ayant témoigné le désir d'entendre la messe dans la cathédrale, le dimanche de la Trinité, plusieurs aumôniers français dont je faisais partie se rendirent chez l'évêque pour en obtenir l'autorisation. Une audience nous fut aussitôt accordée. Le majordome, en nous introduisant, nous fit observer qu'il ne fallait parler à sa grandeur que la langue de Cicéron; mais c'était une surprise, sans doute, que l'on voulait nous ménager, car l'évêque ne nous parla qu'en Français.

Il semblait que le prélat tînt un synode, tant était grand le nombre des ecclésiastiques que nous aperçûmes dans les appartemens du palais épiscopal. Il nous reçut en présence du marquis de Kerdona, et entouré de ses vicaires généraux. Il nous parla avec beaucoup d'affabilité et donna ses ordres en castillan au grand-maître des cérémonies de la cathédrale pour la célébration de la messe militaire, qui était l'objet de notre démarche auprès de lui. Puis, reprenant aussitôt la parole en français avec tout l'abandon d'un grand seigneur, il nous demanda si le général Berthier, dont nous lui parlions, était le maréchal de ce nom. Nous lui répondîmes que ce dernier était mort; que le vicomte Berthier de Sauvigny était maréchal-de-camp, et appartenait à une autre famille que celle du prince de Neufchâtel.

Le prélat nous parla de notre expédition et de la facilité que nous aurions d'entrer en relations avec les Algériens au moyen de la langue franque, très-facile à apprendre; puis il nous entretint de l'abbé Isacharus, frère du patriarche de Jérusalem et d'Antioche, et qui était attaché au quartier-général en qualité d'interprète.

Frappé de l'aspect imposant qu'offrait la flotte en rade, l'évêque de Palma, s'adressant ensuite au marquis de Kerdona, lui dit en souriant : « Le signor Doria avait-il autant de voiles lorsqu'il conduisit notre Carlos à Argel*? — Beaucoup moins, monseigneur, répondit le marquis; mais cette audacieuse entreprise n'eût pas moins réussi, sans les élémens qui forcèrent les vainqueurs à battre en retraite. »

Après la célébration de la messe militaire, nous allâmes voir dans le chœur de la cathédrale le tombeau du roi Jaime d'Aragon, ce prince qui, en 1311, conquit l'île Maïorque sur les Maures. Son corps fut découvert en notre présence; il était d'une conservation parfaite. Le roi Jaime est vénéré comme un

---

* Lorsqu'il conduisit notre Charles-Quint à Alger.

saint dans l'île de Palma, et l'état dans lequel est son corps après des siècles écoulés est regardé par les habitans comme un signe de béatitude.

On a vu beaucoup d'exemples d'une pareille conservation des corps, long-tems après la mort. Santos Ladron, général espagnol tué le 11 juillet 1214 à la bataille de Bouvines, fut trouvé il y a environ quarante ans dans l'église de Péronne, village situé non loin du champ de bataille, dans le même état que le roi Jaime; et une religieuse morte dans sa jeunesse à l'hôpital d'Aix, en Provence, a été retrouvée de nos jours, après une longue suite d'années, dans un état semblable à celui d'une personne qui dort d'un sommeil paisible.

L'évêque de Palma avait donné des ordres pour que toutes les richesses et les curiosités que renfermait sa cathédrale nous fussent montrées dans le plus grand détail. La trésorerie nous fut ouverte, et nous vîmes briller à nos yeux un assemblage prodigieux de vases sacrés, en or et en vermeil, d'un travail admirable. Le trésorier nous fit remarquer la boîte au saint-chrême, représentant un dauphin, dont la valeur était de soixante onces d'or [*].

Les calices et les ciboires avaient ces formes

---

[*] L'once d'or vaut 84 fr. 50 cent.

antiques et étaient enrichis de ces délicieuses ciselures qui font l'admiration des archéologues; et, pour donner une idée de la magnificence des ornemens sacerdotaux, il suffira de dire que celui qui fut présenté à l'aumônier qui célébra la messe était parsemé d'une rivière de rubis, de topazes et autres pierres précieuses. O fourgons de la république et de l'empire, si vous étiez passés par là !....

Une autre église, située non loin de la cathédrale et toute resplendissante de l'or de l'Amérique, attirait aussi la foule des visiteurs. C'était l'église de San-Domingo.

Une affluence considérable de marins et de militaires de toutes armes, assistait aux offices de cette moderne Thébaïde. Tous écoutaient dans le silence du recueillement la sublime harmonie de ces chants sacrés, qui, par la voix grave et sonore des prêtres, célébrait la gloire du Dieu des armées, laissant au fond de l'âme des impressions qui ne s'en effacent jamais, parce que sans doute elles n'ont rien de terrestre.

C'est dans cette église que l'on admire le beau monument funèbre élevé à la mémoire du marquis de la Romana. Le demi-jour qui l'éclaire s'harmonise si bien avec la mélancolique tristesse du sujet, qu'il n'est pas possible de s'en faire une idée. Je n'ai vu ce bel effet de lumière nulle part en France, pas même dans la cathédrale de Bourges, dont les vitraux et les rosaces, entièrement peints, semblent exclure du temple de Dieu la clarté qui convient aux sujets profanes, pour n'y laisser pénétrer qu'une douce lueur qui invite au recueillement et à la prière.

Ce cénotaphe, fait avec le plus beau marbre d'Italie, fut érigé par les Cortès en 1813. Il représente le brave la Romana expirant et soutenu par le génie de la Victoire. On voit à droite la patrie en deuil, sous les traits de sa femme; à gauche, deux génies versant des larmes, et à ses pieds repose le lion de Castille.

Le bas-relief est d'un travail exquis et retrace le serment du général en Danemarck, pendant l'embarquement des troupes espagnoles à bord de la flotte anglaise dans l'île de Fionie. On lit au bas l'inscription suivante : Au général de la Romana, la patrie reconnaissante.

Don Pedro Caro y Sureda, marquis de la Romana, commandait, en 1807, quatorze mille hommes des meilleures troupes espagnoles, qui, sur la demande de Napoléon, furent dirigées sur le Weser et l'Elbe, pour en fermer l'entrée aux Anglais.

La Romana, à 600 lieues de son pays, apprit, par un moine qui parvint jusqu'à lui, que la couronne et la liberté venaient d'être ravies à Charles IV et à son fils. Trompant Bernadotte avec une merveilleuse adresse, il s'empara des chaloupes canonnières et des bâtimens de cabotage qui se trouvaient en Fionie, où il avait donné un rendez-vous secret à ses troupes ; puis il rejoignit la flotte anglaise et vint débarquer à Saint-Ander avec plus de 10,000 hommes.

Après avoir jeté un dernier regard d'admiration sur la riche tenture de velours cramoisi, garnie d'ornemens et de franges d'or, qui décore dans toute leur étendue les deux nefs latérales de l'église de San Domingo, j'allai m'asseoir sous l'ombrage parfumé de l'*Alameda*, promenade délicieuse, à laquelle l'assemblage d'une multitude de costumes élégans et variés donnait en ce moment la physionomie d'un bazar oriental.

Des officiers de marine, portant à la ceinture le poignard doré, comme les preux du moyenâge ; des militaires de toutes les armes, dont la mine sémillante et rieuse et les brillans uniformes semblaient être le jour du tableau auquel l'air grave et austère des moines et des prêtres servait d'ombre ; des Espagnols, hommes et femmes, portant des habits bariolés de toutes couleurs, présentaient dans leur ensemble, à l'œil de l'observateur, un véritable *champ du drap d'or*, une ravissante macédoine de l'effet le plus pittoresque et le plus animé.

Pendant le séjour que nous fîmes à Palma, les familles les plus distinguées de la ville et de l'île Maïorque, dont elle est la capitale, vinrent visiter la flotte dans de brillans *lancheros* (chaloupes), et nous remercièrent ensuite de l'accueil qu'elles avaient reçu à bord, par des fêtes et des bals où il fut déployé beaucoup de magnificence.

M. de Mounier, officier d'état-major, étant mort à Palma, nous assistâmes à ses obsèques. Le général Berthier demanda qu'elles se fissent avec quelque solennité; et suivant l'usage du pays, l'officier français fut porté en terre la face découverte, botté, éperonné et dans sa plus brillante tenue.

En Espagne, en Italie et dans la Provence, l'usage est d'enterrer les morts avec leurs habits de fête.

Le sol de l'île Maïorque est d'une grande fertilité. Il ne s'y trouve point de rivières, mais il y a beaucoup de puits et de fontaines. Ses collines et ses montagnes sont couvertes de vignes produisant des vins très-estimés. Le datier, l'olivier et l'oranger y croissent en abondance. Le pays est riant et bien cultivé; on y récolte beaucoup de froment. Les habitans y sont sains et robustes et fournissent à la marine d'excellens matelots. Les femmes y sont d'une beauté remarquable.

L'île Maïorque a trente-sept lieues de

circonférence, c'est la plus grande des îles Baléares ; elle est située entre Iviça et Minorque, elle a 140,500 âmes de population.

III.

L'île de Cabrera. — Taher-Pacha. — Le commandant de la *Bonite*. — Le coucher du soleil, et la mer lumineuse.

Le 9 juin, veille de la Fête-Dieu, la flotte quitta de grand matin la rade de Palma.

En sortant de la baie, à la pointe Nord-Est de Maïorque, et à trois lieues du cap Salinas, est l'île de Cabrera, formée par quelques monticules arides et nus, entre lesquels s'étendent des terres sans culture et pour ainsi dire sans végétation, présentant l'image d'un vaste tombeau.

En passant vis-à-vis de ces rochers solitaires, les anciens de l'armée racontaient aux jeunes soldats les tortures éprouvées jadis par les dix-neuf mille Français qu'une politique atroce jeta et abandonna dans cette île affreuse et déserte, à la suite de la désastreuse capitulation de Baylen, en 1808.

Ile de Cabrera! tu resteras à jamais célèbre dans les jours néfastes de nos annales militaires; et la vaillante armée qui t'aperçut avec horreur en 1830, vit dans tes rocs sauvages le monument éternel de la déloyauté barbare des ennemis de la France!....

Pendant la guerre d'Espagne, en 1808, le général Dupont, se trouvant embarrassé par une interminable file de plus de cinq cents voitures contenant des bagages que l'on tenait beaucoup à conserver, s'était imprudemment jeté au milieu des forces de l'ennemi, sans attendre l'arrivée d'un corps de troupes françaises qui venait à son secours. Il se rendit et obligea les autres chefs à imiter son exemple.

Ces cinq cents caissons étaient pour la plupart gorgés, disait-on à tort ou à raison, des dépouilles de l'Espagne. Cordoue, que les Français venaient d'évacuer, avait fourni, ajoutait-on, une large part dans cette curée, et son antique cathédrale, comme tant d'autres églises de l'Espagne, avait été dépouillée de ses riches joyaux.

Pendant bien long-tems l'obscurité qui enveloppa la mystérieuse et incroyable capitulation du général Dupont sembla étendre ses voiles jusque sur le sort des nombreuses victimes dont elle causa la perte. Quoi qu'il en soit, à la suite de cette capitulation, dix-neuf mille braves furent jetés et abandonnés vivans dans l'île de Cabrera, lieu funèbre où ils eurent à endurer des horreurs que la plume se refuse à décrire. Mais laissons parler une des victimes échappées à cet affreux désastre *.

« La plupart de ces infortunés étaient nus, ou n'étaient couverts que de quelques lambeaux de vêtemens.

» Le peu de pain qu'on leur donnait comme pour prolonger leurs souffrances était à peu près le seul aliment qui leur fût accordé. Aussi la distribution s'en faisait avec une solennité religieuse ; toutes les parcelles en étaient précieusement recueillies, et l'on en ramassait à terre les moindres miettes. La part de chacun était si mince ! Et l'on savait d'ailleurs qu'un coup de vent pouvait affamer l'île en retardant l'arrivée du brick chargé de l'alimenter.

» L'arsenal de la colonie se composait d'une hache appartenant à un marin de la garde. Un sapeur du génie, avec une mauvaise lime et un cercle de tonneau en fer, avait fabriqué une scie.

* Mémoires d'un sergent.

» Ces deux soldats se faisaient un revenu immense en louant leurs instrumens à trois sous par homme, et ils exigeaient de plus un nantissement de ceux auxquels ils les prêtaient.

» Chaque petite tribu, en les louant à tour de rôle, s'était fabriqué avec du bois de pin, des branchages de lentisques et des joncs, des barraques où l'on était un peu à l'abri du soleil et de la pluie.

» Les corps savans, l'artillerie, le génie et la marine, avaient joint à leurs cahuttes le luxe d'un jardin, où ils étaient parvenus, à force de travail et de soins, à cultiver quelques misérables légumes.

» L'endroit où était le plus grand nombre de ces habitations, avait été décoré du titre de Palais-Royal. Ce lieu servait en même tems de bazar, de bourse et d'académie.

» Dans une suite de petites boutiques, étaient étalés les produits de l'industrie des prisonniers, de petits ouvrages en cheveux, en paille, en coquillages, en os, en bois et en racines de buis.

» Les gens des équipages de la croisière anglaise, quelques habitans de Palma, et beaucoup de spéculateurs anglais et espagnols, achetaient ces ouvrages par compassion, par curiosité ou dans le but de les revendre avec bénéfice.

» Il y avait au bazar une immense pacotille de cuillères et de fourchettes de buis. Elles étaient fabriquées par deux cents Auvergnats, débris d'un régiment de dragons, logés dans une grotte à stalactites. Ces deux cents hommes n'avaient pour tout vêtement qu'un vieil uniforme qui menaçait encore de les abandonner au premier jour.

» Chaque dragon l'endossait avec précaution, et à tour de rôle, pour venir au quartier-général recevoir le pain ou déposer les cuillères au magasin.

» De petites boutiques débitaient les objets de première nécessité dans une colonie militaire, du fil, des aiguilles, de l'eau-de-vie, des morceaux de drap et de toile, du tabac, du poisson salé, des cartes, du pain de munition.

» Tout se vendait au plus minime détail et au comptant. On pouvait acheter pour un liard une aiguillée de fil.

» C'était au Palais-Royal que se faisait l'enseignement. Les professeurs abondent parmi les prisonniers français. On enseignait les langues, de mémoire, le dessin sur le sable uni, avec un bout de baguette ; mais l'escrime, la danse, le bâton et la savatte étaient les arts les mieux enseignés et les plus suivis.

» Un professeur à demi-nu et qui n'avait rien mangé depuis vingt-quatre heures, chantait gaîment un air de contre-danse, et disait *balancez à vos dames, donnez-vous de la grâce*, à un élève à barbe hérissée, à peau bronzée comme un mulâtre, et qui avait pour unique vêtement le quart supérieur d'un pantalon de toile.

» *Rompez, parez tierce, ne sentez-vous pas le fer ?* disait un prévôt armé d'un bout de gaule, à son apprenti qui tenait un morceau de latte de bois de pin.........

» Les hommes cruels qui s'étaient rendus coupables du crime de lèze-humanité envers tant de malheureux qu'ils avaient entassés sur un rocher au milieu de la mer, comme pour jouir de leurs angoisses, voulurent combler la mesure de leurs atrocités ; et le convoi qui apportait des vivres toutes les semaines, n'arriva pas au jour si impatiemment attendu !.... Le lendemain au soir il n'avait pas paru encore, et pourtant la mer était belle, le ciel était calme et serein !......

» Les malheureux prisonniers de Cabrera se persuadèrent alors qu'on voulait les laisser mourir de faim. Les derniers débris des rations, les petits approvisionnemens des boutiques, les crabes, huîtres, moules et poissons qu'on avait pêchés sur les récifs, tout était épuisé.

» Ceux qui avaient de l'or l'offraient en échange d'un morceau de pain.... Le désespoir entra dans les cœurs ; les hommes malades moururent, et les valides devinrent malades. Des soldats intrépides, vaincus par les tortures de la faim, s'arrachèrent la vie de leurs propres mains, en donnant une larme à la France et en maudissant la lâcheté de leurs bourreaux.....

» Mais terminons, il en est tems, l'histoire déjà trop longue des misères de Cabrera, et jetons, s'il se peut, un voile sur des scènes horribles que l'imagination du lecteur ne doit que trop lui retracer, et que la plume d'un français ne peut se résoudre à décrire.....

» Les vivres arrivèrent enfin après cent mortelles heures de retard. Une discussion élevée entre les fournisseurs et les autorités de Palma avait dérangé la régularité du service, et le général anglais, scrupuleux au dernier point, avait exigé que le différend fût vidé avant que l'on ne fît l'envoi d'une seule ration, s'inquiétant peu du reste si dans cet intervalle des milliers de Français mouraient de faim ou de rage.

» Le 16 mai 1814, les malheureux auxquels six ans de captivité et d'indicibles souffrances avaient laissé la vie, quittèrent les rochers funestes de Cabrera et furent conduits à Marseille par l'amiral Duperré. Oh! le plus beau jour de ce brave et loyal marin fut sans doute celui où il rendit ses compatriotes à la liberté et à leur patrie......... Mais de dix-neuf mille hommes, seize mille avaient succombé !!!

» Cette page sanglante ne pourra jamais s'effacer des annales de l'Angleterre, elle y restera comme un monument éternel de la honte qui doit retomber sur sa politique homicide.»

A la hauteur des îles Iviça et Formentera, dernières des Baléares, la première division navale rencontra une frégate turque à bord de laquelle se trouvait Taher-Pacha, plénipotentiaire du grand sultan. On dit qu'en apercevant la flotte française, il fut involontairement saisi d'un mouvement d'effroi.

Aussitôt que nous fûmes à portée, la frégate turque salua de ses caronades de tribord et de babord l'amiral français, qui rendit immédiatement ce salut.

Taher-Pacha se rendit à bord de la *Provence*. Son costume était très-simple; au lieu du riche turban, il ne portait qu'une simple calotte à la grecque.

«Je viens, dit cet envoyé à l'amiral, de Smyrne, de Tripoli et de Tunis; et la croisière française m'ayant empêché d'entrer à Alger, je me rendais à Marseille, lorsque je vous ai rencontré.»

Taher-Pacha était, comme on le sait, envoyé par le sultan Mahmoud pour empêcher la redoutable collision que l'entêtement et l'audace du dey avaient provoquée. Sa mission n'eut aucun résultat.

Quoi qu'il en soit, l'amiral Duperré reçut Taher-Pacha avec tout le cérémonial et toute la distinction dus à son rang, et cette séance diplomatique en pleine mer une fois terminée, nous continuâmes notre route.

En voulant regagner son rang de bataille, la gabarre la *Vigogne*, qui avait reconduit Taher-Pacha à son bord, ayant fait une fausse manœuvre, se trouva tout-à-coup naviguer en plein dans les eaux de la *Bonite* et faillit nous accoster.

Le commandant de la corvette, voyant ce danger, donna si rapidement ses ordres et sa voix devint si puissante, que plusieurs soldats effrayés se crurent perdus; mais docile à la voix de son chef expérimenté, la *Bonite* esquiva lestement le choc dont elle était menacée, puis continua de voguer comme auparavant.

Vers le coucher du soleil, la mer nous apparut lumineuse; des feux follets s'en élevaient par intervalles, et chaque sillage semblait faire jaillir des étincelles à la surface des flots.

Les uns disaient que nous devions attribuer ce phénomène au gaz qui se détachait de l'onde, d'autres prétendaient qu'il était produit par une quantité prodigieuse de petits poissons répandus à la surface des eaux, et dont les écailles brillantes réflétaient les derniers rayons du soleil couchant.

Cette question n'est pas de ma compétence, et je laisse aux savans le soin de la décider.

IV.

Le mistral. —Les montagnes de l'Atlas. —Entrée de la flotte française dans la rade d'Alger. — Vue d'Alger. — L'armée navale défile en ordre de bataille devant cette ville. — Sidy-Ferruch. — Le branle-bas du combat. — Les phalanges flottantes. — Débarquement de l'armée.—Les Bédouins et les Turcs.—Combat de Sidy-Ferruch. — Les feux de la marine jettent la consternation et la mort dans les hordes arabes. — Le tombeau des braves. — La frégate anglaise. — Les plaines fertiles de l'Algérie. — Le désert de Sahara. — Le pays des Kabyles. — Les chevaux numides. — La chasse à l'autruche. — Marche des colonnes françaises. — Les têtes coupées.— Le Bédouin familier. — L'ouragan. —La flotte court un grand danger. —Les feux du bivouac. — Le bois d'orangers. — Attaque des Arabes au milieu de la nuit. — La fusillade s'engage sur toute la ligne.—Retraite des Arabes.

Lorsque la flotte française eut atteint la hauteur de la pointe d'Iviça, le vent devint si favorable, que le lendemain de notre départ de Palma, la terre fut signalée à toute vue. Mais aux approches de la côte, les rafales se firent de nouveau sentir.

La mer soulevée par le *mistral* (coup de vent auquel on donne ce nom), devint grosse et houleuse, et le vaisseau-amiral donna le signal de gouverner au Nord. Un bateau à vapeur faisait près de la flotte les fonctions d'officier d'ordonnance de l'amiral. Un énorme panache noir flottant sur les vagues signalait sa présence dans toutes les directions. Enfin, le 13 juin, le ciel et la mer furent jugés favorables au débarquement.

Ce jour-là à midi, une longue chaîne de montagnes fort élevées, puis d'autres montagnes d'une teinte bleuâtre et situées à une distance plus lointaine que les premières, se déroulèrent à nos yeux; c'étaient le petit et le grand Atlas.

Le petit Atlas descend en s'ondulant jusqu'au cap Caxines, extrémité occidentale de la baie d'Alger. A notre gauche, était le cap Matifou, langue de terre basse et sablonneuse.

La flotte, favorisée par un bon vent d'est, suivit le vaisseau-amiral, et au milieu du jour, par un temps magnifique, trois cents voiles étaient mouillées dans la rade d'Alger, à la vue du Dey et de toute la population de la ville.....

Le vaisseau la *Provence*, celui sur lequel une batterie algérienne avait naguère osé faire feu, était là majestueux, et semblait, avec son innombrable escorte silencieuse encore mais menaçante, venir demander raison de l'insulte faite à son pavillon.

La ville d'Alger, éclatante de blancheur, est

enfin devant nous, ressemblant à une voile latine étendue sur une nappe de verdure. Les coupoles gracieuses de ses minarets, ses mosquées, la Kasaba, le fort l'Empereur (sultan Calasy), environnés d'une végétation resplendissante de fraîcheur et de beauté, étalent devant nous un tableau plein de charme et de nouveauté pour des yeux européens.

L'armée en grande tenue est sur le pont des vaisseaux, d'où elle contemple et dévore des yeux ce curieux spectacle, qu'embellit encore le feu des imaginations françaises. L'enthousiasme est dans tous les cœurs, et la joie brille sur tous les visages.

Alger est bâti en amphithéâtre sur le flanc oriental et fortement incliné d'une colline, dont la base est baignée par la mer. Les hauteurs onduleuses qui l'environnent, une campagne bien cultivée, toute couverte de maisons blanches entremêlées de massifs de verdure et au milieu desquelles apparaissent de beaux édifices, présentent, à mesure que l'on s'approche, un panorama magnifique, et l'un des plus beaux points de vue qu'offrent les rives de la Méditerranée.

La ville d'Alger, déjà très-forte par sa position, est encore défendue par des batteries formidables et par la Kasaba, qui couronne le sommet angulaire de la colline et commande la ville et le bord de la mer.

L'amiral Duperré, après être resté en panne quelque tems dans la rade afin de donner au Dey le tems de compter les voiles de la flotte, doubla la pointe de Caxines, mit le cap sur Sidy-Ferruch et se dirigea de ce côté avec toute l'armée navale.

Ce fut un imposant spectacle que celui de tous ces vaisseaux de guerre portant une armée de débarquement, et défilant majestueusement sous les yeux des Algériens. Quelles réflexions il dut faire naître dans le cœur d'Hussein-Pacha, dont l'imprudente audace avait provoqué l'orage qui bientôt allait éclater sur sa tête!

Sidy-Ferruch * tire son nom d'un marabout dont on vénère en cet endroit le tombeau. C'est un petit promontoire, distant de la baie d'Alger d'environ cinq lieues ; il s'élève en amphithéâtre et présente une fissure sur le versant de sa face occidentale. Il est relié aux basses dunes et à la terre du continent par une langue de terre rouge et sablonneuse, couverte de lentisques et autres arbustes improductifs.

La baie de Sidy-Ferruch est large et spacieuse; elle a environ doux lieues de tour et reçoit les eaux du Mazafran, de la Miffla et de plusieurs

---

* Les marabouts et les interprètes de la loi attribuent à Sidy-Ferruch (Sidy signifie saint) l'agitation de la mer qui détruisit la flotte de Charles-Quint ; ils ajoutent que ce solitaire avait par inspiration frappé la mer d'un certain nombre de coups de bâton, ce qui avait causé sur-le-champ cette heureuse tempête.

autres petites rivières. Elle est environnée de dunes et de sables mouvans. Sur le point culminant, on aperçoit une tour blanche, un minaret et quelques corps de logis qui entourent le tombeau du marabout.

Au bas du rocher il y a un jardin, un puits ombragé par un superbe palmier, et enfin une batterie circulaire percée de douze embrâsures; mais aussitôt que l'armée se présenta, cette batterie fut abandonnée par le chef turc qui la commandait, et les pièces qui s'y trouvaient furent transportées sur les dunes voisines.

Ce point avait été choisi pour opérer la descente de l'armée française, qui se prépara à l'exécuter le lendemain de son arrivée.

On s'attendait à de la résistance, il n'y en eut pour ainsi dire point, et telle fut l'inconcevable ineptie du Dey ou de ses chefs militaires, qu'ils ne pensèrent pas même à établir sur quelques points de la côte des pièces d'artillerie, dont le feu bien dirigé au moment de la concentration de la flotte lui eût fait beaucoup de mal et nous eût tué beaucoup de monde.

Le commandant turc de Sidy-Ferruch, au lieu de disputer ce point important comme il eût pu le faire, se contenta de lancer de loin sur nos vaisseaux quelques bombes et quelques boulets qui blessèrent peu de monde et endommagèrent un peu le *Breslaw*.

L'amiral Duperré fit à l'instant accoster la

plage par le navire à vapeur le *Nageur*. Ce bâtiment s'en approcha en présentant successivement ses flancs à la batterie turque, et commença le feu.

Aussitôt l'escadre de réserve, qui louvoyait en attendant que les signaux de l'amiral l'appelassent, reçut l'ordre de virer de bord. L'ordre du branle-bas de combat fut donné, et dans un clin-d'œil tout le monde fut à son poste.

Cependant l'amiral Duperré, avec un calme et un sang-froid admirables, assigne à chaque navire sa place et son rang de bataille. Il y a dans le geste et dans le regard de ce chef, au moment décisif et quand l'heure du danger est venue, une résolution et une dignité qui commandent un respect profond et une haute confiance.

Le brillant cortége qui environne le général français compte dans ses rangs des princes * et de hauts personnages qui, nouveaux Argonautes, semblent marcher à la conquête d'une autre toison d'or. Aussi l'on peut, je crois, affirmer que si Annibal, Scipion, Caton d'Utique et la reine Didon abordèrent autrefois ces rivages, jamais depuis ils n'avaient reçu la visite d'une meilleure compagnie.

* Plusieurs princes russes et allemands avaient demandé et obtenu du gouvernement français la permission d'assister aux opérations de la campagne d'Alger. Parmi eux se trouvait le prince de Schwarzemberg.

Quelques Bédouins paraissent successivement et disparaissent dans les dunes. A une distance plus éloignée, nous apercevons de nombreuses colonnes se dirigeant vers le rocher. On distingue facilement les Arabes derrière les aloès à leurs longs *burnous* (manteau) de laine blanche. Deux d'entre eux s'approchent si près du rivage, qu'il nous semble que leur voix peut être entendue.

Aux derniers rayons du soleil, le canon des dunes de Sidy-Ferruch cesse tout-à-coup. Les broussailles au milieu desquelles peu d'instans auparavant on voyait voltiger les chlamides des Turcs et les manteaux blancs des Bédouins, le minaret du tombeau du marabout et tous les lieux d'alentour deviennent silencieux et abandonnés.

Le croissant de la lune se détache des cîmes élevées de l'Atlas. Les feux des bivouacs ennemis scintillent au milieu des chênes verts et des figuiers de Barbarie, et bientôt le silence de la nuit n'est plus interrompu que par le cri lugubre des chacals, qui, comme un glas funèbre, se fait entendre d'intervalle en intervalle.

Les fanaux des bâtimens sont allumés, et l'on se prépare au débarquement, qui doit s'opérer au point du jour au moyen de bateaux plats ou chalans, ayant la forme d'un carré allongé, et qui sont placés à bord des frégates.

Les mesures prises par la marine pour l'opération si importante du débarquement sont admirables, et leur exécution se prépare avec un ordre parfait.

Le 14 juin, avant l'aurore, les chalans et les embarcations légères, commandés par des officiers de marine, se dirigent vers le rivage. L'aspect de ces phalanges flottantes est magnifique ; elles s'avancent en observant un silence qui a quelque chose de solennel et de majestueux.

A une petite distance de la terre, quelques pièces d'artillerie et des fusées à la congrève ouvrent leur feu dans la direction de la batterie ennemie. A quelques toises de la plage, les marins se jettent à l'eau, et à force de bras ils halent les bateaux plats jusqu'à ce qu'ils soient échoués sur le sable. Alors deux brigades de la première division, aux ordres des généraux Achard et Porret de Morvan, s'élancent au premier signal ; en un instant toute la plage est couverte de soldats, et le drapeau français flotte sur la batterie turque, où deux braves marins l'arborent les premiers.

La première division, sous les ordres du général Berthezène, marche immédiatement contre les dunes occupées par les Arabes, dont l'artillerie fait un feu assez bien nourri qui nous met cinquante hommes hors de combat. Une ambulance est aussitôt établie dans le corps-de-garde attenant au poste abandonné par les Turcs. Tout près de là, les premières victimes de la guerre qui commence reçoivent la sépulture ; une croix, signe d'espérance et de salut, surmontée de couronnes de chêne vert, est arborée sur leur tombeau et semble dire aux passans : Ici reposent des braves........

Au moment où la première division attaquait l'ennemi de front, l'amiral l'avait fait prendre d'écharpe par les feux de l'artillerie des bateaux à vapeur le *Nageur* et le *Sphinx* qui se trouvaient dans la baie de l'ouest, et par les bordées de la corvette la *Bayonnaise* et des bricks la *Badine* et l'*Actéon*, lancées de la baie de l'est.

Les feux combinés de ces navires, partant des deux côtés de la presqu'île, produisent de grands ravages dans les rangs ennemis et jettent parmi eux la consternation.

La deuxième et la troisième division débarquent à 6 heures, et le général en chef vient aussitôt reconnaître la position des deux armées, à l'entrée de la presqu'île. Il était monté sur un tertre afin de mieux observer, et au même instant un boulet, labourant la terre à trois pas de lui, vient le couvrir de sable ainsi que les officiers qui l'entouraient ; « Messieurs, dit avec sang-froid le général aux officiers d'état-major qui sont près de lui, ôtez les plumes qui ornent vos chapeaux, afin qu'elles ne servent pas de point de mire à l'ennemi. » Puis il envoie au général Berthezène l'ordre de faire tourner la gauche de la batterie turque par une des brigades de sa division.

Cet ordre est aussitôt exécuté par le brave général Porret de Morvan, à la tête de la brigade d'avant-garde, appuyée par la deuxième division; et la batterie ennemie, composée de neuf pièces de canons et de trois mortiers, est enlevée à la baïonnette. Charles de Bourmont et le jeune Bessières, sous-lieutenant au 3e de ligne, neveu du maréchal du même nom, se précipitent en avant et entrent les premiers dans cette batterie. Les canonniers turcs prennent la fuite et sont vigoureusement poursuivis par nos voltigeurs.

Le général en chef, heureux de ce succès, fait placer un télégraphe sur une éminence pour correspondre avec la marine dont les feux bien dirigés ont préparé cette première victoire. L'amiral Duperré, le télescope à la main, n'avait pas perdu de vue un seul instant les masses des Arabes et les avait foudroyées partout où elles s'étaient offertes à ses coups. Aussi lorsque le soir il se rendit à terre, le général en chef s'écria en l'embrassant avec effusion : « C'est désormais entre nous à la vie et à la mort. » C'était en effet la sagesse de l'amiral Duperré qui avait dirigé avec un ordre admirable l'opération du débarquement, c'était son coup-d'œil habile et expérimenté qui avait saisi comme au passage l'instant d'agir à travers les caprices des élémens et les dangers d'un littoral imparfaitement exploré.

Le combat dura depuis le matin jusqu'à deux heures après-midi. Le 14e de ligne, commandé par le colonel d'Armaillé, qui eut plusieurs files emportées à ses côtés par le boulet, fut le plus maltraité dans cette affaire, qui nous coûta en tout environ cent hommes hors de combat.

Le feu venait à peine de cesser, lorsque nous vîmes entrer dans la baie de *Sidy-Ferruch* une frégate anglaise que nos amis d'outre-Manche, dans leur touchante sollicitude pour le succès de nos armes, avaient probablement envoyée pour s'enquérir de l'issue du débarquement.

Voilà donc enfin une armée européenne, une armée française lancée sur cette terre d'Afrique, où se succédèrent jadis tant de genres différens de grandeurs et de gloires. Nous foulons aux pieds le sol de l'antique Numidie, du royaume de Juba, qui prit ensuite le nom de Mauritanie-Césarienne, pour l'échanger plus tard contre le nom ignoble et désolant de Barbarie!..... Et pourtant cette contrée eut aussi ses jours de splendeur; elle fut célèbre par ses guerriers, par ses savans, par les voyageurs illustres qui abordèrent sur ses rivages et par les conquérants qui vinrent y planter leurs drapeaux.

Aujourd'hui il reste à peine quelques faibles

vestiges de ses opulentes cités ; la main de l'homme les avait élevées, la main de l'homme les a détruites, comme pour donner un grand exemple des vicissitudes humaines et prouver qu'ainsi que le disait Bossuet : « Il n'y a rien que Dieu de stable sur son trône, rien d'éternel que ses années. »

Ce qui frappe surtout d'un sentiment pénible l'esprit de l'européen qui met le pied sur cette terre que la civilisation a abandonnée, c'est l'aspect désolant de ces vastes terrains sans culture qui semblent inviter des hommes laborieux à recueillir les trésors renfermés dans leur sein.

L'Atlas et ses masses gigantesques sont devant nous et semblent servir de boulevard au désert de Sahara, immense et affreuse solitude où l'on ne s'engage qu'avec prudence et jamais sans danger, plaines de sables, pareilles à la mer, et qui, comme elle, ont leurs îles formées par quelques groupes très-rares d'habitations établies sur des points cultivés, qu'à l'exemple des anciens on appelle oasis, et dont la vue rappelle à l'imagination le *rari nantes in gurgite vasto* du poète.

L'Atlas est une chaîne de montagnes entrecoupée de vallées profondes et s'étendant de l'est à l'ouest de l'Algérie. Il se divise en deux parties; celle de l'ouest est appelée grand Atlas; l'autre est nommée petit Atlas, et ses collines s'étendent en ondulations jusqu'au cap Caxines, extrémité occidentale de la baie d'Alger.

L'élévation de ces montagnes est prodigieuse; et, malgré le voisinage des tropiques, le froid est si vif à leurs sommets couverts comme les Alpes de neiges éternelles, qu'aucun être qui respire ne peut en supporter la rigueur. Le radiomètre range les pics de l'Atlas parmi les hauteurs les plus considérables du globe.

Des tentatives infructueuses ont été faites à différentes reprises par des indigènes, des Anglais et des Russes pour explorer les sommets de ces montagnes; les auteurs de ces périlleuses entreprises ne reparurent jamais.

Les hôtes de l'Atlas sont des animaux sauvages, tels que lions, tigres, loups, sangliers, ours, autruches, cerfs, chacals, élans, gazelles et chèvres sauvages.

Ces animaux féroces ou malfaisans ne quittent jamais leurs repaires que pressés par la faim ; alors ils descendent dans les vallées, étendent leurs courses jusqu'à la plaine de Métidja, et quelquefois même leurs mugissemens se font entendre jusque sous les murs d'Alger. Le lion est toujours précédé par des troupes de chacals.

L'Atlas (en arabe Deren, Djebel-Errif), prend différens noms dans la plupart des pays qu'il traverse. Les vallées de l'Atlas habitées par les Kabyles offrent un vif intérêt à cause du caractère et des mœurs de ces peuples.

Les Kabyles descendent des Carthaginois, des Romains et des Maures d'Espagne. Ils sont fiers de n'avoir pas mêlé leur sang avec celui des autres peuples, et ils s'estiment les plus illustres de toute l'Afrique.

Presque tous les Kabyles sont chasseurs. Ils poursuivent la bête fauve montés sur des chevaux très-petits, mais légers et rapides. C'est avec ces coursiers numides, si renommés dans l'antiquité, qu'ils s'engagent dans les plaines du désert de Sahara pour chasser l'autruche. Ils ont en main une masse de fer qu'ils lancent avec beaucoup d'adresse sur l'autruche et qui lui casse le cou.

Un camp s'était établi à Sidy-Ferruch, dont on coupait la presqu'île pour former un retranchement. Les baraques de ce camp étaient construites avec des branchages; il y avait aussi quelques tentes d'officiers supérieurs, appelées *marquises;* de grands hangards recouverts de toile cirée étaient réservés aux hôpitaux.

Sidy-Ferruch offrait alors l'aspect animé d'une colonie naissante. Les marins débarquaient sur le rivage des vivres, des munitions, des chevaux, des canons, etc. Le télégraphe établi sur la côte fonctionnait nuit et jour pour transmettre les demandes ou les réponses de l'armée de terre à la marine.

Pendant le jour, de nombreux cavaliers arabes venaient nous harceler, puis s'enfuyaient pour revenir encore. Pendant la nuit, les troupes restaient sous les armes formées en carrés pour éviter toute surprise, les soldats assis sur leurs sacs et le fusil entre les jambes.

De Sidy-Ferruch nous distinguions le camp des Arabes, vers lequel s'avançait la division Berthezène en tiraillant sans cesse. La troisième division marchait à l'est en se dirigeant vers *Fontaines-et-Tombeaux*.

La marche des colonnes se dessinait par des nuages d'un sable impalpable et rouge, qui ne se dissipaient que pour faire place un instant à la fumée des coups de feu des tirailleurs.

Les longs fusils des Algériens portaient plus loin que ceux de nos soldats; aussi nous perdîmes ce second jour de la poudre et quelques hommes, dont les têtes, coupées avec avidité par les Bédouins pour obtenir la prime d'encouragement promise par le Déy, furent portées en triomphe dans Alger, où l'on fit une parade barbare de ces sanglans trophées.

Nous perdîmes ce jour-là quelques hommes qui ne connaissaient pas encore le danger qu'il y avait à s'isoler. Quelques-uns eurent la tête coupée à 60 pas de la colonne.

La brigade du général Berthier avait pris position sur le versant d'une colline, à l'endroit nommé le *Gros-Olivier*. Des soldats du 9ᵉ léger amenèrent un prisonnier bédouin d'un

6.

âge avancé et d'une figure vénérable. Il vint, sans formalité aucune, s'accroupir entre le chirurgien-major et moi, dans une cahute de branchages où nous étions assis.

On fureta dans le vocabulaire français-arabe pour l'interroger, mais à chaque question il répondait uniformément : *Ma fahemt*, je ne comprends pas.

L'ordre arriva de conduire cet homme au quartier-général. Il paraît qu'il ne s'était aventuré seul si près des avant-postes français que dans l'espoir de voir son fils, qui avait été blessé et fait prisonnier. « Par la face de ton fils, dit-il au général, je te redemande le mien. »

On apprit à l'instant même par un interprète que le fils de cet arabe était à l'hôpital parmi les blessés français, et que les docteurs devaient dans la journée même lui faire l'amputation d'une jambe.

Le général lui ayant assuré qu'il reverrait son fils à Alger, le prudent vieillard, après s'être rendu à l'hôpital et avoir porté cette espérance à son fils, prit par le littoral à l'est de Sidy-Ferruch, s'enfonça dans les dunes, évitant les Turcs, de qui, comme transfuge, il avait tout à craindre, puis il regagna ses montagnes et sa tribu.

Le 15 juin, une vive fusillade s'engagea aux avant-postes. Les Arabes furent repoussés. Le 16, ils revinrent à la charge et attaquèrent la première ligne. Le feu durait depuis quelques heures, lorsqu'un ouragan épouvantable accompagné de tonnerre et de torrens de pluie vint fondre sur l'armée et sur la flotte, qui courut de grands dangers.

Les plus gros vaisseaux filaient sur leurs ancres ; la mer en furie soulevait ses vagues à une hauteur prodigieuse ; les dunes étaient couvertes de ses eaux mugissantes. Il fallut subir la nécessité de jeter une partie des munitions à la mer, dans l'impossibilité où l'on était de les débarquer régulièrement. Plusieurs marins périrent au milieu de cette tempête.

L'armée de terre, dont le salut dépendait de celui de la flotte, reçut sans en perdre une goutte les cataractes de ce petit déluge, qui charria en un clin-d'œil les faibles abris d'arbustes qu'elle s'était fabriqués à la hâte.

Les Arabes ne souffrirent pas moins que nous de la violence de cet orage, pendant lequel les feux électriques, se croisant en tous sens, faisaient entendre leur action sur le fer des fusils formés en faisceaux devant le front des bataillons.

Enfin vers le soir la pluie, le vent et le tonnerre se calmèrent à la fois, et le soleil couchant parut à l'horizon.

Bientôt les feux des bivouacs des deux armées commencèrent à étoiler la terre, et ces milliers de points lumineux répandus dans une nuit sombre après un tel conflit des élémens, offraient l'image de ces Champs-Elysées dont les Romains, nos devanciers sur cette terre, faisaient leur plus douce illusion.

Quelques heures de repos et de silence se sont écoulées, et déjà la diane matinale se fait entendre, les échos africains répétent le roulement des tambours et le son des clairons français; les tambours et les clairons! ces préludes ordinaires des fêtes du carnage....... Et les soldats se rassemblent et se rangent à la voix des chefs au sommet de la colline.

Nous voyons briller à nos regards dans les ravins, à travers les grandes herbes, la *nimosa* aux fleurs dorées, le *palma christi*, *l'oléandre*, *l'amaryllis* et le *laurier rose*; et les officiers d'état-major, qui postillonnent dans tous les sens avec leurs uniformes aux tranchantes couleurs et leurs apparitions fugitives, semblent voltiger au loin comme les papillons de ces riantes contrées..

Sur l'éminence voisine les enfans du Croissant se prosternent : c'est l'heure de la prière.

Un aide-de-camp arrive; son cheval est haletant, couvert d'écume et de poussière. Il apporte au général Berthier l'ordre de se porter en avant, de manière à couvrir Fontaines-et-Tombeaux jusqu'au rocher à l'est du camp des Arabes.

Ce général descend aussitôt la colline avec

sa brigade, refoule les Arabes qui se présentent jusque sur les hauteurs voisines et prend ensuite position à l'endroit connu de l'armée sous le nom du *bois des orangers*.

Une fraîcheur délicieuse règne dans ce lieu charmant, dominé par une roche élevée dont la crête est couronnée de grottes symétriques ornées de lianes et de diverses plantes aromatiques.

Une fontaine abondante et entourée d'un beau marbre blanc se trouve au milieu du bosquet de ces magnifiques orangers, grands comme des chênes, dont les pommes d'or et le feuillage embaumé récréent délicieusement les sens.

En comparant ces arbres superbes aux nains séculaires qui ornent l'orangerie de Versailles ou le jardin des Tuileries, en voyant ces oliviers, vieux enfans de la terre, qui s'élancent vers le ciel, on comprend sans peine la prédilection des anciens, qui plaçaient sur cette terre leurs lieux fortunés, leur jardin des Hespérides.

Un soldat escalada le rocher situé au milieu du bois et s'enfonça dans une des grottes romantiques dont nous avons parlé ; il en fit sortir une multitude de petits oiseaux et de tourterelles blanches, qui s'enfuirent à son approche.

Les Arabes ne voulurent pas nous laisser paisibles possesseurs de ces agréables ombrages ni du limpide ruisseau de leur belle fontaine. Vers minuit, quelques coups de fusil tirés aux avant-postes donnèrent le signal d'une attaque. En un clin-d'œil le cri : 'Aux armes! a mis tout le monde debout et à son poste. La fusillade commence sur toute la ligne. L'ennemi s'avance par groupes rapprochés et nombreux, que nous apercevons distinctement à la lueur des amorces. Il espérait une surprise, sans doute; mais accueilli par un feu de deux rangs vif et bien nourri, auquel succèdent de formidables feux de bataillon, il se voit forcé à une prompte retraite. Après une demi-heure de combat, tout était redevenu calme et silencieux comme auparavant.

Les retranchemens de Sidy-Ferruch étaient achevés et armés; des fours avaient été construits par le génie et donnaient aux troupes un pain substantiel et bien confectionné. Les précautions pour pourvoir à tous les besoins de l'armée avaient été poussées si loin, que les briques et la chaux nécessaires à la construction de ces fours avaient été apportées de France.

Le louable accord qui régnait entre les différens services contribuait puissamment au succès de la campagne. Les fourgons et les mulets de l'intendance étaient prêtés à l'artillerie, qui à son tour prêtait de bonne grâce ses prolonges.

Mais tout-à-coup une activité extraordinaire se fit remarquer dans le camp des Arabes. A leurs préparatifs et à ceux que l'on fit dans le camp français pour les bien recevoir, il fut facile de pressentir pour le lendemain une affaire sanglante et décisive.

V.

BATAILLE DE STAOUELY.

(19 Juin 1830).

BRAHIM-AGA, gendre du Dey, commandait en chef l'armée algérienne. Il avait donné rendez-vous à toutes les tribus arabes au camp de Staouëly.

Le 19, à la pointe du jour, leurs hordes nombreuses descendues de l'Atlas couronnaient toutes les hauteurs et formaient une longue ligne demi-circulaire.

Les deux premières divisions de l'armée française, protégées par deux batteries abandonnées par l'ennemi, étaient échelonnées sur les terrains accidentés des collines qui s'abaissent jusqu'aux dunes de Sidy-Ferruch en avant de la plaine de Staouëly.

La troisième division occupait Fontaines-et-Tombeaux.

La plaine de Staouëly a deux lieues d'étendue. Le camp d'Ibrahim-Aga y était assis, et son ensemble présentait la forme d'un croissant. Il avait à sa droite le *Madiffla*, petite rivière ou torrent qui se change en fleuve dans les tems d'orage. Son lit est profond, et ses abords escarpés sont couverts d'une riche végétation. L'avant-garde du Bey de Constantine traversa cette rivière à quatre heures du matin pour aller attaquer l'aile droite de l'armée française.

Ibrahim, qui n'avait pas à passer le *Madiffla*, ne devait s'avancer que plus tard pour faire son attaque sur l'aile gauche.

Le soleil se lève tard dans le voisinage des tropiques, même pendant le solstice d'été. Un brouillard épais rampant sur la bruyère augmentait encore l'obscurité, lorsqu'un frôlement qui se fit entendre dans le feuillage et l'agitation des arbustes vinrent donner l'alerte et firent jeter le cri : Aux armes! dans les avant-postes français.

Les tirailleurs engagèrent une fusillade qui

fut bientôt suivie de feux de peloton. On ne doutait plus de la présence des Arabes, lorsqu'une voix s'écria : Ce sont les Français ! et aux premiers rayons du soleil, on reconnut la fatale erreur qui venait de coûter la vie à plusieurs de nos soldats.

Le fourreau de toile blanche dont les schakos étaient recouverts pour réfléchir les rayons du soleil d'Afrique avait été pris dans le brouillard pour le burnous des Bédouins. Les bataillons français se réunirent, s'embrassèrent, pleurèrent même à la vue des morts et des blessés ; mais l'ennemi véritable qui s'avançait fit faire trève à cette effusion, et chacun s'apprêta à le recevoir.

Les collines élevées de la rive gauche du torrent étaient couvertes de Bédouins qui descendaient serrés et innombrables, faisant disparaître la verdure sous leurs manteaux blancs comme sous une épaisse couche de neige.

Le corps commandé par Ibrahim en personne s'ébranlait de son côté, et opérait le même mouvement.

Tout-à-coup la fusillade commence de part et d'autre avec vivacité, et aussitôt elle s'étend sur tout le développement de la ligne.

En même tems les cavaliers arabes qui ont franchi le torrent fondent avec audace et la lance baissée sur nos retranchemens, dans l'espoir d'y pénétrer ; mais nos soldats les reçoivent vigoureusement et avec un sang-froid admirable. En vain les assaillans, poussant des cris sauvages, essaient de répandre la terreur; nos jeunes soldats, fermes comme des murs, ne peuvent être enfoncés, et la ligne hérissée de leurs terribles baïonnettes jette parmi les Arabes la mort et le carnage.

Cependant la fusillade continuait en s'animant toujours, et de tems en tems le canon venait y mêler sa voix formidable. Nous avions quarante mille Turcs et Arabes devant nous [*]. Vingt-quatre pièces de canon de gros calibre servies par des Tobjis (canonniers turcs), étaient opposées au centre de la division Berthezène.

La division Loverdo, vivement attaquée dès le commencement de la journée, avait sur les bras la plus grande partie des forces algériennes; elle faisait bonne contenance, et de son côté le général Berthezène, se maintenant dans ses positions, repoussait toutes les attaques de l'ennemi.

Mais les tirailleurs du général Clouet, emportés par leur ardeur, avaient poussé trop vivement les Arabes devant eux, et ce général s'était vu forcé de faire prendre position à sa brigade sur les hauteurs d'où les Arabes avaient été débusqués et se trouvait ainsi faire une pointe en avant de toute l'armée.

[*] Nous l'apprîmes après notre entrée dans Alger. Le Bey de Constantine en avait fourni plus de la moitié.

Avant qu'il ne fût possible au général Berthezène de porter secours à cette brigade, elle fut assez rudement maltraitée par les feux de l'ennemi.

Le 1er bataillon du 28e éprouva surtout de grandes pertes, et son drapeau fut sur le point de tomber aux mains des Arabes. Dans ce moment fatal, une pensée sublime et digne des plus beaux jours de la chevalerie vint au cœur des officiers de ce bataillon. Ils entourèrent leur drapeau, ce noble signe de l'honneur du soldat, et jurèrent tous de le sauver ou de mourir.

Déjà ils avaient la pensée de l'enterrer dans le sable, où peut-être il allait leur servir de linceul, lorsque l'arrivée du général en chef sur le champ de bataille décida un mouvement en avant qui les sauva.

Officiers du 28e, vous avez bien mérité de la France, ne fût-ce que pour avoir prouvé dans cette circonstance périlleuse que l'honneur et l'amour de la patrie sont, au milieu de l'égoïsme qui nous environne, conservés comme un feu sacré dans le cœur des braves de l'armée.

En voyant par lui-même l'état des choses, l'hésitation et l'incertitude des mouvemens de l'ennemi, la bonne contenance et l'ardeur de nos bataillons, le général en chef, dont l'intention n'avait pas été tout d'abord de donner suite à cette affaire, parce que le débarquement du matériel n'était pas assez avancé, prit une résolution subite; et, se plaçant de sa personne et à la tête de son état-major au centre de la ligne, il donna le signal de l'attaque.

Trois régimens de la division d'Escars arrivaient en ce moment sur le champ de bataille. Aussitôt que la tête de leurs colonnes paraît à la hauteur des autres divisions, toutes les troupes s'élancent au pas de charge et aux cris de : *Vive le roi!*

L'enthousiasme de nos soldats est à son comble. Atteints jusque-là dans leurs retranchemens par les coups de l'ennemi sans pouvoir bouger, ils le tenaient cette fois en rase campagne. Aussi Turcs et Bédouins, poursuivis la baïonnette dans les reins, tourbillonnent, chancellent, reculent et sont débusqués de toutes leurs positions ; ils sont mis en déroute sur tous les points. Leurs batteries, leurs drapeaux, leurs bagages, tout tombe en notre pouvoir.

Dans cette affaire brillante, qui fit tant d'honneur à nos armes, notre artillerie fut admirable. La rapidité de ses mouvemens semblait la multiplier ; chefs et soldats étaient remplis d'ardeur. Plusieurs coups pointés avec une merveilleuse adresse jetèrent le désordre et la mort dans les rangs de l'ennemi, stupéfait de la promptitude avec laquelle nos pièces voltigeaient pour ainsi dire d'un point sur un autre, tandis que les siennes restaient immobiles.

Pendant le combat et avant la défaite de son armée, Ibrahim-Aga, qui comptait, dit-on, beaucoup sur la victoire, était placé au centre et en avant des siens. Son attitude était pleine de calme et de fierté. Il suivait de l'œil toutes les phases de la lutte terrible, et dirigeait en personne les efforts de ses combattans. Doué d'un grand courage, il s'était avancé le premier dès le commencement de l'action à une faible portée de nos soldats, et plantant son étendard, il avait fait feu sur ceux qui étaient accourus pour s'en emparer.

Son costume oriental si beau, si pittoresque, et son coursier rapide comme le vent du désert le faisaient aisément distinguer au milieu des groupes d'Arabes drapés à l'antique comme on l'était il y a deux mille ans.

Les divisions Berthezène et Loverdo s'établirent sur l'emplacement du camp des Arabes, et les tentes qui s'y trouvaient encore leur servirent d'abris. Plusieurs de ces tentes, et entr'autres celles de l'Aga et des Beys d'Oran et de Constantine qui avaient marché à la tête de leurs contingens, étaient d'une richesse remarquable.

Quelques-uns de nos tirailleurs qui les premiers pénétrèrent dans le camp arabe, eurent la main heureuse et regardèrent comme de bonne prise ce que l'ennemi avait abandonné sur le champ de bataille. Un sergent du 14e. entr'autres trouva un sac rempli d'or, qu'il troqua plus tard à Alger contre 15,000 francs qu'un juif lui compta en napoléons.

Tous les morts n'étaient pas restés sur le lieu du combat; les Arabes en enlevaient autant qu'ils pouvaient avec des cordes armées de crochets, qu'ils attachaient à leurs chevaux. Les cadavres étaient ainsi traînés par les pieds ou par les épaules jusque sur les derrières de l'armée, où des fosses avaient été préparées d'avance peut-être même par les mains de ceux dont on y jetait maintenant les corps inanimés.

Je vis ce jour-là dans toute son horreur le tableau hideux des maux que fait la guerre. Les cadavres des soldats français et ceux des Arabes étaient là pêle-mêle gisant sur la terre en attendant la sépulture. Les cris lamentables des blessés, les sanglots de la douleur et le râle de la mort se faisaient partout entendre.

Ces armes dispersées, ces schakos qui n'ont plus de maître, ce sol ensanglanté, tout a fait de ce lieu naguère si riant une vallée de désolation et de larmes.

Les aumôniers des régimens remplissent leur pieux ministère. Ils consolent le soldat et calment ses douleurs en faisant entrer dans son âme des paroles de consolation et d'espérance et ils poussent la charité évangélique jusqu'à prodiguer du moins les secours de l'humanité à celui qui repousse les secours de la religion.

O vous qui, dans un moment de tempête révolutionnaire, avez cru devoir chasser des régimens français quelques pauvres prêtres, vous qui, méconnaissant l'antique foi de nos pères, n'avez plus voulu des ministres de Dieu près de nos armées, vous eussiez été touchés et attendris, je vous jure, si vous aviez vu l'aumonier agenouillé sur le champ de bataille auprès du brave qui va mourir, occupé à étancher le sang de ses blessures et à essuyer les larmes de ses yeux........ Et pendant ce tems-là, le prêtre parle de la bonté de Dieu, de l'éternité bienheureuse, il reçoit les derniers vœux et les dernières confidences du soldat mourant et lui promet de les porter un jour à sa mère qui est en France......

Les aumôniers de régiment ont subi avec résignation et comme il convenait à des hommes de leur caractère, la mesure qui les a frappés; mais leur suppression n'en est pas moins une mesure injuste, pour ne rien dire de plus, envers les soldats chrétiens (et ils sont nombreux dans l'armée) qui sur un champ de bataille, au moment suprême, se trouvent privés des secours et des consolations de la religion.

A Constantine, un général blessé mortellement les implorait avec instance : il mourut sans les recevoir.

En vain l'on objectera qu'il y a dans l'armée des hommes qui ne veulent pas d'aumôniers dans les régimens ; il suffit qu'il y ait aussi des soldats chrétiens qui en désirent pour que leur vœu soit respecté et entendu. La raison en est trop simple pour avoir besoin d'être exprimée; en effet, à ceux qui ne veulent pas d'aumôniers, la présence de ces derniers sur un champ de bataille ne peut faire le moindre mal ; tandis que, pour ceux qui en désirent, leur absence peut être considérée comme un irréparable malheur.

Nous trouvâmes dans le camp abandonné de Staouëli une grande quantité de dromadaires que l'ennemi, dans la rapidité de sa fuite, n'avait pu emmener. On les rassembla en troupeaux, et ils furent répartis entre les divers corps de l'armée.

L'apparition de cet animal, que nous voyions pour la première fois depuis notre arrivée en Afrique, excita une hilarité générale. Nos soldats ne tarissaient pas en plaisanteries sur son compte; et, dans leur gaîté toute française, ils oublièrent les fatigues de la journée et les dangers du lendemain pour s'amuser des dromadaires.

On voulut utiliser ces animaux comme moyen de transport; mais nos soldats n'avaient ni la douceur ni la patience des Arabes pour les diriger. On finit par en tuer plusieurs pour les manger.

Le général en chef poussa en avant avec quelques bataillons, et ne s'arrêta que lorsqu'il se fut assuré que l'ennemi était en pleine retraite. Il vit les colonnes en désordre des soldats d'Ibrahim et du bey de Titery gagner précipitamment les gorges qui mènent au Boudjerah, et les troupes débandées du Kaïd de Tlemsen et du bey de Constantine s'enfuir vers la plaine de la Métidja.

Notre perte dans cette journée s'éleva à six cents hommes environ, mis hors de combat.

VI.

Le bivouac après la victoire. — La tente d'Ibrahim. — Les parfums de l'Orient. — La tente de l'odalisque. — Les dromadaires. — Les Abdalazzis. — Le vieux Bédouin. — La roche des amans. — Les Arabes jugés par Napoléon.

L'ARMÉE française trouva dans le camp d'Ibrahim-Aga d'abondantes provisions de toute espèce, que les Arabes, dans le désordre et la précipitation de leur retraite, avaient été obligés d'abandonner.

Il y avait de l'orge, des fourrages, des dattes, des oranges, des pastèques, puis des outres contenant du beurre, de l'huile, et des peaux de bouc remplies de miel.

La tente d'Ibrahim attira les regards des curieux par sa richesse et le luxe tout oriental avec lequel elle était décorée. Elle avait plusieurs compartimens. L'intérieur était tendu de velours cramoisi, avec des draperies relevées de glands et de franges d'or. Des tapis de Turquie d'une grande beauté, ornés de dessins gracieux aux couleurs brillantes et variées, recouvraient le sol. L'essence pure de rose et celle de jasmin, si renommées chez les orientaux, mariaient leurs suaves odeurs et répandaient comme un parfum d'ambroisie.

Ces essences délicieuses n'ont pas leurs pareilles en France. Il n'y en a pas même à Montpellier, dont le sol, couvert de plantes aromatiques, fournit les parfums les plus estimés. L'essence et l'huile de rose ont, en Afrique, une vertu étonnante. Leur odeur pénètre jusque dans les vêtemens, et il suffit de se mettre en contact pendant quelques instans avec l'atmosphère d'une chambre ainsi parfumée pour en être imprégné sur soi pendant plusieurs jours.

L'essence de jasmin est la plus chère et la plus estimée. Il y a, dans le nord de l'Afrique, des champs entiers plantés de rosiers, et des bosquets de jasmin, cultivés exprès pour extraire le parfum de leurs fleurs.

La tente d'Ibrahim devait être envoyée au duc de Bordeaux, au nom de l'armée d'Afrique; mais la révolution de juillet l'empêcha de recevoir cette destination.

Une autre tente de forme circulaire, mais plus petite, était vis-à-vis de celle de l'Aga. Elle était aussi décorée avec beaucoup de recherche et de goût. Il s'y trouvait des divans d'une grande richesse et de fort belles glaces. C'était la demeure mobile de l'odalisque favorite d'Ibrahim. On les vit fuir tous les deux sur des coursiers rapides, comme autrefois Malek-Adel et Mathilde dans le désert. Quelques cavaliers turcs les précédaient et leur frayaient un passage à grands coups de sabre, quand les fuyards qui se trouvaient devant eux les gênaient ou ne se dérangeaient pas assez vite.

On trouva en outre dans le camp de Staouëli des approvisionnemens de farine, des troupeaux de moutons et une quantité considérable de tortues. Toutes ces richesses culinaires jetèrent l'abondance dans les bivouacs français et la joie dans le cœur de nos soldats. Les marmites se remplirent, et la fumée bleue des cuisines en plein air, s'élevant, à travers le feuillage des orangers, les palmes du dattier et les tentes du camp, vers un ciel pur et sans un seul nuage, donna à ce paysage une physionomie toute nouvelle.

On rencontre tout à la fois dans la plaine de

Staouëli la fécondité et le désert. Après avoir marché quelque tems à travers d'arides broussailles, sur un terrain sablonneux ressemblant un peu aux bruyères de la Corse, nous aperçûmes tout-à-coup et sans transition aucune de vastes champs de blé, des plantations d'orangers, de figuiers, d'oliviers grands comme des chênes, en un mot un luxe étonnant de végétation.

Dans ces lieux fertiles, le plus léger travail de l'homme est généreusement secondé par la nature. Le mûrier et le peuplier blanc importé par les Romains, répandent sur le sol une délicieuse fraîcheur. Le chamerops éventail élance sa tige grâcieuse, ornée de larges fleurs au calice blanc; des datiers de quarante pieds de hauteur se balancent, solitaires ou deux par deux, au milieu des géraniums en fleur dont les nombreuses variétés brillent parmi des buissons de myrthes, de jujubiers et de toutes sortes d'arbrisseaux odoriférans.

Des sources nombreuses présentent le cristal de leurs eaux limpides, abritées sous les lauriers-roses et la belle et magnifique plante nommée par un classificateur moderne *speciosissimum*. Sur le bord des ruisseaux, on voit ramper la tortue et le caméléon.

Nos soldats étaient affamés, harassés et couverts de poussière quand ils arrivèrent au camp de Staouëli; mais un repas des plus confortables pour un repas de bivouac fit en un instant oublier les fatigues de la journée; bientôt on ne songea plus qu'à la jouissance du moment, et la gaîté française pétilla de nouveau, insouciante et rieuse, absolument comme s'il n'y avait eu ni combats le jour même, ni dangers à craindre pour le lendemain.

Plusieurs officiers de différens grades, assis à côté d'un groupe de dromadaires, parlaient entre eux des événemens de la journée, de la beauté du site et du camp que nous avions conquis, de l'Amazone qui s'était envolée sur son pégase arabe avant notre arrivée; puis la conversation tomba sur les quadrupèdes bossus qui étaient là près de nous, leurs nouveaux maîtres, dont ils ne comprenaient ni le langage ni les signes.

— « Chaque individu sur la terre a une beauté relative, disait un officier; autant l'aspect de ces dromadaires me paraît bizarre et déplacé dans un village de la Bretagne ou de la Normandie, autant ces animaux me paraissent beaux à côté de ces montagnes, de ces palmiers et du costume oriental. »

Les dromadaires sont d'une grande utilité dans les contrées où la nature les a fait naître. Ils endurent sans succomber des fatigues inouies; ils marchent à grandes journées et traversent les déserts transportant des fardeaux immenses.

Pendant la campagne d'Egypte, les Mamelucks firent un singulier usage des chameaux et des dromadaires. A la bataille d'Héliopolis, ils les entortillèrent sous d'épaisses couches de paille tressée et s'en firent des retranchemens derrière lesquels ils s'abritèrent pour tirer sur les Français. On eût pu en faire autant contre nous à Sidy-Ferruch; mais les Arabes avaient sans doute oublié cette tradition, comme ils ont perdu en grande partie celle de la lance; et cependant à la bataille de Staouëly, les Abdalazzis, qui, cette arme à la main, tombèrent sur nos retranchemens, se soutinrent beaucoup plus long-tems en face de nos bataillons que les autres cavaliers, qui, nous attaquant sans succès à l'arme blanche, étaient obligés de fuir précipitamment pour nous envoyer de loin des coups de feu.

On nous amena au camp de Staouëli un vieux bédouin, vrai type patriarchal, au nez aquilin, au front haut et aux yeux noirs bien arqués et un peu couverts. Il portait une barbe d'Hector, et une couronne verte reliait son burnous sur sa tête. Il s'assit, prit une attitude contemplative, en roulant dans ses doigts les grains de son chapelet et sans faire la moindre attention à ce qui se passait autour de lui. Après être resté assez long-tems dans cette position, il se leva et dit : « Français, » que venez-vous faire sur nos terres ? vous

» êtes couverts d'or, et nous de haillons. » On lui fit entendre que c'était pour l'affranchir, lui et ses compatriotes. — « Buono, buono, » murmura le vieux bédouin en faisant avec la tête un signe négatif qui disait positivement : Je n'en crois rien.

Il y avait à peu de distance du camp des aqueducs et des vestiges de voies romaines. Staouëli était probablement une ville dans l'antiquité. Il serait étonnant qu'au tems où la civilisation régnait en Afrique, un aussi beau site eût été négligé.

Nous mangions souvent des tortues au camp de Staouëli; leur chair était pour nous un mets tout nouveau que nous trouvions délicieux quand il nous était donné de l'arroser avec quelques bons verres de Bordeaux, cette liqueur française que le vin de *Val-de-Penas* n'avait pu nous faire oublier dans l'île de Palma.

A propos de Val-de-Penas, un capitaine qui avait fait les campagnes d'Espagne sous l'empire, nous raconta sur l'origine de cette dénomination une nouvelle andalouse que le lecteur ne lira pas sans plaisir, si elle le distrait autant qu'elle nous intéressa au bivouac.

Le Val-de-Penas est situé entre Séville et Grenade, dans une plaine au milieu de laquelle s'élève un rocher dont les pics nombreux et escarpés forment, vus de loin, un aspect assez bizarre.

Les habitans de la plaine nomment ce rocher *la pena de los enamorados*, ou la roche des amans. Voici, à ce sujet, ce que dit une antique tradition :

Dans le tems que les Maures étaient maîtres des provinces de Grenade et de Cordoue, une guerre cruelle et acharnée s'éleva entre eux et les Espagnols, qui voulaient reconquérir leur liberté.

Un jeune Andaloux, d'une grande beauté, aux manières nobles et polies, fut fait prisonnier. Le Roi des Maures le retint à sa cour et en fit son favori. Il le présenta à la Reine et à la jeune Ismaïl, sa fille, comme un prisonnier que sa valeur lui avait fait distinguer. Puis prenant une épée, le Roi ajouta : « Vous vous en servez trop bien pour qu'elle ne vous soit pas rendue. L'intérêt de l'état s'oppose à votre liberté, mais que rien ne vous retienne ici que votre parole. » (Il paraît que dans ce tems-là les Bédouins étaient mieux élevés que de nos jours).

Peu à peu le noble seigneur espagnol sut se concilier les bonnes grâces de la jeune et belle Ismaïl, qui était douée elle-même des plus aimables qualités de l'esprit et du cœur. Bientôt l'amitié que les deux jeunes gens ressentaient l'un pour l'autre, fit place à un sentiment plus tendre. Ismaïl se fit chrétienne, promit sa main à son amant, et s'enfuit avec lui vers le camp des chrétiens.

Le roi maure poursuivit le ravisseur de sa fille et l'atteignit près du rocher dont j'ai parlé. Alors Ismaïl et son fiancé se réfugièrent sur l'un des sommets, menaçant de se précipiter si l'on faisait un pas de plus pour s'emparer d'eux...,Mais les Maures ne s'arrêtèrent pas devant cette menace; et les deux amans, se tenant embrassés, se précipitèrent du haut du rocher, et leurs corps sanglans et meurtris vinrent rouler au pied des soldats maures qui avaient cerné leur retraite.

Une croix de pierre fut dressée sur cette roche en souvenir de cet événement, et on l'y voit encore aujourd'hui.

Nous passions ainsi le tems au bivouac de Staouëli. C'était à qui trouverait des distractions propres à faire oublier l'ennui inséparable d'une position comme la nôtre. Quant aux dangers, on y pensait peu ; et pourtant le colonel du régiment, dans l'intérêt de notre sûreté et pour nous engager à nous tenir sur nos gardes, nous avait donné lecture d'un extrait du rapport du général Bonaparte sur la bataille des Pyramides. En voici la copie :

« Nous avons été continuellement harcelés par des nuées d'Arabes, qui sont les plus grands voleurs et les plus grands scélérats de la terre, assassinant les Turcs comme les Français, volant et pillant tout ce qui tombe dans leurs mains.

» Le général de brigade Muireur et plusieurs aides-de-camp et officiers d'état-major ont été assassinés par ces misérables embusqués derrière des digues et dans les fossés sur leurs bons petits chevaux.

» Malheur à celui qui s'éloigne à cent pas des colonnes. Le général Muireur, malgré les représentations des officiers de la grande garde, seul, par une fatalité que j'ai souvent vu accompagner ceux qui sont arrivés à leur dernière heure, a voulu se porter sur un monticule à deux cents pas du camp. Derrière ce monticule étaient trois bédouins, qui l'ont assassiné. »

Vous le voyez, avait ajouté notre colonel en finissant cette lecture, ces Messieurs n'entendent rien en fait de chevalerie; et le roi Jean, qui se rendit à Poitiers en jetant son gant au chevalier de Morbecque, eût été occis par eux absolument comme un vilain.

VII.

Combat de Sidy-Kalef. — Le jeune Amédée de Bourmont est blessé à mort. — Douleur du général en chef. — Explosion d'un magasin à poudre. — Terreur panique au camp de Sidy-Ferruch. — Le lieutenant Amoros est assassiné. — Affreux coup de vent dans la baie de Sidy-Ferruch. — Massacre d'un bataillon du 4e. léger surpris par les Arabes au fond d'un ravin, au moment où les armes étaient démontées. — Combats meurtriers des 26, 27 et 28 juin.

LE 24 juin, à sept heures du matin, un nuage de poussière obscurcissait l'horizon dans la direction de Sidy-Ferruch. A travers ces tourbillons sans cesse renaissans, apparurent les banderolles d'une centaine de chasseurs-lanciers. Le général en chef, entouré de ses fils et d'un nombreux état-major, arrivait sur le terrain.

Depuis le 19, l'armée française était campée à Staouëly. Ses avant-postes étaient déployés sur la ligne de la batterie construite sur le front du camp.

Nos soldats, harcelés chaque jour par les tirailleurs arabes, demandaient à grands cris à marcher en avant, et cela se conçoit. Stationnaires dans leurs postes, ils étaient obligés de subir le feu des Bédouins sans pouvoir presque riposter; tandis qu'en plaine, ayant la liberté de leurs mouvemens, ils s'embusquaient par escouades dans les buissons, d'où ils ne tiraient qu'à bonne enseigne, profitant des accidens du terrain et conservant presque toujours l'offensive.

C'était la crainte prudente de laisser Sidy-Ferruch à découvert et l'obligation où l'on était d'attendre le débarquement du matériel de l'artillerie de siége, qui avaient retardé la marche de l'armée française.

Le général Bourmont suivait de l'œil tous les travaux qui s'exécutaient dans la presqu'île, et dès qu'il vit les retranchemens touchant à leur fin et les chevaux de l'artillerie prêts à être débarqués, il ordonna le mouvement en avant si impatiemment attendu par l'armée.

La première division et une brigade de la deuxième s'avancèrent en colonnes d'attaque, et bientôt leurs tirailleurs furent aux prises avec l'ennemi.

Les Turcs, au nombre de 8,000 environ, escortés d'innombrables bandes de Bédouins, couronnaient les collines qui terminent à l'Est la plaine de Staouëly. Leur ligne de bataille était fort étendue. Ils descendaient dans la plaine en assez bon ordre, et il semblait que la bataille dût être aussi sanglante que celle de Staouëly; mais leur manœuvre, qu'ils croyaient si bien combinée, fut tout-à-coup dérangée par une volée de projectiles qui, habilement lancés contre eux, jetèrent le désordre dans leurs masses compactes. L'artillerie légère s'avança aussitôt jusqu'aux avant-postes et foudroya l'armée d'Ibrahim, qui dès lors commença sa retraite vers le Nord.

Deux escadrons de chasseurs-lanciers parurent en ce moment et se dirigèrent au galop vers l'ennemi en retraite ; mais le corps qu'ils voulaient atteindre se jeta dans les jardins de deux campagnes turques et recommença à tirailler en s'abritant derrière les arbres, les maisons et les haies.

Quelques compagnies d'infanterie légère furent détachées pour débusquer les Arabes. Les chasseurs se rangèrent en bataille sur la voie romaine, et l'infanterie enleva la position de l'ennemi, qu'elle poursuivit au pas de charge de colline en colline.

Ce fut au combat de Sidy-Kalef que le jeune Amédée de Bourmont, second des fils du général en chef, reçut la blessure qui l'enleva plus tard à sa famille et à ses nombreux amis.

Ceux d'entre nous qui avaient été à même d'apprécier les rares qualités de cet aimable jeune homme, pleuraient sa fin prochaine. Il rassurait ceux qui l'entouraient en leur disant : « Qui de vous, Messieurs, ne voudrait » avoir payé de son sang le succès que nous » obtenons ? Avouez que ma blessure est bien » placée, là, près du cœur. »

Amédée de Bourmont était un brillant sujet, aimé et estimé de tous ceux qui le connaissaient. Lieutenant de grenadiers au 49ᵉ de ligne, il fit observer à son colonel, au moment où le régiment recevait l'ordre d'entamer l'affaire, que les voltigeurs donnaient sans cesse, et que les grenadiers méritaient bien qu'on leur fît le même honneur. Le colonel fit droit à sa réclamation, et ce brave jeune homme se précipita tout joyeux, à la tête de sa section, au-devant du coup qui devait lui donner la mort!....

A une lieue de Staouëly, le pays change d'aspect. La chaîne du Boudjérah recommence par des collines et des mamelons qui s'exhaussent graduellement, séparés de tems en tems par des vallons au fond desquels les pluies d'orages font rouler des torrents.

C'est à travers ce labyrinthe et ses nombreuses sinuosités que la voie romaine vient se perdre dans les vagues sentiers du désert et dans les broussailles.

Cette route, qui depuis des siècles n'avait vu que les chevaux et les dromadaires des Arabes, était maintenant sillonnée par les roues des canons et des caissons français aux endroits même où, dans des tems reculés, les chars dorés des princes numides et les quadriges du peuple-roi promenèrent successivement les dominateurs de l'Afrique.

Nous aperçûmes dans ces lieux une quantité considérable de plantes odoriférantes, le myrthe embaumé, le lin à grandes feuilles et à corolles bleues, la bruyère à épis violets, l'arbousier à grélots blancs dont le fruit rafraîchit délicieusement le palais.

Une grande masure blanche abandonnée se faisait remarquer sur le versant de la colline, dont le sommet était occupé par l'avant-garde de l'armée française, ayant ses tirailleurs en avant et soutenue par quelques pièces d'artillerie.

Au fond du vallon roulait l'eau fangeuse d'un torrent que la voie romaine traverse sur un petit pont en maçonnerie. Le terrain qui se relevait de l'autre côté en pente plus douce, était bordé par l'arrière-garde de l'ennemi.

Le général en chef, qui venait d'arriver aux avant-postes, se disposait à faire franchir le ravin qui nous séparait des Arabes, lorsqu'une violente détonation se fit entendre : la masure était un magasin à poudre ; les Turcs venaient de la faire sauter au moment où ils croyaient qu'elle allait être entourée par les Français.

Une fumée épaisse s'éleva rapidement dans les airs. Les soldats qui étaient en première ligne furent renversés par la commotion de l'atmosphère, et la terre trembla à une distance considérable.

Un nuage de fumée et de poussière poussé par le vent passa lentement sur les lignes françaises, les inondant d'une pluie de sable rouge et les suffoquant de son odeur sulfureuse. Heureusement l'explosion de cette machine infernale d'un nouveau genre ne blessa personne. Au moment où elle se fit entendre, les capitaines de vaisseau Villaret de Joyeuse et Hugon arrivaient pour annoncer que le convoi resté à Palma était en vue. Ce convoi portait les chevaux de l'équipage de siége et ceux de l'administration, dont le besoin urgent se faisait sentir pour le transport des blessés et des vivres. Peu s'en fallut que ces deux officiers supérieurs ne fussent atteints par les pierres que l'explosion du magasin à poudre lança au loin.

Chose étonnante ! les régimens qui se trouvaient sur les lieux mêmes au moment de l'événement n'en furent que légèrement incommodés, tandis que ceux qui virent du camp de Staouëli cette trombe immense de poussière et de fumée se repliant sur tout le terrain occupé par l'armée française, éprouvèrent un mal beaucoup plus grand par la consternation dont ils furent frappés à cette vue.

L'alarme se répandit au camp de Sidy-Ferruch, qui, depuis que nous marchions en avant, était devenu un foyer de nouvelles sinistres. Quelques hommes de la flotte, malgré la fermeté de leurs chefs, ne respectaient pas toujours la discipline. Pendant la nuit ils parcouraient le camp et donnaient lieu à des alertes. Or, une de ces alertes se changea un jour en une épouvantable panique.

Un individu arriva tout effaré au camp de Sidy-Ferruch et y raconta que la plupart des bataillons français s'étant avancés sur des terrains minés d'avance par des ingénieurs anglais, une grande partie des deux premières divisions avait été engloutie et recouverte par le jeu des mines; que le général en chef revenait avec les débris de l'armée; que cette marche rétrograde suffisait à peine pour couvrir un seul jour Sidy-Ferruch, qui allait infailliblement être emporté, l'artillerie française étant tombée au pouvoir des Tobjis turcs, et les fortifications nouvellement élevées pouvant tout au plus servir pour se mettre à l'abri d'un coup de main.

Cette nouvelle effrayante, propagée à l'instant par des cantiniers, des employés d'ambulance et par certains spéculateurs, gagna de proche en proche avec la rapidité électrique qu'ont toujours les mauvaises nouvelles; en sorte que l'on vit une cohue de gens frappés d'une terreur panique, abandonnant tout, excepté l'argent, courir vers la mer et s'y précipiter pour gagner à la nage les chaloupes, les canots et les chalans.

D'autres, moins téméraires ou trop chargés, exprimaient leur désespoir sur la plage, en levant les bras en signe de détresse, et invoquaient le secours de la marine.

Une seconde alerte eut lieu avant le crépuscule; les soldats faisaient feu sur les buissons, les employés couraient en chemise et l'épée nue sous le bras vers le rivage; enfin, la confusion et le désordre devinrent si grands et si compliqués, que beaucoup d'individus furent noyés et trouvèrent ainsi une mort certaine en voulant fuir celle qui ne les menaçait nullement.

Après le combat de Sidy-Kalef, les deux premières divisions établirent leurs avant-postes le long du ravin de Bakschédéré et au pont dont nous avons parlé.

Le général Bourmont, content d'une journée qui lui avait fait gagner deux lieues de terrain et ne lui avait coûté qu'un très-petit nombre de soldats, reprenait le chemin de Sidy-Ferruch, quand on vint lui annoncer que son fils Amédée était blessé dangereusement. Une douleur profonde s'empara à l'instant de son cœur de père, mais ne fit pas disparaître un seul instant le calme du général qui, l'âme déchirée par la perte de son noble fils, continua de donner ses ordres et de veiller au salut de l'armée comme s'il n'avait rien souffert.

Entre Staouëly et le Bakschédéré, comme on l'a déjà dit, on n'aperçoit qu'une vaste solitude couverte d'arbustes et de grandes bruyères. Plusieurs français, trop confians dans les succès qui venaient de répandre la terreur parmi les Algériens, voulurent aller se promener isolément aux environs; ils périrent victimes de leur imprudence.

De ce nombre fut M. Amoros, lieutenant d'artillerie et fils du colonel de ce nom.

Ce jeune homme, aussi recommandable par sa science que par sa bravoure, fut blessé légèrement d'abord et se défendit vaillamment contre plusieurs bédouins; mais, accablé par le nombre, terrassé et désarmé, ces barbares l'achevèrent après l'avoir horriblement fait souffrir; puis ils lui coupèrent la tête pour aller l'échanger à Alger contre la prime promise par les Turcs.

Un des camarades de M. Amoros, qui l'accompagnait, se cacha dans les bruyères et fut sauvé. Je vis le cadavre mutilé de cet infortuné jeune homme, et non loin de là ceux de deux canonniers pareillement décapités. Ces derniers avaient encore leur uniforme, tandis que l'officier avait été entièrement dépouillé.

Les Algériens montraient à la porte de leurs

maisons à de nombreux spectateurs leurs sanglans trophées; et nous apprîmes, quand nous fûmes à Alger, que le dey en avait fait promener par le *mezzouar* (bourreau), le jour même de l'arrivée des Français à Sidy-Ferruch.

Dans cette même journée du 24, la flotte fut encore une fois assaillie, dans la baie de Sidy-Ferruch, par un affreux coup de vent venant du Nord-Est. La tempête fut si violente qu'elle causa, dit-on, pour plusieurs millions d'avaries aux bâtimens de l'état. On dut, comme pendant l'ouragan du 16, jeter à l'eau une quantité de caisses, de tonneaux et de vivres, ne pouvant les débarquer autrement. La plupart de ces objets, en roulant sur les vagues avant d'échouer sur le sable, furent pénétrés par l'eau de la mer, et les provisions qu'ils contenaient furent détériorées. Mais il avait bien fallu prendre le parti de les débarquer de la sorte pour approvisionner les magasins, qui ne contenaient plus que pour trois jours de vivres. Le lendemain 25, un convoi venant de Palma arriva à Sidy-Ferruch.

Le 25 juin, la troisième division vint prendre la place de la première au Bakschédéré.

Le duc d'Escars établit son quartier-général dans une maison turque, en face d'un bosquet d'orangers, et non loin du courant d'eau.

Le 26, le feu recommença avec plus de vivacité que jamais. Les Algériens avaient deux batteries sur les collines qui dominent le Bakschédéré. Toute l'armée d'Ibrahim, moins les contingens d'Oran et de Constantine, qui venaient de se retirer mécontens et découragés de voir l'armée combinée battue tant de fois, couronnait le sommet de ces collines.

Du haut de leurs batteries, les Turcs ne perdaient aucun mouvement de l'armée française campée dans le ravin; et dès qu'ils en apercevaient un dont ils croyaient pouvoir profiter, ils se précipitaient prompts et terribles comme l'avalanche.

C'est là, c'est dans ce ravin du Bakschédéré que fut massacré tout un bataillon du 4ᵉ léger, surpris au moment où les soldats venaient de démonter leurs armes pour les nettoyer. Quatorze hommes se sauvèrent de cette boucherie et se réfugièrent sous les murs de l'habitation où le duc d'Escars avait établi son quartier-général.

Des troupes furent immédiatement envoyées à la poursuite des Bédouins; mais pas un homme du bataillon n'était debout, tout avait été immolé.....

On voyait les Arabes fuir à l'approche des Français accourant au secours de leurs camarades. Quelques-uns tenaient par les cheveux les têtes qu'ils venaient de couper. Le désir d'en emporter plusieurs, afin de recevoir une plus forte récompense, fut fatal à plus d'un de ces barbares, qui, ne pouvant fuir assez vite, furent atteints et immolés sous la bayonnette de nos soldats ou par les boulets de notre artillerie.

La troisième division, qui, par l'organe du duc d'Escars, son brave général, avait réclamé l'honneur de se porter en première ligne, eut douze cents hommes mis hors de combat dans les journées des 26, 27 et 28 juin. Des officiers de tout grade, anciens et jeunes, pleins de valeur et d'avenir, tombèrent dans ces combats meurtriers, à la tête de leurs braves soldats si dignes d'être commandés par de tels chefs*.

Ces pertes considérables avaient fait sentir au général en chef la nécessité d'appeler la 4º. division de l'armée d'Afrique, qui était restée à Toulon. Il donna des ordres en conséquence et se prépara toutefois à marcher en avant dès le lendemain.

* Parmi les victimes des combats des 26, 27 et 28 juin, je puis citer les officiers que je connaissais plus particulièrement et qui expirèrent pour ainsi dire dans mes bras. De ce nombre furent le chef d'escadron d'état-major Borne, excellent officier, qui eut l'épaule fracassée par un boulet et mourut dans d'horribles souffrances ; les capitaines Rachepelle et Limoges, du 9º. léger, atteints tous les deux d'une balle dans le front. Pauvre Rachepelle, il mourut à la fleur de son âge et peu de tems après avoir épousé une jeune personne charmante, dont il était le parent éloigné. Enfin, j'eus la douleur de voir expirer le jeune Bigot de Mourogues, atteint d'une balle à la gorge au moment où il s'emparait d'un drapeau ennemi.

Des ambulances furent provisoirement établies dans les jardins des campagnes turques occupées par les généraux d'Escars et Berthier de Sauvigny. Les blessés y furent soignés avec beaucoup de sollicitude ; tous réclamaient et recevaient les secours de la religion. Pendant que je prodiguais autant de soins que je le pouvais à ceux qui en avaient le plus grand besoin, un sapeur, amputé des deux jambes, me dit avec un calme et une résignation héroïques dont je fus profondément touché : « Je souffre horriblement, mais bientôt j'aurai le repos des braves. »

Dans l'après-midi du 28, l'ennemi essaya de lancer quelques obus au milieu des malheureux blessés; aussitôt le général Berthier fit pointer deux pièces de canon qui, en un instant, et grâces à l'habileté de nos artilleurs, eurent fait taire celles de l'ennemi.

Depuis deux jours le quartier-général était venu s'établir à Staouëli, et le chemin de Sidy-Ferruch était infesté de partisans bédouins, qui avaient enlevé des chariots de vivres, égorgé plusieurs soldats et employés voyageant isolément. Le 28 au soir, le général en chef se prépara à reprendre une vigoureuse offensive et à frapper un grand coup le lendemain.

VIII.

Assaut du 29 juin. — L'approche du combat. — L'armée aborde l'ennemi à la bayonnette sans tirer un seul coup de fusil. — L'armée couronne les montagnes qui dominent Alger et le fort l'Empereur. — Alger est investi par terre et par mer. — Les consuls européens. — Chants des Israëlites. — Les environs d'Alger. — La cantinière du 9e. léger. — Ouverture de la tranchée devant le fort l'Empereur. — Sortie des Algériens. — La marine canonne les forts d'Alger à demi-portée.

Le 29 juin, au lever de l'aurore, l'armée se mit en mouvement sur trois colonnes marchant de front, et gravit la colline élevée que couronnait l'artillerie des Algériens.

Il faut avoir vu ce spectacle pour se faire une juste idée de tout ce qu'il eut d'imposant et de solennel.

Que l'on se figure un assaut immense auquel monte toute une armée. Les soldats, pour ne pas perdre un commandement, un signe de leurs chefs, attentifs au moindre bruit, sont muets de silence. On n'entend dans les colonnes que le cliquetis des armes et le bruit sourd des fourreaux de sabres et de bayonnettes battant, par un mouvement uniforme et cadencé, la cuisse des fantassins.

Cette approche d'un combat a quelque chose de beaucoup plus terrible que le combat lui-même. L'âme du plus brave est sous l'impression d'un sentiment indéfinissable. Il s'occupe peu de lui-même, mais il pense à sa famille, à ses amis, à sa fiancée peut-être; et ce n'est pas sans frémir qu'il songe que dans un instant il va se trouver sur le passage des balles et des boulets, dont la moindre atteinte suffit pour le séparer dans une minute, dans une seconde, de tout ce qu'il a de cher au monde.

L'aile droite était aux ordres du général Loverdo; au centre était la division Berthezène, et la division d'Escars formait l'aile gauche. Une brigade de la deuxième division était placée en seconde ligne comme corps de réserve.

L'armée, après s'être avancée en bon ordre et sans tirer un seul coup de fusil, aborda l'ennemi aux cris de: « *Vive le Roi!* » le culbuta au premier choc et le chassa de position en position.

L'infanterie arabe, qui tiraillait en avant des redoutes, ne tint nulle part; chargée à la bayonnette, elle se débanda pêle-mêle avec les Tobjis.

Une campagne turque tenait encore; des Algériens s'y étaient retranchés et faisaient un feu roulant sur nos soldats. Deux pièces d'artillerie, braquées à l'instant sur cette maison, en firent précipitamment déloger tous les hôtes.

L'artillerie légère, marchant par des sentiers escarpés qui ne l'arrêtèrent nulle part, accéléra sur tous les points la déroute de l'ennemi, qui, obligé de lâcher pied partout, s'enfuit dans les falaises qui avoisinent Alger. Les Turcs rentrèrent dans la ville par *Babal-Ouëd* ou la porte de *la Vallée*, les Bédouins encombrèrent le faubourg *Babazoune* et les cimetières environnans, tandis que d'autres, refluant vers la Métidja, se disposaient à recommencer la lutte. La deuxième division leur tint tête jusqu'à la nuit.

Les divisions d'Escars et Berthezène, ayant nettoyé tout le Boudjérah, se mirent en mouvement pour en couronner les hauteurs; mais le peu de connaissance que l'on avait du pays rendait la marche incertaine. Les colonnes s'avançaient à travers des vallées profondes et dont les pentes rapides sont d'un accès difficile par la quantité de jardins et de haies qui les couvrent. Arrivés sur les sommets de ces vallées, nos bataillons étaient obligés de descendre à une grande profondeur pour reparaître à une très-petite distance sur la hauteur opposée. Il s'ensuivit de l'indécision dans la marche. Les régimens se mêlèrent, et l'on vit, chose assez singulière, les drapeaux de plusieurs d'entre eux marcher pêle-mêle dans le même peloton.

L'artillerie surtout éprouva de grandes difficultés, et sans son nouveau matériel elle n'aurait jamais pu les vaincre.

La chaleur était excessive, et l'on manquait d'eau. Le jour était très-avancé, et personne n'avait pris de nourriture. Des soldats tombaient asphyxiés. Le chirurgien-major du 34e. eut le même sort et expira sous nos yeux sans qu'il nous fût possible de le secourir.

Enfin, après bien des marches et des contre-marches, l'armée gagna le sommet du Boudjérah et aperçut Alger et le fort l'Empereur, dont le canon s'empressa de la saluer.

C'est surtout des hauteurs de cette double montagne du Boudjérah que le port d'Alger, la ville et les campagnes qui l'environnent présentent un aspect délicieux, un magnifique panorama.

L'armée française contemple ce spectacle grandiose. Alger est là sous ses yeux; elle voit ses minarets, ses murailles blanches, son port, ses batteries formidables; puis, dans la plaine*, des châteaux et de riantes bastides s'élèvent au milieu des massifs de verdure et d'une végétation aussi riche que variée. L'Atlas, dont les masses gigantesques se perdent dans les nues, forme un contraste imposant avec la plaine et l'azur de la mer.

Des acclamations générales se font entendre sur toute la ligne, et l'armée salue de ses cris de victoire les remparts de cette cité orgueilleuse, sur lesquels va bientôt flotter le drapeau que naguère elle a osé insulter.

Les consuls des puissances chrétiennes avaient leurs résidences d'été dans la riche campagne qui environne la ville. On distinguait leurs hôtels aux larges pavillons dont ils étaient surmontés. Ces fonctionnaires s'étaient retirés au consulat américain, situé à mi-côte du Boudjérah. Ils avaient une garde de janissaires, à laquelle le général Bourmont adjoignit une sauve-garde composée de gendarmes et de grenadiers français.

Le général en chef descendit le Boudjérah, se dirigeant vers le chemin creux qui conduit

---

* La plaine si féconde de la Métidja, qui environne Alger, se divise en deux parties; la première commence aux falaises à l'Est d'Alger et se termine au pied d'une montagne à six lieues de cette ville; la deuxième, située derrière le flanc oriental de l'Atlas, a dix lieues de longueur et quatre de largeur. Elle produit, par an, deux moissons de froment, d'orge et d'avoine.

à Alger, et suivit ce chemin jusqu'à une distance assez rapprochée du fort l'Empereur. Là les brigades du duc d'Escars furent échelonnées sur la route de manière à se lier avec la division Berthezène, qui continua d'occuper le Boudjérah et étendit ses colonnes jusqu'à la mer en s'emparant de la pointe Pescade.

Le 30 juin, dès le matin, la deuxième division vint appuyer la droite du duc d'Escars, en prenant position au Sud-Est du ravin qui, commençant à l'embouchure du Harrach et finissant au fort Babazoune, interrompt brusquement la plaine de Métidja par une falaise profonde à un quart de lieue de la mer. Un torrent formé par les eaux qui s'écoulent du Boudjérah sépare la même plaine d'*Elbiar*, nom donné aux jardins et bocages qui avoisinent Alger et le fort l'Empereur, lequel fort est bâti sur une éminence rapide et isolée entre la mer et la falaise dont nous venons de parler.

Alger est investi par terre et par mer. La plaine de Métidja est suffisamment éclairée; un grand dépôt de vivres et de munitions se forme au pied de la montagne qu'occupe et couronne l'armée française. Le dépôt central de Sidy-Ferruch est à l'abri de toute surprise et confié à la garde de trois mille marins. Une brigade campée à Staouëli forme un point intermédiaire entre Sidy-Ferruch et l'armée, et protége les convois. Le génie a fait le tracé d'un chemin praticable de plus de cinq lieues d'étendue. Tout s'apprête pour le siége du fort l'Empereur et *d'El-djezaïr* elle-même (Alger), dont les portes jusqu'ici ne s'ouvrirent aux soldats européens que pour recevoir des esclaves, et non des vainqueurs.

Les Algériens, de leur côté, se disposent à combattre. Partout il y a du monde, et on est préparé à la défense. Un nombreux rassemblement de troupes se trouve entre la ville et le fort l'Empereur. Ces troupes paraissent prêtes à se porter sur le point menacé; mais tous leurs mouvemens sont épiés. Tous les débouchés des collines par où les Arabes peuvent faire des sorties sont observés par de nombreuses vedettes et par de forts détachemens postés sur les hauteurs.

Le général en chef avait établi son quartier-général au centre de la division d'Escars, dans une des villa d'Elbiar, où les bombes et les boulets du fort l'Empereur tombaient fréquemment.

Les consuls des puissances européennes vinrent en corps, puis individuellement, rendre au général Bourmont la visite diplomatique et d'étiquette; ils émirent des vœux pour le succès des armes françaises, en énumérant les probabilités qui existaient en faveur de leur prochain triomphe; mais ces vœux étaient sincères comme le sont ordinairement des phrases diplomatiques.

Il faut excepter toutefois le consul des États-Unis et celui de Sardaigne, dont la bonne foi était évidente, et ils en avaient donné des preuves, l'un en conseillant au dey d'Alger de ne pas rompre avec la France, l'autre en faisant tous ses efforts pour sauver de la fureur des Arabes les marins français naufragés des bricks *l'Aventure* et *le Sylène*.

Quant au consul de Naples, il avait tenu dans ce conseil secret de Hussein-Pacha, qui ne voyait, disait-on, que par ses yeux, un langage et une conduite tout-à-fait contraires à l'emphase qu'il mettait devant le général en chef dans ses protestations amicales envers la France.

C'est lui qui avait encouragé et maintenu l'opiniâtreté du Dey, en lui assurant que la France n'oserait pas tenter une expédition contre Alger, et que si l'on s'y exposait, elle recevrait le même affront que l'expédition de Charles-Quint.

Un officier en habit rouge exprima, quand son tour fut venu, les vœux de l'Angleterre en faveur de la France. Il le fit avec un flegme tout britannique. Cet anglais avait donné à Hussein des notions exactes sur les forces de l'armée française ; il était même entré dans les détails les plus minutieux sur son matériel et tous ses accessoires.

Le général Bourmont rendit, dès le lendemain, sa visite aux représentans des puissances européennes. En rentrant à son quartier-général, des cris et des gémissemens douloureux vinrent frapper ses oreilles. Il s'arrêta avec son état-major et voulut connaître d'où partaient ces cris lamentables.

C'était une vingtaine de malheureux Juifs, couverts de haillons, qui, entourés de gendarmes et d'ouvriers d'administration, travaillaient à faire une large fosse dans laquelle on avait l'intention de déposer quelques cadavres d'hommes et de chevaux. Les pauvres diables s'imaginaient qu'on voulait les y enterrer tout vivans, et c'était là le sujet de leurs alarmes.

Le général les fit rassurer avec bonté par un interprète; il leur promit un salaire et des vivres pour les travaux qu'ils exécuteraient.

Les Juifs n'eurent pas plus tôt entendu ces paroles consolantes, qu'ils s'empressèrent d'expédier deux d'entre eux vers une grotte située dans la montagne. Bientôt il en sortit une centaine d'individus, vieillards, femmes, enfans, dont le délabrement annonçait la plus affreuse misère. C'étaient des mendians juifs que Hussein avait fait jeter hors de la ville à l'approche des Français.

On leur distribua chaque jour la ration du

soldat, et dès-lors ils travaillèrent de bonne grâce et même en chantant.

Leurs chants avaient quelque chose d'antique et de patriarchal qui leur donnait un certain charme, et l'abbé Isacharus m'affirma un jour que leur *super flumina Babylonis* qu'ils chantaient en chœur dans la langue de David, était empreint d'une harmonie locale qu'aucun autre chant ne pouvait imiter.

Suivant Saint-Augustin, le saint docteur de Numidie, une partie du chant des funérailles des Grecs de Lacédémone et d'Athènes s'était perpétuée dans l'église grecque et latine jusqu'à son temps. De nos jours, nous en retrouvons encore quelques fragmens dans les prières que l'on chante pour les morts : c'est le chant dorien, dont les anciens se servaient pour exprimer les choses graves et sérieuses. Mais si le chant du psaume est traditionnel chez les Israélites d'Alger, il faut avouer qu'il n'y a rien qui puisse lui être comparé.

La plupart des Juifs d'Alger descendent, dit-on, de ceux qui se sauvèrent en Afrique à la destruction de Jérusalem par Tite, ou qui furent successivement chassés de Judée par les persécutions des Romains, des Perses, des Sarrasins ou des chrétiens.

Avant de parler des combats qui vont bientôt se livrer sous les murs d'Alger, je vais essayer de donner au lecteur une description exacte des environs de cette ville curieuse.

Les sentiers couverts, dont les lignes sinueuses traversent dans tous les sens la campagne qui avoisine Alger, sont si nombreux qu'ils font l'effet d'un immense labyrinthe. A travers leurs trouées ombragées, la vue se perd de tems en tems sur l'immensité de la plaine, ou se repose sur les ondes bleues de la Méditerranée.

La voie romaine, majestueuse au milieu de ces sentiers comme un beau fleuve coulant à côté des ruisseaux de la prairie, partage en deux parties inégales les magnifiques jardins et les riantes villa qui annoncent l'approche d'une capitale.

Le sol est entièrement recouvert de vignes, de pastèques, de melons, d'orangers, d'acacias, de chèvre-feuille-trompette, de peupliers mélangés de nopals à rosaces jaunes, et de toutes les brillantes variétés de la flore numidienne.

La blancheur des villa tranche admirablement au milieu de cette verdure et de ces fleurs qui embaument l'air de leurs parfums délicieux.

Presque toutes les villa sont carrées, et pourtant grâcieuses. Elles présentent à l'intérieur un vestibule ou *atrium* formé de galeries superposées, où se partagent les différens corps de logis.

Des fenêtres rares, étroites et très-élevées, comme celles d'un cloître ou d'un château du moyen-âge, sont hérissées de fer. Une terrasse surmonte le contour de l'édifice. Les cheminées sont construites de façon qu'elles forment comme de petits dômes à chaque angle des terrasses.

Une tenture élégante, placée en ciel au haut du carré intérieur des édifices, répand la fraîcheur sur le marbre ou la mosaïque des vestibules, décorés pour la plupart d'une fontaine limpide et jaillissante.

L'état-major-général occupait la plus somptueuse de ces villa; mais celle du duc d'Escars était la plus jolie.

L'éclat du jour y était agréablement tempéré par des vitraux peints, remarquables par la fraîcheur, la finesse et la variété infinie de leurs couleurs. Tout ce qu'un luxe coquet, une sensualité perfectionnée peuvent inventer de plus somptueux et de plus confortable, s'y trouvait réuni.

Au milieu de cette campagne charmante appelée, comme je l'ai déjà dit, par les Algériens Elbiar, les cabanes et les tentes étaient inutiles. On trouvait partout de délicieux ombrages. Aussi officiers et soldats, tous campaient en plein air.

Il y avait pourtant une baraque assez remarquable, recouverte avec une riche tenture prise dans un harem; elle était occupée par une jeune cantinière que l'on voyait partout, sur le champ de bataille, courir au secours des blessés et des mourans. C'était la femme d'un caporal du 9e. léger. Elle accoucha au camp d'Elbiar, en face de la tranchée. Le tambour-major du régiment fut le parrain de l'enfant; le baptême se fit sur une caisse de tambour, en guise d'autel; le bruit du canon le célébra, au lieu du son des cloches, et le caporal, en montrant son fils à ses camarades, s'écria : Mes amis, voilà un *crâne* de plus*.

Le matériel assez léger du soldat en campagne s'était beaucoup augmenté depuis la prise du camp de Staouëli. Nos fantassins mangeaient dans de grandes bassines en cuivre; plusieurs buvaient dans des vases d'argent ciselés; ils avaient des chevaux et des mules pour porter leurs bagages.

Un voltigeur avait à lui seul une ménagerie presque complète, composée d'un cheval arabe, d'un âne, d'un énorme singe et d'un perroquet. Le consul de Suède réclama le singe, qui lui fut rendu.

Un événement tragique vint affliger notre bivouac. D'audacieux Bédouins passaient quelquefois le soir, et même en plein jour, entre les différens corps d'armée. La rapidité de leur course et les divagations des sentiers les fai-

---

* Ce fut moi qui baptisai cet enfant, qui habite en ce moment la ville de Valenciennes.

saient souvent perdre de vue. Les vedettes postées sur les villa annonçaient leur présence en tirant un coup de fusil. Un factionnaire du quartier-général fit feu sur quelque chose de blanc qu'il entrevoyait dans le feuillage, et tua un capitaine qui respirait le frais de l'aube matinale.

Le 29 juin, à l'entrée de la nuit, les maisons situées sur le plateau le plus rapproché du fort l'Empereur furent occupées par des compagnies d'élite, et on travailla immédiatement à les créneler. Les Algériens auraient dû porter tous leurs moyens de défense sur le rideau qui domine ce fort, ainsi que sur les hauteurs de Boudjérah; mais ils apportèrent dans la défense de leur capitale la même ignorance des principes de la guerre que pendant la campagne, et ils ne surent jamais que se faire tuer bravement.

Dans la même nuit du 29 au 30 juin, le général Valazé fit ouvrir la tranchée à environ six cents mètres du fort. Les Algériens firent une sortie vigoureuse, qui fut repoussée par la brigade qui occupait les deux côtés de la voie romaine. Refoulés vers le fort l'Empereur, ils se replièrent en désordre sur le faubourg Babazoune, puis revinrent à la charge en plus grand nombre.

Ils s'avancèrent en tiraillant jusqu'à la hauteur du consulat de Suède, où une brigade de la seconde division les arrêta en se déployant et s'engageant pour couvrir la droite de l'armée et les travaux du siége.

Les Arabes avaient l'avantage du terrain; ils étaient abrités par des halliers touffus, ils pouvaient s'embusquer derrière des arbres, tandis que les Français étaient à découvert au milieu des vignes.

Tous ces abris furent impuissans quand l'artillerie donna. Ses boulets et ses obus dissipèrent subitement la nuée d'Arabes que la deuxième division avait sur les bras. Epouvantés des ravages affreux que le canon français faisait dans leurs épaisses colonnes, les Algériens refluèrent comme un torrent vers le faubourg Babazoune.

Les canonniers turcs du fort l'Empereur aperçurent cette déroute et parurent vouloir la venger, en tirant sur Elbiar avec une ardeur nouvelle; mais au moment où leur feu était le plus violent et où les éclats de leurs obus volaient de toutes parts, la marine vint faire une diversion puissante en canonnant les forts d'Alger à demi-portée. Les vaisseaux de haut bord *l'Hécla*, *le Vésuve*, *la Provence*, *la Belle Gabrielle*, *le Rhône*, ces volcans mobiles, faisaient trembler l'orgueilleuse El-Djezaïr (Alger), et l'onde bouillonnait sous la grêle de boulets qui s'échappait de leurs flancs. Les forts de la ville, hérissés de douze cents pièces de gros calibre, répondaient avec vigueur et formaient le concert le plus formidable qu'il soit possible d'imaginer.

C'est un souvenir sanglant, mais glorieux, pour l'armée d'Afrique que celui de la tranchée du fort l'Empereur. Il fallut porter des sacs à terre sur un terrain nu et découvert, à une faible portée de la place, où chaque coup des assiégés pouvait atteindre. Beaucoup de mineurs trouvèrent la mort en accomplissant cette tâche périlleuse.

Le terrain où il fallait ouvrir la tranchée présentait beaucoup de difficultés; il était en grande partie composé de roche mixte; aussi les compagnies qui passaient à tour de rôle pour marcher à ces travaux laissaient apercevoir à leur retour bien des vides dans leurs rangs......

La mort suivait généralement de très-près les blessures, tant elles étaient terribles, produites pour la plupart par des éclats d'obus.

Je dus vivre pendant plusieurs jours avec ce lugubre tableau sous les yeux; il ne s'effacera jamais de ma mémoire.

Les meilleurs tireurs des régimens, armés de fusils de rempart, inquiétaient autant qu'ils le pouvaient les canonniers turcs à leurs pièces et faisaient sur eux un feu continuel. Les assiégés ripostaient avec leurs longs fusils et s'en servaient avec une adresse qui nous fut souvent fatale.

Le feu cessait après le coucher du soleil; et, comme leurs compatriotes qui avaient tenu la campagne, les Tobjis du fort l'Empereur ne se souciaient ni de veiller ni de combattre pendant la nuit.

L'imminence du danger les fit pourtant déroger à cet usage pendant la nuit qui fut la dernière de la puissance musulmane à Alger, nuit dans laquelle le fameux *Sultan-Calasy* (le fort l'Empereur) perdit son nom d'inexpugnable.

Ils avaient aperçu les travailleurs sur plusieurs points, et ils y dirigèrent un feu terrible de mitraille, pendant que les bombes et les obus pleuvaient au milieu des soldats qui gardaient la tranchée et sur toutes les villa et bastides d'Elbiar.

Dans l'agonie d'un empire, il se fait souvent des mouvemens brusques et d'une grande puissance. L'espèce de rage avec laquelle se défendaient tout à coup les assiégés, mit en un instant toute l'armée française sous les armes. Il fallut renoncer au sommeil et attendre, pour en reprendre un peu, l'accomplissement du grand événement que nous attendions tous.

Pendant la même nuit, une troupe de soldats braves et dévoués, exaltés par les dangers de leur patrie, voulurent tenter encore les chances d'une sortie contre les assiégeans.

La terreur répandue dans la ville par l'attaque foudroyante de la marine y avait fait surgir des symptômes de sédition. Ibrahim-Aga, gendre du dey, avec ses janissaires dévoués, était chargé du maintien de l'ordre dans la cité et ne quittait plus les casernes. Ce fut donc un autre chef intrépide qui conduisit ces nouveaux Spartiates contre les Français.

Les Arabes sortirent par la porte de la vallée et gravirent en silence le revers de la colline. Ils s'approchèrent d'une batterie dont les canons n'étaient pas encore démasqués.

Les sapeurs du génie, les canonniers et les fantassins qui gardaient la tranchée avaient posé leurs armes pour aider à l'érection de la batterie.

Assaillis impétueusement et à l'improviste par les Bédouins, qui tombaient sur eux le yatagan à la main après avoir escaladé les sacs à terre et les gabions, fusillés à bout portant par les Turcs qui arrivaient de tous côtés, nos soldats se défendirent un moment à coups de pioches, de leviers et de pelles; mais il fallut céder au nombre et aux armes et abandonner la tranchée. Ils se replièrent sur un bataillon d'infanterie qui, averti par le tumulte de l'attaque, se mit aussitôt en bataille.

Un sergent d'artillerie assomma d'un coup de levier un des Bédouins qui le poursuivaient;

puis, le brandissant, il en effraya les autres et parvint à se sauver.

Le capitaine du génie de Villalier ne fut pas aussi heureux; après avoir déchargé ses pistolets sur les Arabes, ne pouvant plus leur opposer que sa frêle épée, assailli et entouré par le nombre, il succomba, et sa tête alla augmenter les trophées de Hussein.

Mais bientôt l'infanterie qui s'était rangée en bataille, ouvrant un feu de deux rangs bien nourri, força les Bédouins et les Turcs à la retraite. Ils redescendirent précipitamment la colline sous une grêle de balles et dans le plus grand désordre.

La chûte de Sultan-Calasy, que dans leur ignorance de l'art de la guerre ils regardaient comme imprenable, devait bientôt leur montrer la supériorité de nos armes et leur enlever leur dernière espérance.

IX.

Explosion du fort l'Empereur. — Un envoyé de la milice turque propose au général en chef de lui apporter la tête de Hussein-Pacha.—Les bagnes d'Alger.— Les naufragés des bricks l'*Aventure* et le *Silène*. — Le trésor de la Kasaba.

AINSI que nous l'avons dit dans le chapitre précédent, la tranchée fut ouverte devant le fort l'Empereur, dans la nuit du 29 au 30 juin. La nuit suivante, la colline était couronnée dans tout son développement. Pendant la nuit du 1er. au 2 juillet, on élargit les communications et on commença à construire les batteries d'enfilade. La nuit d'après, les bouches à feu furent amenées dans la tranchée et montées sur leurs affûts.

Tous ces travaux du génie avaient coûté bien du sang français, quoiqu'ils se fissent de nuit; et les berges de la tranchée, semées de monticules formés à la hâte d'une terre légère, laissaient entrevoir les membres mutilés des jeunes soldats qui, la veille, marchaient avec sécurité et le front serein au-devant du trépas.

Un morne silence, un silence qui semble être le précurseur de quelque grande catastrophe, règne dans Elbiar et au fort l'Empereur. Après tous les mouvemens et le fracas de la veille, il semble que la nature entière se repose. La lune montre à de longues distances un disque pâle à travers des nuages épais et presque immobiles qui couvrent totalement le ciel.

Le cri aigu et sinistre de la chouette et le glapissement lugubre des chacals, qui suivaient l'armée depuis Sidy-Ferruch, interrompent de tems en tems ce silence solennel, qui bientôt va finir d'une manière si brusque et si terrible.

Le 4 juillet, à trois heures du matin, le fort l'Empereur recommence de nouveau à lancer ses flammes et son tonnerre. Au même instant, une fusée à la congrève tirée du quartier-général donne le signal, et toutes les batteries françaises commencent un feu formidable. Les boulets décrivent une ligne horizontale et font trembler les murs de la vieille forteresse ; les bombes volent dans les airs pour venir tomber à la place où Charles-Quint planta sa tente et son drapeau.

La terre frémit sous la pluie de fer qui tombe de toutes parts. L'artillerie turque riposte avec vigueur, et bientôt Sultan-Calasy ressemble au Vésuve en flammes et vomissant la lave par ses flancs sillonnés.

Les décharges des batteries françaises se multiplient avec une rapidité étonnante. Le général Lahitte, commandant l'artillerie, ordonne de viser à la précision des coups plutôt qu'à leur nombre. Nos artilleurs pointent avec plus d'attention, et bientôt on voit tomber un créneau, puis un autre, et un instant après un troisième. Une partie du donjon s'écroule, le reste se déchire, se brise et tombe avec fracas.

Les intrépides Tobjis et les Coulouglis, leurs compagnons d'armes, se voient à découvert et paraissent perdre contenance au milieu des cadavres étendus à leurs pieds. Le feu et les projectiles les menacent à la fois, et la mort semble les envelopper de toutes parts......

On est arrivé au milieu du jour. Tout-à-coup le bruit d'une détonation épouvantable se fait entendre. L'écho du Boudjérah le répète et le multiplie en l'envoyant aux échos des autres montagnes. Des masses de maçonnerie, des quartiers de remparts, d'énormes pierres, une foule d'autres débris et des cadavres même sont lancés dans les airs et retombent en pluie effroyable sur les batteries françaises. La terre tremble au loin, des arbres déracinés tombent sur le sol, les murs des villa voisines sont ébranlés et se fendent, et les vitres même des plus éloignées se brisent. Le soleil est obscurci par une trombe immense de fumée et de poussière s'élevant sur deux colonnes.

Les canonniers et les sapeurs montent avec intrépidité sur les murailles écroulées et à travers les cadavres écrasés et les canons renversés, ils arborent en signe de victoire le drapeau français sur les ruines fumantes de Sultan-Calasy.

Immédiatement après la prise du château, l'artillerie et le génie travaillèrent à en réparer les brèches, afin de le mettre à l'abri d'une surprise.

Mais le Dey, qui s'était imaginé, dit-on, que son fort était imprenable tant que les Français n'en élèveraient pas un pareil en hauteur pour y placer leurs batteries, et qui avait calculé que les pluies de l'hiver les surprendraient pendant ce travail, s'effraya des progrès rapides de l'invasion, et passant tout-à-coup d'une extrême confiance au plus grand abattement, il demanda à capituler et envoya à cet effet un plénipotentiaire au quartier-général.

La milice turque, qui de son côté avait tenu un conciliabule, envoya aussi le sien. Les deux parlementaires se présentèrent à cheval et sans armes aux avant-postes français; deux officiers anglais, en grande tenue militaire, les accompagnaient.

Le général les reçut près des ruines du château, environné de son état-major. En arrivant auprès de lui, les deux envoyés se prosternèrent à la manière orientale. M. de Bourmont s'empressa avec bonté de leur faire quitter cette humble posture, et deux interprètes furent chargés de traduire leurs paroles. Un instant après, l'interprète Bracevitch, dalmate, qui avait été autrefois l'interprète du général Kléber, lut en français les paroles suivantes qui avaient été prononcées en langue turque :

« O invincible tête des armées du plus grand sultan de notre siècle! Dieu est pour toi et pour tes drapeaux, mais la clémence de Dieu commande la modération après la victoire. La prudence humaine la conseille comme le moyen le plus sûr de désarmer tout-à-fait l'ennemi vaincu.

» Hussein-Pacha embrasse la poussière de tes pieds et se repent d'avoir rompu les anciennes relations du Beylik avec le grand et puissant *Melik Charal* (sultan Charles).

» Il reconnaît aujourd'hui que quand les Algériens sont en guerre avec le roi de France, ils ne doivent pas faire la prière du soir avant d'avoir obtenu la paix. Il fait amende honorable pour l'insulte commise sur la personne de son consul; il renonce, malgré la pauvreté de son trésor, à ses anciennes créances sur la France; bien plus, il paiera tous les frais de la guerre.

» Moyennant ces satisfactions, notre maître espère que tu lui laisseras la vie sauve, le trône d'Alger, et que de plus tu retireras ton armée de la terre d'Afrique et tes vaisseaux de ses côtes. »

Ce langage fut loin de satisfaire le général en chef, qui, s'adressant à son interprète, lui dit avec dignité: «Monsieur Bracévitch, il faut que ce parlementaire rapporte fidèlement à son maître mes propres paroles ;

» Le sort de la ville d'Alger et de la Kasaba (résidence du Dey) est dans mes mains, car je suis maître du fort l'Empereur et de toutes les positions voisines. En quelques heures les cent pièces de canon de l'armée française et celles que j'ai enlevées aux Algériens, auront fait de la Kasaba et de la ville un monceau de ruines; et alors Hussein-Pacha et les Algériens auront le sort des populations et des troupes qui se trouvent dans les villes prises d'assaut.

» Si Hussein veut avoir la vie sauve pour lui, les Turcs et les habitans de la ville, qu'ils se rendent tous à merci, et remettent sur-le-champ aux troupes françaises la Kasaba, tous les forts de la ville et les forts extérieurs. »

Une empreinte de tristesse profonde se répandit sur la mâle et belle figure de l'envoyé du Dey, lorsqu'il entendit cette fatale réponse. Il parut hors de lui-même, et déclara que sa bouche n'oserait jamais la transmettre à Hussein-Pacha. Il fallut que M. de Bourmont apposât son cachet sur cette pièce officielle, pour vaincre la répugnance du parlementaire à porter un pareil message à son maître.

Après le plénipotentiaire de Hussein, Karami-Oglou, celui qui avait été choisi par l'assemblée de la milice algérienne, remit au général la communication suivante par l'intermédiaire du second interprète.

« Salut et gloire au Sultan et Padischa Charal, le glorieux, le sublime, le secouru de Dieu, et à son sélictar redoutable, illustre et fidèle contidi (comte).

» Les grands rois qui ont d'immenses domaines ne font pas la guerre pour y ajouter des provinces pauvres et éloignées; les rois possesseurs d'immenses trésors dédaignent de les grossir d'un peu d'or. Mais fiers et implacables, ils ne posent les armes que quand le sang de leur ennemi a coulé, que quand ils y ont lavé l'insulte qui fut la première cause de la guerre.

» Apprends donc, ô vaillant général, que l'insulte faite au grand Mélik Charal est la faute personnelle de Hussein-Pacha. L'argent qu'il réclamait de lui et de son consul, au lieu d'être la propriété du Beylik et celle de ses frères et enfans, les miliciens turcs, était sa propriété unique et celle de quelques chiens de Juifs qui lui avaient prêté leurs ruses et leur nom dans cette affaire.

» Le glorieux Mélik Charal a eu raison de refuser de payer, et il doit vouloir la mort de l'insolent qui osa insulter son ambassadeur.

» Plusieurs fois déjà nos frères ont essayé de se révolter, à cause de cette offense, contre Hussein, qui, en la commettant, s'est montré traître à ses devoirs et à son pays; nous avons enfin réussi, nous le tenons prisonnier dans son palais.

» Que ta bouche laisse tomber une parole, et nous allons t'envoyer sa tête en réparation de ses méfaits. Nous espérons que cette satisfaction fera cesser la guerre, et que ton armée se retirera. Nous nous empresserons d'élever au pouvoir suprême un autre pacha qui recherchera et cultivera par tous les moyens possibles l'amitié et les bonnes grâces de Mélik Charal, et protègera ses consuls, ses marchands et ses vaisseaux dans nos ports. En attendant.......»

» Assez, assez, s'écria le général en chef, dont l'indignation ne pouvait plus se contenir. Interprète, dites à cet homme de porter mes ordres à ses frères ignorans et féroces. Dites-lui bien que j'entends que ce divan extraordinaire de la milice algérienne cesse à l'instant même ses délibérations. Jusqu'à ce que je commande dans la Kasaba, Hussein est leur souverain, et ils lui doivent soumission et obéissance. Ma volonté est de ne traiter qu'avec lui seul. Les membres de ce divan me répondront sur leur tête de la moindre offense commise contre la Kasaba, la ville ou la personne du Dey. Qu'ils sachent que l'armée française n'est pas venue ici pour faire assassiner un homme, mais pour vaincre glorieusement un ennemi. »

Karami-Oglou, qui avait compté pleinement sur le succès de sa mission, éprouva plus d'étonnement que de peine en entendant les menaces du général en chef. De retour aux casernes où l'attendait le divan extraordinaire, il rapporta verbalement les paroles qu'il avait entendues. Elles causèrent une vive explosion au milieu de l'assemblée tumultueuse et mutinée de la milice algérienne. On en vint aux résolutions les plus extrêmes et les plus barbares. Mort à Hussein ! s'écrièrent à la fois plusieurs voix, auxquelles toutes les autres répondirent approbativement : A nous sa tête et l'or de la Kasaba !

Les conjurés décidèrent, au milieu de l'agitation et du tumulte, qu'ils sortiraient par la porte Babazoune, emportant avec eux les trésors du palais. Pour occuper les habitans d'Alger pendant le pillage, ils mettraient le feu à la ville ; puis, gagnant la plaine de la Métidja, ils se dirigeraient vers Constantine, où ils proclameraient un nouveau Dey.

Les plus jeunes et les moins avancés en grade se montrèrent les plus exaltés, et appuyèrent le plus chaleureusement ces propositions. Ils n'avaient encore eu ni le temps ni l'occasion de s'enrichir ; cette occasion allait se présenter peut-être, et ils voulaient la saisir.

Mais comme il arrive toujours parmi les hommes que l'intérêt et l'égoïsme dominent, les opinions opposées se heurtèrent, se combattirent ; et il en fut de cette assemblée comme de toutes celles qui lui ont ressemblé ou lui ressembleront, on ne put ni s'entendre ni s'accorder.

Cette tentative désespérée répugnait à ceux qui avaient des richesses et que l'âge avait rendus plus froids et plus prudens. L'espérance de conserver leurs trésors et l'effroi que leur inspiraient la sommation et les menaces du général français, les concilièrent instinctivement pour la négative. Ils montrèrent quelle chance effrayante il fallait courir en se jetant chargés d'or entre les Bédouins et les Kabyles. Et d'ailleurs, ajoutèrent-ils, le projet dont il s'agit est-il exécutable? c'est là une question. Hussein, du haut de la Kasaba, ne peut-il pas réclamer les secours des Français ? Et d'après le langage du chef de nos ennemis, ces secours ne lui sont-ils pas assurés ?

Le divan se sépara en faisant beaucoup de bruit, mais sans rien décider.

Bientôt après sortirent d'Alger deux envoyés du Dey. L'un d'eux était Turc et se nommait Mahmoud-Effendi; l'autre était Maure et s'appelait Abou-Derba. Ce dernier fut, après la prise d'Alger, l'un des syndics de la ville.

Abou-Derba, qui avait long-tems habité la France, parlait bien le français. Il avait les manières insinuantes et polies d'un homme de bonne société et joignait à ces avantages celui que donne un extérieur fort agréable. Sa position le mettait à même d'étudier et de bien comprendre celle des deux partis. Sa qualité de Maure lui donnait une espèce de neutralité, la querelle existant réellement entre les Français et les Turcs ; aussi son intervention eut bientôt applani les obstacles.

Abou-Derba fit aisément comprendre à M. de Bourmont qu'il fallait abandonner cette demande de reddition à merci, demande qui n'était propre qu'à pousser au désespoir et à toutes les conséquences qu'il peut enfanter des hommes barbares qui, n'ayant jamais épargné un ennemi vaincu, verraient toujours dans cette clause la mort en perspective, ou un avenir plus terrible peut-être que la mort elle-même.

Enfin, tout s'arrangea dans l'entrevue des deux ambassadeurs avec le général en chef. Ils retournèrent à Alger en promettant qu'avant six heures du soir, ils apporteraient la ratification de Hussein-Pacha.

Ils tinrent parole. Dans la soirée les conventions furent échangées, et une commission fut chargée d'aller prendre à la Kasaba les arrangemens nécessaires pour l'occupation du lendemain et la remise du trésor.

Trois clefs différentes ouvraient l'appartement qui contenait le trésor de la Kasaba. Le Dey en avait une, le trésorier une autre, et l'Imin sicca (le directeur de la monnaie) une troisième; de manière que l'un des trois n'allait jamais seul au trésor.

Lorsque les ravages du tems, aidés par la sape des révolutions, eurent fait tomber en France les tours à crénaux et l'entrée des places d'armes; quand, réunissant leurs efforts, ils eurent miné les murs des châteaux de la féodalité, les passans aperçurent de sombres retraites, des escaliers dérobés, des corridors mystérieux, à peine connus des habitans eux-mêmes. Eh bien! plusieurs de ces châteaux réunis ne pourraient donner qu'une faible idée du vaste dédale que présente la Kasaba. Mais parlons du lieu où gît le trésor.

Une salle longue et mal éclairée par deux fenêtres grillées en bronze règne tout le long du vestibule, situé au fond de la cour principale de la Kasaba. Cette cour, formant un carré équilatéral, est entourée d'une galerie soutenue par des colonnes torses.

Dans la salle dont je viens de parler se trouvaient accumulées en énormes monceaux des valeurs en numéraire de toute espèce, et l'on pourrait dire de toutes les nations. Ces valeurs étaient réunies par ordre de métal. Les monceaux d'or étaient les plus gros et les plus nombreux.

C'était bien le cas de dire, en parlant des sommes immenses réunies à la Kasaba : *Ponderantur, non numerantur;* car l'on pouvait, dans toute l'acception du mot, y remuer l'or avec des pelles.

Indépendamment de l'argent monnayé, des tonneaux et des caisses étaient remplis de lingots d'or et d'argent.

Le bruit se répandit dans l'armée, quand on découvrit ce trésor, que nous allions recevoir une gratification de trois mois de solde, que la croix de St.-Louis allait être dotée d'un traitement, et que l'arriéré de la Légion-d'Honneur allait être payé ; mais tous ces bruits n'étaient qu'une vaine fumée qui se dissipa en l'air comme celle de nos bivouacs.

A l'approche de l'armée française, le Dey avait fait ouvrir les bagnes, lieux infects où gémissaient dans d'affreuses tortures des chrétiens de toutes les nations. Les infortunés ! nourris comme des animaux immondes, entassés dans d'étroits galetas où l'air et le jour pénétraient à peine par quelques rares issues, couchés non sur de la paille, mais sur du fumier, ils ne recevaient plus de consolation, ils n'espéraient plus de délivrance des pères de la Merci. Le commerce qu'ils avaient fait fleurir par leurs courses périlleuses et lointaines ne les délivrait pas, et leurs souverains eux-mêmes ne pouvaient obtenir leur liberté.

Séjour de calamité, d'horreur et de misère, un ange descendit un jour dans tes cachots et les sanctifia. C'est là en effet que saint Vincent de Paule, cet apôtre de l'humanité, échangea sa liberté contre les fers d'un malheureux, réduit au désespoir par le souvenir de sa femme et de ses enfans qu'il savait être plongés dans le besoin pendant son absence.

La plupart des prisonniers qui sortirent de ces bagnes affreux ressemblaient plutôt à des cadavres qu'à des êtres vivans. On se sentait de la pitié dans le cœur en voyant leur démarche incertaine, lente et pénible. Ils portaient un costume semi-oriental, semi-européen, qu'on leur avait donné pour les couvrir en leur rendant la liberté; car auparavant ils étaient dans un état de nudité complète, et ne portaient pour tout vêtement qu'un peu de paille autour des reins.

Plusieurs de ces malheureux avaient, à force de souffrances, perdu totalement la raison; d'autres n'y voyaient presque plus, quelques-uns étaient tout-à-fait aveugles. Dans leur démence, ils nous disaient, en riant d'un air insensé qui faisait mal à voir, qu'ils voulaient retourner au bagne, d'où on les avait chassés.

Les capitaines des bricks le *Silène* et *l'Aventure* arrivèrent au camp avec les débris de leurs équipages. Ils nous contèrent en peu de mots les affreux traitemens qu'on leur avait fait subir, puis ils parlèrent de leur joie et des transports d'allégresse qui retentirent dans le bagne quand on entendit le canon français gronder de sa voix formidable sur les hauteurs du Boudjérah. Oh! pendant la lutte terrible, quels vœux formaient ces infortunés! Eh bien! ces vœux étaient réalisés, ils pressaient des mains amies, les mains de leurs compatriotes, de leurs frères.

« Le Dey d'Alger, dit le commandant du *Silène*, nous envoya, le jour de notre arrivée au bagne, les objets que réclamaient nos premiers besoins ; mais l'apparition de la flotte française dans la baie modéra tout à coup à notre égard les élans de sa générosité. Notre captivité devint plus dure quand il apprit le débarquement des Français à Sidy-Ferruch. Depuis lors, chacun des progrès de l'armée nous fut indiqué par un redoublement de mauvais traitemens et de clameurs populaires.

» Le consul de Sardaigne acquit des droits à notre reconnaissance par le zèle et le dévouement dont il fit preuve à notre égard.

» Mais bientôt l'imminence de la catastrophe rappela Hussein à des sentimens de douceur et de clémence auxquels nous n'étions pas accoutumés, et nous devinâmes à ses bons procédés le triomphe prochain de l'armée française........

» Nos malheurs, ajouta l'officier de marine, oh ! nous les avons oubliés, puisqu'il nous est permis d'embrasser nos frères victorieux qui viennent nous délivrer. »

X.

Entrée de l'armée française dans Alger.—Insouciance des Algériens à la vue des Français, maîtres de leur ville.—Cérémonie religieuse dans le palais de la Kasaba. — La danseuse du grand opéra de Londres. — La contemporaine. — Les têtes des soldats français empilées comme des boulets de canon dans la Kasaba.—Description de ce palais.—Le trône de Hussein.—Intérieur du harem — Canons français pris à la bataille de Pavie, trouvés à la Kasaba.—Expédition de Charles-Quint —Désarmement des Turcs et des Maures.—Richesse de leurs armes.

L'ARTILLERIE eut l'honneur d'entrer la première dans Alger. Elle passa par les rues Babaloued et Babazoune. Les roues des affûts et des voitures renversaient les échoppes ou étalages des marchands turcs et maures, tant le passage était étroit et difficile dans ces rues qui sont pourtant les plus larges de la ville.

Les Algériens, en voyant défiler devant eux tout cet attirail de guerre, paraissaient n'éprouver d'autre sentiment que celui de la surprise.

Le général en chef partit du quartier-général pour se rendre à la Kasaba, à la tête d'un nombreux et brillant état-major; les officiers-généraux et autres étaient en grande tenue militaire. Les chasseurs de l'escorte portaient à leurs schakos et à leurs lances des branches de myrthe et de laurier. L'air retentissait de fanfares guerrières.

La voie romaine qui conduit à la porte de la Kasaba et que suivait le cortége était couverte de boulets, d'éclats de bombes et de mitraille, au milieu desquels les chevaux trébuchaient à chaque instant.

Ni l'harmonie d'une musique qu'ils n'avaient jamais entendue, ni l'éclat du triomphateur ne firent impression sur les Algériens. Assis ou couchés sur des bancs de pierre, ils ne se retournaient même pas pour voir passer le cortége. Bien plus, les Bédouins montés sur leurs ânes ou conduisant leurs dromadaires lui faisaient signe de se ranger et criaient de toute leur force : *Balak! Balak!* (gare.)

Immédiatement après son entrée dans la Kasaba, le général fit chanter le *Te Deum*, pour remercier Dieu de la victoire qu'il avait donnée aux armes de la France.

On plaça au milieu de la cour du palais un coffre du Dey qui servit d'autel; on le couvrit d'un tapis, et ensuite les abbés de Combret, Bertrand, Gabrielli Isacharus et Dopigez y arrangèrent les deux petits chandeliers, la croix et la pierre sacrée qui constituaient l'autel de campagne.

A onze heures, le rappel des tambours annonça la présence du général en chef dans la galerie; le clergé se tourna vers l'état-major, fit le triple salut, et l'office commença. La messe fut célébrée avant le chant du *Te Deum*, et l'on remarqua que les nouveaux magistrats d'Alger s'étaient prosternés la face contre terre au moment de l'élévation*.

Pendant la cérémonie, on entendait les chiffreurs de l'armée pelletant et pesant les trésors du pactole de la Kasaba.

Le service divin terminé, un aide-de-camp vint prévenir le clergé que le général l'attendait pour le déjeûner.

Nous fûmes introduits dans un appartement très-vaste donnant sur la mer, et d'où la vue

---

* Une seule européenne assistait à cette solennité toute guerrière : c'était la dame Ginetté, se disant première danseuse de l'opéra de Londres, et poursuivant l'armée française depuis Palma. Plus tard, l'on vit accourir une autre dame connue sous la dénomination de *contemporaine*. Cette dernière avait beaucoup plus de lustres que la danseuse; c'était une personne très-respectable.

dominait toutes les terrasses des maisons d'Alger placées en gradins jusqu'aux établissemens de la marine.

M. de Bourmont et ses trois fils, le prince de Schwarzemberg, un prince russe, le fils d'un podestat de Hongrie, le baron prussien Leclerc, les aumôniers des régimens et une partie de l'état-major-général, formaient un cercle de soixante personnes environ.

Le général en chef complimenta les aumôniers de l'armée : « Je signalerai au roi votre zèle pour les blessés de nos champs de bataille, nous dit-il; en ma qualité de ministre de la guerre, je m'entendrai avec le prince de Croï pour prouver à chacun de vous ma reconnaissance. Vous venez de rouvrir avec nous la porte du christianisme en Afrique; espérons qu'il y viendra bientôt faire refleurir la civilisation qui s'y est éteinte. »

A l'entrée de la Kasaba, sous le porche à droite, en face du jet d'eau, il y avait une chambre demi-obscure dans laquelle nous vîmes plusieurs monceaux de têtes de Français empilées les unes sur les autres comme des boulets de canon. Il s'en exhalait une odeur repoussante.

La tête de l'infortuné capitaine de Villallier fut reconnue sur l'un des tas. Ce spectacle était horrible à voir.

Des ordres furent donnés, et des nègres

vinrent avec de grandes corbeilles et enlevèrent toutes ces têtes, ainsi que celles qui étaient encore exposées aux créneaux du palais; puis, précédés d'un prêtre, ils les portèrent au champ du repos.

L'antique forteresse de la Kasaba, transformée en palais par le prédécesseur de Hussein-Pacha, est le plus vaste de tous les édifices de la ville. Les maisons d'Alger forment par leur agglomération un triangle placé en amphithéâtre sur le penchant d'une colline. L'un des côtés de ce triangle est appuyé sur le port, et c'est à sa pointe supérieure qu'est bâtie la Kasaba.

L'aspect de ce palais présente de loin une masse blanche et informe; mais, en s'en approchant de plus près, on distingue une quantité considérable de créneaux et de nombreuses embrasures hérissées d'énormes pièces de canon braquées sur la ville et sur la campagne, comme pour les menacer au moindre signe de révolte.

On entre dans la Kasaba par un porche construit en marbre blanc et dont le sommet forme un demi-cercle. Ce porche était autrefois la seule porte d'entrée du palais. Depuis l'occupation française, on a ouvert une poterne sur la campagne.

Une peinture grossière représentant deux lions, emblème de la puissance d'Alger, orne le frontispice de cette entrée, à laquelle deux rues viennent aboutir. Sous la voûte est une fontaine jaillissante dont les eaux limpides tombent dans une coupe de marbre, d'où elles débordent pour se répandre dans un bassin.

Les communications intérieures de la Kasaba ne se font qu'à travers un dédale de chemins tortueux. J'engage le lecteur à prendre le fil d'Ariane, et à parcourir avec moi les vastes réduits du moderne Pygmalion.

Après le vestibule, on arrive dans un couloir découvert qui conduit au palais et à plusieurs des batteries de la forteresse. On passe ensuite par un corridor étroit pour arriver à un second vestibule, après lequel on entre dans la grande cour carrée dont nous avons déjà parlé et sur laquelle donnent les principaux appartemens.

De beaux citronniers et un magnifique jet d'eau ornent l'intérieur de cette cour qui, environnée d'une superbe colonnade, donne à l'intérieur du palais de la Kasaba un aspect gracieux et une physionomie tout orientale.

Au fond de la cour, le long du mur de la trésorerie, on voyait un long divan recouvert de brocard cramoisi ; c'était le trône du Dey d'Alger. Le marche-pied était recouvert avec des peaux de lion artistement disposées.

En moins d'un siècle, le sang de plus de vingt des maîtres d'Alger avait coulé sur ce trône. Six d'entre eux avaient été immolés le jour même de leur triomphe...... Au moment où je faisais ces réflexions sur la vanité des grandeurs de la terre, j'aperçus un sergent du 49e de ligne qui, étendu tout de son long sur le trône de Hussein-Pacha, y dormait paisiblement, et je m'écriai : *Sic transit gloria mundi !*

Au milieu de la galerie du 1er étage, il y avait un second trône, d'où le Dey donnait quelquefois ses ordres à la milice assemblée sur le carré de la cour.

Il y a, au-dessus des colonnes, trois rangs de galeries sur lesquelles donnent les portes d'un nombre infini d'appartemens.

Les murs intérieurs sont revêtus de carreaux de fayence couverts d'arabesques, au milieu desquelles sont écrites des sentences tirées du Koran.

A l'est, dans le fond de la 2e galerie du côté de la mer, étaient les appartemens du Dey, composés de cinq grandes pièces. Quelques beaux meubles les décoraient. Il y avait plusieurs coffres dorés ou plaqués de marqueterie faite avec des morceaux de nacre et d'écaille, puis de beaux lits à colonnes auxquelles étaient attachés des rideaux de gaze blanche appelés *moustiquaires*, parce qu'ils garantissent de la piqûre des insectes appelés moustiques. Les portes de ces appartemens étaient de bronze.

En revenant sur ses pas, on traverse une

autre galerie éclairée par une rotonde vitrée fort élégante. Près de là est la porte du harem, où l'on ne peut entrer qu'en rampant, tant cette porte est basse. Le jour ne pénètre dans le harem que par d'étroites fenêtres très-élevées, afin de dérober à tous les regards la vue des femmes qui passent leur vie dans ces tristes demeures.

On y trouva confondus sans ordre, des tapis, des étoffes de soie, des robes et des voiles ornés de riches broderies, des bijoux, des coffres de bois de rose travaillés avec beaucoup d'art et de goût et remplis de parfums délicieux; des fichus de Constantinople brodés d'or, des échantillons innombrables d'étoffes les plus riches et les plus bizarres, et une foule d'objets de fantaisie.

L'odeur des essences, dont les femmes orientales font un usage immodéré, y était répandue avec profusion.

Le harem se subdivise en plusieurs appartemens distribués le long d'un corridor. Le principal de ces appartemens est la grande salle commune, laquelle salle est pavée d'un marbre magnifique. C'est de cette salle que partent toutes les communications intérieures avec les chambres à coucher et les boudoirs des odalisques. Il y avait dans ce harem des géorgiennes réputées pour leur beauté, et quelques filles de la Grèce et de l'Ionie. Elles étaient servies par des duègnes et par de jeunes négresses esclaves comme elles. Hussein leur permettait quelquefois de se promener dans les jardins faits exprès pour elles.

En sortant du harem, toujours par la porte incroyablement basse, la seule qui existe et qui communique avec les autres parties du palais, on entre dans un labyrinthe indéfinissable de corridors et d'appartemens. Telle en est la complication qu'un commandant français qui y était logé, voulant sortir de chez lui, fut plusieurs fois désorienté au point de revenir dans l'appartement qu'il venait de quitter, quand il voulait gagner l'extérieur.

Le haut des terrasses de la Kasaba était armé de pièces d'artillerie fleurdelisées. Hussein-Pacha était fier de la possession de ces canons ; il les montrait avec orgueil aux consuls et envoyés des puissances européennes. Il se rendait souvent sur cette terrasse pour examiner ce qui se passait autour de son palais ; il y monta pour voir l'arrivée de la flotte française qui devait le renverser. Mais je crois devoir expliquer au lecteur la présence des canons français sur la terrasse de la Kasaba.

Charles-Quint, qui fut, comme Napoléon, un voyageur conquérant, partit avec André Doria vers la fin de l'année 1541, et marcha sur Alger avec une flotte de cent vaisseaux et de vingt galères portant une armée de trente mille hommes de troupes d'élite.

Bon nombre de jeunes seigneurs espagnols, allemands, flamands * et bourguignons, guidés par le désir de conquérir de la gloire et de venger la religion, accompagnèrent volontairement l'empereur.

La flotte espagnole alla jeter l'ancre au cap Matifou, à environ quatre lieues de la ville du côté de l'Est. L'armée débarqua sans opposition, et l'empereur s'établit sur l'éminence appelée encore aujourd'hui le fort l'Empereur (sultan Calasy). Le pacha Assen était sur le point de capituler, lorsque le 28 octobre s'éleva du côté du Nord une tempête affreuse accompagnée de tremblement de terre. Selon André Doria, le célèbre amiral, jamais on n'avait vu semblable tourmente sur les flots.

Quatre-vingt-dix vaisseaux périrent avec leurs équipages et toutes leurs munitions. Le camp des Espagnols fut inondé par les torrens qui se précipitaient des montagnes du Boudjérah.

Le désastre fut si grand qu'à la pointe du jour l'empereur reconnut qu'il n'y avait plus de salut que dans une prompte retraite. Il abandonna tout son bagage et son artillerie, et conduisit en grand désordre les débris de son armée au cap Matifou.

---

* Parmi eux figuraient les comtes de Lallaing, de Ste.-Aldegonde et de Vignacourt.

L'artillerie qu'il abandonnait ainsi avait été conquise sur François 1ᵉʳ., à la bataille de Pavie. Trois siècles plus tard, la victoire devait les rendre à une armée française....... Parmi ces pièces de canon, il y en avait une qui fut nommée depuis la *consulaire*, parce qu'elle lança le consul de Louis XIV sur la flotte de Duquesne en 1683. Cette pièce est maintenant aux Invalides.

Les premiers jours de l'occupation française furent employés à la vérification du trésor de la Kasaba et au désarmement de la milice et des habitans. Cette dernière opération se fit sans la moindre résistance. Prévenus de cette mesure par les autorités de la ville, les Maures vinrent eux-mêmes avec insouciance, et à la file les uns des autres, remettre à la Kasaba leurs fusils, pistolets et yatagans.

Toutes les armes des Turcs étaient de la plus grande richesse, ainsi que celles d'un grand nombre de Maures. Indépendamment de l'excellence de la trempe des lames, presque tous les fourreaux d'yatagans étaient d'argent ciselé ; plusieurs étaient d'or. Quelques-uns arrivaient à la Kasaba dépouillés, et pour cause, de leurs riches garnitures ; mais les lames de damas en acier noir ou blanc, étaient d'une valeur bien au-dessus de celle des fourreaux.

On peut, sans ébrécher ces lames, entailler le fer même ; aussi ces précieuses dépouilles des vaincus furent-elles réclamées par les vainqueurs avec autant d'ardeur qu'autrefois les armes d'Achille. Elles furent partagées entre les nouveaux hôtes de la Kasaba. Cette faveur causa quelques murmures dans les camps et à bord des vaisseaux. Des réclamations furent adressées à M. de Bourmont, qui y fit droit en ordonnant que l'on distribuât aux réclamans les armes qui restaient.

Avant de quitter la terre d'Afrique, le Dey fit une visite au général en chef, après avoir en vain attendu la sienne, à laquelle il croyait avoir droit en sa qualité de souverain. M. de Bourmont se contenta de faire avertir Hussein-Pacha qu'il le recevrait avec plaisir, et celui-ci se résigna puisque telle était la volonté du vainqueur.

Plusieurs aides-de-camp du général, le consul et le vice-consul de France allèrent prendre le Dey [*], et l'accompagnèrent à pied jusqu'à la Kasaba, où il se rendit monté sur un très-beau cheval arabe richement caparaçonné ; l'amiral Duperré fut invité à assister à cette entrevue.

---

[*] Forcé de quitter la Kasaba à l'approche de l'armée française, le Dey s'était retiré dans la maison qu'il occupait avant son élévation au pouvoir.

Les honneurs militaires furent rendus à Hussein-Pacha. Les troupes qui formaient la haie sur son passage lui présentèrent les armes, et les tambours battirent aux champs.

Le général en chef reçut le Dey dans la grande cour de la Kasaba, l'embrassa affectueusement, l'invita à déjeûner et le fit asseoir le premier à table. Hussein mangea peu et ne but point de vin, malgré l'invitation réitérée qui lui en fut faite par le général.

Avant de quitter pour toujours les lieux témoins jadis de sa grandeur et de sa puissance ; le palais où il commandait autrefois en maître, mais où maintenant il adressait des prières et recevait des ordres, Hussein témoigna le désir d'être transporté à Livourne ; et après avoir remercié le général, il prit congé de lui. On le reconduisit avec le même cérémonial.

Hier au faîte de la puissance et comblé des faveurs de la fortune, aujourd'hui déchu, prisonnier dans sa propre capitale, le malheureux Hussein dut faire des réflexions bien amères sur la position dans laquelle l'avait plongé son opiniâtreté à engager une lutte aussi fatale. Quelques larmes vinrent trahir la fermeté de son âme et effleurer son visage ; il se couvrit aussitôt le front avec le capuchon de son burnous.

Le Dey regagna sa demeure, pâle, pensif et

le cœur gros de soupirs; et il apprit en y entrant la défection du Bey de Titery. Il était malheureux, on l'abandonnait; c'est comme cela partout, chez les peuples barbares comme chez ceux qui vantent leur civilisation.

Je crois devoir mettre sous les yeux du lecteur la notice suivante que j'ai écrite sur Hussein-Pacha, en puisant mes renseignemens à des sources dont l'authenticité est digne de toute confiance.

XI.

Hussein-Pacha, dey d'Alger.—Cruauté d'Aly, son prédécesseur.—1,400 Turcs mis à mort.— Ben-Cadi-el-Malek, premier ministre d'Ali, est étranglé par les ordres de Hussein, qui lui devait son élévation.—Violence et opiniâtreté de Hussein.—Férocité de la milice algérienne.—Six deys d'Alger immolés successivement dans un seul jour.—Hussein-Pacha quitte l'Algérie, et se rend à Naples à bord d'une frégate.

Le Dey, souverain absolu de l'Algérie, distribuait les récompenses et les châtimens, ordonnait les armemens et les expéditions militaires, désignait les garnisons, nommait à toutes les charges, et avait en un mot la haute administration de toutes les affaires de la régence, sans être obligé de rendre à qui que ce fût le moindre compte de ses actions. Tel était le pouvoir de Hussein.

C'est lui! c'est lui! que Dieu le comble de bonheur et de prospérité! criait en 1816 la milice algérienne, en le proclamant Dey et en l'intrônisant sur le siége de la souveraine puissance. Mais voyons ce qu'était avant son élévation Hussein-Pacha, ce Dey dont le règne est le plus long qu'offrent les annales barbaresques, de si turbulente mémoire.

Hussein est né en Caramanie, province d'Anatolie (Asie mineure). Dans sa jeunesse, il servit comme soldat dans la milice turque.

Mais, à la suite d'une querelle qu'il eut avec un de ses chefs et dans laquelle il oublia totalement les lois de la subordination et de la discipline, il s'engagea dans la milice algérienne. Hussein s'était abandonné à toute la fougue et à l'emportement qui lui étaient naturels; il n'y avait qu'une prompte fuite qui pût le mettre à l'abri de la vengeance expéditive et terrible de ses compatriotes; en un mot, il y allait de sa tête; mais il la sauva du cordon en s'engageant dans la milice algérienne.

Dès qu'un individu faisait partie de cette milice, la justice turque n'avait plus aucun pouvoir sur lui. Le plus grand coupable, un assassin même, étant poursuivi, parvenait-il à s'introduire chez un recruteur de la régence, et à lui dire : « Je m'engage, » il était sauvé à l'instant même; il pouvait aussitôt se présenter dans la rue et dire à ceux qui le poursuivaient : « Je suis janissaire d'Alger, » on le laissait libre et tranquille.

Une fois qu'il eut endossé l'uniforme de la milice algérienne, Hussein prit le parti prudent et sage de s'appliquer à réprimer la violence de son caractère ; et l'âge et l'ambition aidant, il en vint à bout.

Tout soldat avait la liberté d'utiliser son tems le mieux qu'il pouvait. S'il avait un métier, il lui était permis de l'exercer. Il pouvait même s'absenter pour les affaires de son commerce, s'il en exerçait un. Pourvu qu'il s'arrangeât de manière à être toujours prêt quand le service de l'état réclamait sa présence, il était assuré de jouir tranquillement, toutes les lunes, de sa paie de soldat, en y ajoutant le fruit de son travail et de son industrie.

Hussein tenait une boutique de fripier dans Asouaka, partie basse de la ville, presque vis-à-vis le grand café, où sont actuellement les bureaux du lieutenant-général de police.

L'activité, l'ordre et l'économie qu'il sut mettre dans ses petites affaires, lui firent bientôt réaliser des bénéfices qui lui permirent de solliciter par des présens et d'obtenir la place de directeur de l'entrepôt de blé.

Dans cette position nouvelle, Hussein montra toute l'aptitude et toute l'habileté dont il était doué pour l'administration des affaires. Les richesses qu'il ne tarda pas à amasser éveillèrent toute son ambition, et la fortune souriant sans cesse à ses entreprises, il envia bientôt le poste de *Kodja-el-Kheil* (ministre de l'intérieur.)

La mort du Dey Omar fut encore pour Hussein un événement heureux. Un de ses amis intimes, Ben-Cadi-el-Malek, proche parent du successeur d'Omar, étant devenu premier ministre de la régence, lui fit obtenir la place éminente qu'il ambitionnait.

Ben-Cadi-el-Malek ne s'arrêta pas à ces preuves de son amitié pour Hussein, et il lui rendit, à quelque tems de là, un service bien plus important encore.

La peste, qui de tems en tems exerce ses ravages à Alger, s'étant déclarée, le Dey régnant, Aly, en fut atteint. A la première nouvelle de l'événement, ses ministres s'assemblèrent en divan extraordinaire à la Kasaba, et ne quittèrent plus ce palais.

Le premier ministre, Ben-Cadi-el-Malek, se tenait près du lit du Dey, et venait d'heure en heure donner des nouvelles de son état.

Il annonça enfin que, suivant les décrets de l'immuable volonté de la Providence, Aly avait cessé de vivre.

Aly n'avait régné que quatre mois, et pendant ce court espace de temps un grand nombre de ses officiers et de ses soldats avaient été étranglés par ses ordres.

Peu de tems avant sa mort, le bruit s'était répandu qu'il allait augmenter encore le nombre de ses victimes. En effet, me dit un Maure d'Alger de qui je tiens ces détails, du train qu'il y allait, on pensait revenir au règne d'un de ses prédécesseurs, qui fit mettre à mort quatorze cents Turcs. Jamais depuis ce règne sanglant et odieux, le *mezzouar* (bourreau) n'avait eu telle besogne.

Vers la fin du règne d'Aly, la milice, exaspérée par les cruautés de ce tyran, pouvait à peine contenir les manifestations de son mécontentement et de sa haine. Aly s'était fait entourer d'une garde imposante de zouaves dans la forteresse de la Kasaba, transformée en palais, et il y avait établi sa résidence pour se mettre à l'abri du ressentiment et de la vengeance de ses sujets.

Une fois installé dans cette demeure, entouré et défendu par une artillerie formidable, il avait annoncé hautement l'intention de dissoudre la milice et de se faire le chef d'une dynastie héréditaire comme celle de Tunis.

Hussein, en courtisan adroit et astucieux, flattait les passions et les espérances du despote en même tems qu'il conservait des intelligences parmi les janissaires, distribuant çà et là des largesses, promettant sa protection et son appui aux mécontens et leur faisant entrevoir un avenir qui leur ferait oublier tous les maux qui les affligeaient. Aussi tous ne formaient plus qu'un seul vœu, et ne soupiraient qu'après le moment où ils pourraient élever Hussein à la souveraine puissance.

Les ministres d'Aly eux-mêmes lui témoignaient autant de dévouement et de dispositions bienveillantes que la milice, et l'ascendant de Ben-Cadi-el-Malek ne contribuait pas peu à augmenter cette sympathie ; aussi quand la mort vint, ainsi que nous l'avons dit plus haut, frapper Aly, Ben-Cadi-el-Malek le premier ministre, en annonçant cette mort, déclara hautement qu'il ne connaissait personne plus digne que Hussein de monter sur le trône, et à l'instant même ses collègues, par des acclamations unanimes, le saluèrent du titre de pacha.

Hussein a enfin conquis le souverain pouvoir, objet de toute son ambition ; le voilà revêtu du caffetan et assis sur le trône, du haut duquel il proclame et fait reconnaître sa dignité, en présence de la garde des zouaves assemblée sous les armes.

Le canon de la Kasaba annonce l'avénement du nouveau Dey à la milice et au peuple, qui répondent par des cris d'enthousiasme et de joie.

Hussein-Pacha tint sa parole envers la milice turque ; il la traita avec beaucoup d'égards et de considération ; mais il paya de la plus noire ingratitude le dévouement dont lui avait donné tant de preuves l'homme auquel il était doublement attaché par les liens de l'amitié et de la reconnaissance : l'infortuné Ben-Cadi-el-Malek fut étranglé par ses ordres.

On assigna deux causes à cette action monstrueuse ; la première, c'est que Hussein voulait flatter par-là les sentimens de vengeance qui enflammaient le cœur des miliciens contre Ben-Cadi-el-Malek, coupable du crime d'avoir été le conseiller intime et le parent de l'odieux Aly ; la seconde cause de cet assassinat politique fut attribuée à la crainte ombrageuse et jalouse qu'inspirait à Hussein l'ascendant que Ben-Cadi-el-Malek avait conservé sur la garde particulière du palais.

Hussein s'appliqua, au commencement de son règne, à consolider de plus en plus les bases de la puissance remise entre ses mains habiles. Redoutant la turbulence et l'inconstance des janissaires, il continua d'habiter la forteresse de la Kasaba et conserva auprès de lui ses fidèles zouaves.

Une fois affermi sur son trône, il donna un libre cours à la violence naturelle de son caractère ; et son opiniâtreté, défaut dominant chez lui, devint plus que jamais inflexible.

Lorsque je vis Hussein, il ne me fit qu'une médiocre impression. La majesté de la puissance n'était pas, comme je m'y attendais, empreinte sur son large front. Il me parut accablé du coup qui venait de le frapper; et cependant, tout bien considéré, après quinze ans de règne, chose sans exemple à Alger, le destin le traitait moins mal que la plupart de ses prédécesseurs, qui, au lieu de descendre vivans de leur trône, avaient presque tous péri par la corde ou par le poignard.

Le pouvoir souverain était environné de mille périls à Alger. Celui qui en était revêtu, continuellement agité par la crainte et par la méfiance, toujours sous le glaive de Damoclès, constamment occupé à découvrir des conspirations et à faire périr ceux qui étaient convaincus ou seulement soupçonnés d'y avoir pris part, celui-là, dis-je, devait se trouver plus malheureux que le dernier de ses sujets.

Les précautions les plus cruelles devenaient même assez souvent inutiles; car une tête que le Dey faisait tomber, loin d'effrayer d'autres conspirateurs, les poussait au contraire à la vengeance de leur frère, et à la place d'un ennemi abattu il en surgissait mille autres.

Plusieurs Deys, ne pouvant s'acclimater dans l'atmosphère de sang où ils étaient obligés de vivre, fatigués d'une existence aussi pénible et aussi agitée, prirent le parti de conjurer l'orage qui tôt ou tard devait foudroyer leur tête, en abandonnant le trône pour aller chercher dans la retraite et l'obscurité une condition plus heureuse et surtout plus tranquille. Mais il fallait qu'une pareille résolution fût conduite avec la plus grande circonspection et le plus profond mystère. Si l'on était découvert, il fallait se préparer à mourir, les janissaires concluant toujours que le Dey qui voulait fuir s'était enrichi par l'iniquité et qu'il avait l'intention d'emporter des trésors avec lui, si déjà il ne les avait fait passer dans le pays qu'il avait dessein d'habiter.

Lorsqu'un Dey était masssacré, et si le peuple donnait son approbation à ce meurtre, ses femmes retournaient à leur première condition, et ses enfans devenaient simples soldats dans l'armée, sans espoir de parvenir à aucun grade. Mais si la mort du souverain était naturelle, ce qui était très-rare, ses obsèques se faisaient avec pompe; on le révérait après sa mort comme un saint, et ses parens étaient traités avec de grands égards.

Telle était la férocité de la milice algérienne, qu'il arrivait quelquefois qu'un Dey n'était pas plus tôt porté au trône par une faction, qu'il était égorgé le jour même par la faction contraire, sort que son successeur risquait d'éprouver de la part d'un troisième parti; aussi a-t-on vu, chose incroyable et cependant littéralement historique, six Deys assassinés successivement dans un seul jour, et l'avénement d'un septième.

Les mausolées de ces six victimes de la fureur populaire se voient encore aujourd'hui hors la porte Babaloued, où ils sont disposés en forme circulaire.

Pendant que les Deys régnaient à Alger, celui qui parvenait au trône par la force était tout aussi bien reconnu que celui qui y était monté du consentement général, et cela parce que les Turcs sont fermement persuadés que tous les événemens qui arrivent dans le monde sont écrits là-haut dans les décrets de la Providence.

Les préambules des traités de Hussein avec les puissances étrangères étaient conçus en ces termes :

« Au nom du Dieu miséricordieux. Louange soit au tout-puissant, le roi éternel et le créateur du monde. Le très-honorable, le très-puissant, le très-illustre et le très-magnanime Hussein, par la permission divine, élu Dey et gouverneur de la belliqueuse nation algérienne, du consentement unanime de l'invincible milice, des grands du royaume, du chef de la loi, des officiers du divan, du peuple et des habitans, etc. »

A l'époque de l'entrée des Français dans sa capitale, Hussein avait 63 ans. Sa taille était petite, et ses formes musculeuses et arrondies indiquaient la force. Le burnous était négligemment jeté sur ses épaules, et un turban fait avec un cachemire de couleur cramoisie couvrait sa tête. Il continua, avant son départ, de l'Algérie, d'être entouré de Turcs et de Maures de distinction ; mais aucun d'eux n'était armé.

Le trait suivant peut donner une idée exacte du caractère de Hussein et de la justice algérienne. Un esclave de sa suite avait, pendant la visite au général en chef, dérobé les rasoirs du général Desprez. Une plainte ayant été portée à ce sujet : « Douze hommes m'ac-
» compagnaient, répondit le Dey, je leur ferai
» trancher la tête à tous, bien assuré par ce
» moyen d'atteindre le coupable, qui se trouve
» au milieu d'eux et dont j'ignore le nom. »

On ne le laissa pas faire, bien entendu, et le général Desprez fut obligé d'acheter d'autres rasoirs.

Peu de jours après l'entrée des Français dans Alger, une frégate conduisit à Naples Hussein et sa suite. Les Turcs célibataires furent embarqués pour l'Asie mineure. Quand, à leur départ, on distribua une somme de cinq piastres à chacun d'eux, ils témoignèrent leur étonnement et leur reconnaissance pour la générosité de leurs ennemis.

XII.

La ville d'Alger. — Les cimetières. — Les minarets. — Tombeaux des Deys. — Les tentes françaises. — Meurtre d'une femme arabe.

La ville d'Alger est, comme je l'ai déjà dit, bâtie en amphithéâtre sur le penchant d'une colline. Elle présente, au premier coup d'œil, un aspect de grandeur ; mais ses rues infectes sont si étroites et les étages supérieurs recouvrent tellement le rez-de-chaussée, que les voies de communication disparaissent à l'œil qui regarde d'en haut.

La pente des rues ou plutôt des ruelles escarpées et tortueuses d'Alger, est adoucie par des marches de cinq à six pieds de largeur. Ces rues sont pour la plupart voûtées et tellement resserrées, que de distance en distance on a ménagé des retraites pour que deux bêtes de somme qui se rencontrent puissent passer à côté l'une de l'autre.

Quand on se trouve au milieu de ce peuple demi-nu qui circule par la ville, quand on voit cette hideuse population juive, ces femmes toujours voilées dont on ne distingue que les yeux noirs, et ces cafés silencieux qu'un français traversait le jour même de la conquête sans attirer un seul regard, on éprouve un sentiment inexprimable d'impatience et de dégoût; un grand malaise serre le cœur, et l'on se hâte de sortir de cette ville d'esclaves pour respirer un air plus pur.

On pense communément que ces rues, dont les maisons se touchent par le sommet, ne sont si étroites qu'à cause de la chaleur du climat; mais il est évident que cette disposition est plutôt due à la crainte des tremblemens de terre auxquels la ville est exposée, et les soliveaux dont presque toutes les maisons sont étayées en sont la preuve.

En 1717, Alger fut ébranlé par de violentes secousses de tremblement de terre pendant neuf mois consécutifs. Tous les habitans quittèrent la ville, à l'exception du Dey et des membres du divan qui se tinrent dans le palais de la régence ; les chemins étaient couverts de tentes remplies de malheureux, dont plusieurs moururent de faim. Les maisons de campagne furent renversées aux environs de la ville dans un rayon assez éloigné ; la terre même s'entr'ouvrit en plusieurs endroits, et il y eut d'épouvantables bouleversemens.

De même que dans les autres villes musulmanes, les maisons d'Alger n'ont point de jour extérieur, si l'on en excepte toutefois quelques constructions de la rue Babazoune, lesquelles ont de rares et petites fenêtres grillées. Il n'y a non plus pour issue qu'une porte basse et enfoncée, à laquelle on ne parvient souvent qu'en descendant deux ou trois marches d'escalier.

Les maisons sont bâties de briques et de pierres ; elles sont carrées et ont une grande cour pavée au milieu ; autour de cette cour règnent des galeries soutenues par des colonnes et sur lesquelles donnent les appartemens.

Les battans des portes s'élèvent jusqu'au plafond. Il n'y a de chaque côté des chambres qu'une petite fenêtre, attendu qu'elles reçoivent assez de jour par la porte même. Ces galeries servent de fondement à une terrasse qui ressemble à un salon aérien. Les Algériens viennent s'y reposer tous les soirs avec leurs familles. Des fleurs et des arbrisseaux odoriférans embellissent ces terrasses et ajoutent par leurs suaves parfums un charme de plus à la fraîcheur qu'on y respire.

Contemplé du haut de ces terrasses, le coucher du soleil est admirable. On a sous les yeux le spectacle imposant de la mer, au-dessus de soi un ciel bleu, ceint à l'horison d'un cercle de pourpre et d'or; et, quand le soleil disparaît derrière les montagnes du Boudjérah, la ville entière, en mirant ses dômes, ses coupoles et ses minarets dans la Méditerranée, présente une teinte de blancheur qui, dégagée de l'éclat éblouissant du jour, offre un vaste et délicieux tableau sur lequel les yeux se reposent avec un indicible plaisir.

Il y a à Alger cinquante-neuf mosquées, neuf grandes et cinquante petites. La plus grande, vue du port, offre un assez bel aspect. Ces mosquées sont desservies par des *iman*, sous la direction des *muphti*, qui sont les pontifes; on les reconnaît à l'étole blanche qu'ils portent constamment sur leur costume. Quelques arbres entourent les mosquées et les séparent des habitations. Les coupoles correspondent au chœur des églises chrétiennes. L'intérieur et la distribution ressemblent à ceux de nos églises gothiques; la grande nef est séparée de deux nefs latérales et plus étroites par deux rangs de colonnes, supportant des arceaux ornés de sculptures en forme de trèfles. Une tribune carrée et longue correspond à la chaire des églises catholiques. C'est le siége du muphti, de l'iman de la mosquée.

Dans le fond, à l'orient, est une porte au lieu d'autel. A côté de cette porte est une échelle longue et étroite qu'escalade le muezzin, ou crieur de la mosquée, pour appeler les croyans à la prière, du haut d'une tourelle ou minaret.

Quand toutes les voix de ces muezzins retentissent dans les airs, elles forment un concert grave et empreint d'une certaine harmonie, surtout au coucher et avant le lever du soleil.

La ville d'Alger a cinq portes et autant de casernes magnifiques. Elle a environ une lieue de tour. Sa population, en 1838, était de trente-cinq mille âmes. Les murailles de la ville sont bâties, jusqu'à une certaine hauteur, en pierre de taille; la partie supérieure est construite en briques. Ces murailles sont les mêmes que celles qui étaient debout du temps de Charles-Quint; leur plus grande hauteur du côté de la terre est de trente pieds environ, et de quarante du côté de la mer. Elles sont flanquées de vieilles tours carrées.

Alger avait autrefois des faubourgs très-étendus ; ils furent démolis après la retraite de l'armée de Charles-Quint, dans la crainte que les Espagnols ne s'en servissent dans une seconde invasion.

A notre arrivée devant Alger, on ne voyait plus que quelques maisons au-delà des portes Babazoune et Babaloued.

Les tombeaux des Pachas et des Deys sont tout près de cette dernière porte. Ces tombeaux n'ont, du reste, rien qui les distingue de ceux des miliciens turcs ; ils n'ont comme eux qu'une simple pierre taillée en forme de turban.

Si vous sortez d'Alger par la porte Babazoune, vous apercevez des monceaux de crânes humains empilés sur les murailles et d'autres placés sur le haut des créneaux. C'est le lieu des sanglantes exécutions, des horribles supplices. Vous voyez les Bédouins entrant ou sortant de la ville, montés sur leurs ânes ou sur leurs petits chevaux ; des femmes voilées, montant des haquenées ou de hauts dromadaires, sont escortées par des esclaves nègres des deux sexes. Des Juifs industriels et marchands, comme ils le sont partout, vous offrent des calottes de Tunis et d'Alexandrie d'un seul tissu, de beaux foulards de Constantinople, etc.

Des pâtres kabyles et bédouins chassent devant eux des troupeaux de chèvres et de brebis, soulevant des nuages d'une épaisse poussière qui vous enveloppe et vous incommode en passant de son odeur fétide et suffoquante.

En vous dirigeant vers le bord de la mer, vous apercevez des enclos renfermant les tombeaux de quelques familles opulentes. Le palmier, le jasmin et le baume de Judée répandent l'ombre et la fraîcheur au-dessus du marbre des tombeaux, entouré d'un cadre de reines-marguerites, de roses et de tubéreuses.

Il est rare que vous passiez devant ces jardins de la mort sans y remarquer quelques femmes maures se promenant lentes et recueillies, ou bien penchées sur des tombeaux où elles sont venues payer un tribut de douleur et de pieux souvenir.

Dans la campagne aux environs d'Alger, le laboureur africain avait repris ses travaux ; on le voyait sillonner la terre à l'aide d'une charrue très-simple formée de deux pièces de bois et traînée par trois bœufs.

Les endroits habités par un certain nombre de familles se nomment *douaires*. L'approche en est gardée par un grand nombre de chiens roux très-méchans et très-dangereux pendant la nuit.

Un poste français de la division d'Escars, établi dans le voisinage de ces douaires, fut un jour témoin d'une scène horrible parmi ces Bédouins laboureurs.

Les soldats entendirent des cris et des gémissemens venant des hauteurs voisines, et aperçurent presqu'au même instant une jeune femme arabe descendant, avec la vitesse d'une biche poursuivie par des chiens, la pente de la colline. Trois Bédouins poursuivaient cette femme; mais elle les devançait de vitesse et se dirigeait vers le poste français. Elle y arrive enfin, et l'infortunée se croit sauvée; elle se prosterne aux pieds des soldats, les suppliant par ses sanglots et par ses larmes de la protéger contre ses persécuteurs.

Le chef du poste ne permit pas aux Arabes de l'approcher, mais il envoya aussitôt demander des ordres au colonel qui remplissait alors les fonctions de maréchal-de-camp. Celui-ci, craignant sans doute de violer les lois du pays que la capitulation avait promis de respecter, ne voulut rien prendre sur lui, et fit remettre la femme aux Bédouins, malgré les réclamations de ses officiers.

Les Bédouins entraînèrent alors la malheureuse jeune femme sur les hauteurs de la colline, sans se soucier de son désespoir ni de ses cris déchirans, et là ils lui tranchèrent la tête; puis ils la montrèrent toute sanglante aux soldats français, consternés de cet affreux spectacle.

En suivant le littoral depuis la porte Babazoune jusqu'au cap Matifou, on rencontre à deux lieues d'Alger la rivière de *l'Arrach*, que traverse sur un pont la voie romaine, qui conduit à Constantine (l'ancienne Cirta). C'est au-dessus de ce pont qu'est bâtie la *Maison-Carrée*. Un poste français y fut établi pour observer et garder le passage du pont. C'est aussi près de là, sur la rive droite de la rivière, que plus d'une tête française a tombé sous le yatagan des Arabes, cachés dans le feuillage pour guetter quelque malheureux soldat isolé, comme une bête fauve guette sa proie.

En continuant à marcher sur le bord de la mer que longent les collines, en décrivant une ligne courbe, on arrive bientôt au cap Matifou, où sont les ruines d'une métropole numidienne connue sous le nom de *Rusgunium*.

Les restes des murs de la plus grande partie des maisons de cette antique cité s'élèvent au-dessus des broussailles qui recouvrent le sol. On voit çà et là des tronçons de colonnes, des débris de marbre et de mosaïques épars sur l'emplacement où était la cathédrale. Quelques pans de muraille servent aujourd'hui de repaire aux chakals.

Jenséric et ses Vandales déchirèrent une page des annales du genre humain, en faisant de ces lieux des ruines où l'on n'aperçoit plus aujourd'hui que quelques traces d'une civilisation éteinte.

Plusieurs excavations pratiquées au milieu de ces ruines indiquent les fouilles entreprises par les Arabes dans le dessein de déterrer des médailles et autres objets d'art, qu'on y rencontre assez fréquemment.

Pendant que nous parcourions ces lieux avec quelques soldats qui nous accompagnaient, nous vîmes près de quelques maisons romaines assez bien conservées des Bédouins qui nous parurent occupés à ces recherches. Ils s'enfuirent à notre approche; mais nous les vîmes bientôt reparaître sur des ruines plus éloignées, debout et immobiles comme des statues.

XIII.

UNE FRANÇAISE CAPTIVE A ALGER.

Vers le milieu de la rue *Babazoune*, à Alger, il y a, de distance en distance, des constructions établies sur des voûtes au-dessus du rez-de-chaussée, et éclairées par quelques rares fenêtres garnies de barreaux de fer.

Je traversais cette rue, lorsque le soldat qui m'accompagnait me fit remarquer une femme maure qui m'appelait du geste et de la voix du haut des fenêtres dont je viens de parler. Un algérien placé à côté de cette femme me faisait lui-même un signe amical, en portant la main sur son cœur, lorsque j'entendis clairement les paroles suivantes prononcées par une douce voix avec l'accent et dans le langage de ma patrie : « Monsieur, c'est une Française du département de Seine-et-Marne qui vous parle, son mari que voici vous supplie d'entrer. »

L'homme au turban disparut de la fenêtre, descendit rapidement, et en un instant il se trouva face à face avec moi.

— Monsieur, me dit-il, veuillez, je vous en prie, monter chez moi. » Je me rendis à son invitation et je fus introduit par lui dans l'appartement où se trouvait la dame qui m'avait appelé. Son costume, aussi riche que gracieux, se composait d'une tunique bleue très-courte, et d'un pantalon d'une étoffe blanche et légère, renoué au bas de la jambe par une coulisse. Ses épaules étaient couvertes d'une mantille de mousseline, et le voile qui cachait son visage ne laissait apercevoir que ses yeux.

—Vous êtes Français, monsieur, mais vous n'êtes sans doute pas de la Brie, n'est-ce pas? dit-elle, en m'adressant la parole.

— Non, madame, je suis de la Flandre française.

—Soyez le bien-venu, monsieur, vous n'avez rien à craindre ici. Votre caractère sacré inspire à mon mari toute confiance, d'ailleurs il a comme moi à vous supplier de nous rendre un important service.

—Parlez, madame; trouver une compatriote sur la terre étrangère, c'est déjà pour moi un grand plaisir; l'obliger, si je le puis, ce sera pour moi un véritable bonheur, un devoir bien doux à remplir.

En ce moment parut un petit nègre, apportant, comme c'est l'usage en ce pays, des pipes et du café. — *Aakel*, fit l'algérien (ce qui voulait dire : c'est bien).

— Je ne sais pas très-bien écrire, continua la jeune femme; je vous ai vu passer, et je vous ai appelé pour vous prier de me faire une lettre que j'enverrai à mes parens de France.

— Rien n'est plus facile, madame, et je me mets entièrement à vos ordres.

— Oh! merci, monsieur, merci mille fois! Venez donc demain vers l'heure de midi, nous vous en prions, mon mari et moi, en *Elbiar*, à notre bastide entre le Djebel-Boudjérah et le consulat de Suède. Notre campagne est celle qui est la plus voisine de cet hôtel; vous apercevrez une tenture de toile bleue sur la terrasse et vous guiderez vos pas de ce côté. A cette heure-là vous n'aurez rien à craindre des Bédouins, qui font la chasse aux hommes autour des camps de vos soldats. Des mains amies vous seront tendues, et vous rencontrerez des français partout*.

Pendant que la jeune dame parlait ainsi, un enfant de sept à huit ans tira d'un coffre doré plusieurs roseaux taillés, plaça une planchette enduite de blanc et couverte de caractères arabes sur ses genoux, effaça l'écriture avec une éponge mouillée, et se mit à écrire avec rapidité en tirant ses mots de droite à gauche. Le père souriait de la vanité naissante de sa postérité, et sa compagne pendant ce tems-là parlait avec amour de ses parens, de la France, de Meaux et de Melun. Après un entretien rapide et animé sur les événemens postérieurs à son arrivée en Afrique, je pris congé d'elle et de son mari, en leur promettant de revenir le lendemain en *Elbiar*.

Le lendemain j'utilisai mon tems à l'hôpital *Mustapha* jusqu'à onze heures; je gravis ensuite, sur un cheval arabe du camp, le môle rapide de *Sultan-Calasy*, appuyant à l'est et laissant le fort à ma droite.

A midi, je me trouvai en face de la villa de la jeune française.

Dès que l'on m'aperçut, l'un des battans

---

* A cette époque (25 juillet), les corps de quinze soldats décapités avaient été retrouvés à trois cents toises du fort l'Empereur, et à une petite distance des bivouacs du 2º léger.

d'une petite porte s'ouvrit, le maître de la maison parut, et le petit nègre s'empara de mon cheval qu'il conduisit dans un enclos attenant, où étaient un dromadaire, une mule et un cheval de selle.

— Ami, bon *iman*, me dit l'algérien en m'introduisant chez lui et en accompagnant ces paroles d'un geste et d'un regard qui me disaient : J'ai confiance en toi, et j'ai banni de mon cœur la jalousie si naturelle aux Musulmans.

La jeune française portait ce jour-là un costume magnifique, moitié oriental, moitié européen. Sa robe et son caffetan étaient d'une étoffe de soie enrichie d'ornemens tissus d'or. Ses cheveux, tressés avec beaucoup d'art et de goût, étaient parsemés de turquoises et d'émeraudes. Aucun voile ne cachait ses traits. Assise sur un divan, en face d'une table haute d'un pied, elle m'accueillit avec une grâce et une amabilité parfaites, et les premiers mots qu'elle m'adressa furent pour me parler de la France. On eût dit que le nom de patrie, ce mot à la fois si sublime et si doux, acquérait plus de douceur encore en passant par la bouche de l'être intéressant qui le prononçait. Avec quel bonheur elle me parla des rivages de la Marne et de la Seine, que les rians souvenirs de l'enfance retraçaient sans cesse à son imagination ! Avec quels soupirs et quelles larmes elle me parla de sa mère, de sa mère chérie, qui, elle aussi, avait dû verser tant de larmes sur le sort de son enfant.

Quoique le mari comprît et parlât un peu le français, chaque phrase était à l'instant même traduite par sa femme. *Aakel*, répondait uniformément l'algérien, ravi des soins que mettait sa jolie interprète à ne lui laisser ignorer aucune des paroles de notre conversation.

Une négresse apporta le café, et, après l'avoir servi, la jeune française me pria d'écrire à sa famille dans les termes suivans (c'était la première fois depuis son enlèvement qu'elle trouvait l'occasion de lui faire parvenir de ses nouvelles) :

Mes chers parens,

Votre Alyse respire; elle vit digne encore de votre estime et de votre tendresse. C'est elle qui vous parle aujourd'hui après tant de jours écoulés loin de vous, après un silence qui a dû vous paraître si long et si cruel. Hélas! il ne m'était pas possible de le rompre.

O ma mère chérie! ô mon tendre père, et vous mon bon oncle, vous me pardonnerez le chagrin que je vous ai causé, quand vous saurez que, loin de vous, si la voix de votre Alyse que vous appeliez ne pouvait répondre à votre voix, ses larmes du moins répondaient à vos larmes; et quand vous pleuriez sur moi seule, moi j'avais à pleurer sur la douleur que vous éprouviez tous les trois! Oh! combien je fus malheureuse! Mais la Providence ne m'abandonna pas; et vos prières, ô mon bon oncle*, la touchèrent sans doute en ma faveur.

Il y a neuf ans que je demeure à Alger, et voici par quel enchaînement de circonstances j'y fus conduite.

Lorsque je quittai Paris, ainsi que vous le savez, avec la comtesse de ***, nous nous rendîmes à Naples, où le comte son mari vint bientôt nous rejoindre. Il avait laissé son fils en Suisse, en compagnie de quelques jeunes gens qui voulaient chasser dans les montagnes. Ce jeune homme se livra avec tant d'ardeur au plaisir de la chasse, que l'exercice immodéré qu'il en fit lui causa un échauffement qui l'obligea de s'arrêter à Livourne, où il tomba sérieusement malade.

Instruits de ce malheur, le comte et la comtesse prirent sur-le-champ la poste et volèrent auprès de leur fils. Arrivés à Livourne, ils m'écrivirent de venir les rejoindre par mer. L'un des gens du consul de France me fit prendre passage à bord d'une tartane grecque qui devait toucher à la côte de Toscane. Le

---

* L'oncle de cette jeune femme est un respectable ecclésiastique.

bâtiment mit à la voile le soir même du jour où je m'embarquai, et courut vers la Sardaigne et la Sicile.

Lorsque nous fûmes en vue de Cagliari, le commandant de la tartane vint me trouver sur le pont, m'invita à descendre dans ma cabine, et, me montrant des vêtemens de femme, il me dit : « Vous êtes ma prisonnière, jeune fille; il ne vous sera fait aucune insulte, mais il est indispensable que vous quittiez vos habits pour revêtir ceux que je vous ai préparés...... »

Je renonce, ô ma tendre mère, à vous dépeindre ce qui se passa dans mon âme à ce moment fatal qui me fit entrevoir tout-à-coup l'abîme dans lequel j'allais tomber; muette de terreur, je sentis un froid mortel glacer tout mon corps. Un homme barbare et perfide, dans la vue d'un sordide intérêt, brisait avec sa main de fer tous les liens qui m'attachaient à mes parens, à mes amis. Eh bien! le croiriez-vous, ma bonne mère? dans ma douleur j'aurais béni cette main cruelle si elle eût voulu m'accorder la faveur de briser en même tems les liens qui m'attachaient à la vie. Je vous en demande pardon, mon bon oncle, et je vous prie d'en demander pardon à Dieu pour moi : en voyant toute l'horreur de ma position, ma première pensée fut de me donner la mort de ma propre main; mais, faible jeune fille, ma douleur fut plus forte que mon courage, et je pleurai...

La tartane à bord de laquelle la fatalité m'avait conduite, faisait le commerce d'esclaves sur la côte d'Afrique. Elle se dirigea vers les états barbaresques, et dès-lors je pus entrevoir toute l'étendue de mon malheur. Je frémissais à l'idée d'être mise à l'encan dans un bazar; et plus je réfléchissais, plus je me repliais sur moi-même, plus les sinistres projets qui s'étaient d'abord noyés dans mes larmes reprenaient le dessus et fermentaient dans ma tête brûlante..... mais une négresse était là près de moi pour me surveiller. J'espérai pendant quelques jours que la douleur briserait ma poitrine; mais une pensée du ciel me dit de recourir à la prière, et quand j'eus prié Dieu, je me résignai......

On me conduisit à Tunis, où l'on me donna pour compagnes quelques jeunes filles grecques, vénitiennes et andalouses, victimes comme moi d'un affreux trafic qui fait honte à l'humanité.

Là je fus achetée par un riche algérien, qui faisait le commerce de chevaux arabes et que ses affaires avaient amené à Tunis. Deux femmes furent alors chargées de me revêtir du costume oriental, et je fus immédiatement remise entre les mains de l'algérien.

Les préparatifs du départ étant achevés, mon nouveau maître ne se fut pas plus tôt aperçu de ma répugnance à monter un dromadaire qu'il mit à ma disposition sa propre monture. Un petit nègre monta sur le grand animal, et le maître, à cheval comme moi, marcha constamment à mes côtés en m'entourant de mille soins et de mille prévenances.

Nous devancions la caravane, et nous traversâmes ainsi d'horribles plaines sablonneuses jusqu'à Constantine, où nous nous reposâmes trois jours.

On me fit prendre dans cette ville des bains extraordinaires et inconnus en France. L'effet de ces bains fut de donner à mon corps une fraîcheur bienfaisante, et à mon esprit un peu de calme et de tranquillité.

Quinze jours après j'étais installée dans une campagne riante des environs d'Alger. Mon maître me fit comprendre que j'étais libre de tout faire chez lui, mais non d'en sortir sans sa permission; puis il ajouta qu'il me regardait comme sa fille. (Ici la jeune femme parle en arabe à son mari, qui lui répond avec un sourire et un geste approbatifs).

Tous les jours, mon maître venait me voir; il m'apportait des objets de toilette et de fantaisie, des tissus de soie, des cachemires d'Orient, et jusqu'à des instrumens de musique dont je ne pouvais faire aucun usage.

Cette situation dura pendant un mois, au bout duquel mon maître me demanda en mariage. Je lui répondis qu'appartenant à une humble famille de France, je n'étais pas un assez brillant parti pour lui, que j'étais pénétrée de reconnaissance pour ce qu'il voulait bien faire pour moi, mais que je désirais ne voir en lui qu'un bienfaiteur et un père. Il se retira mécontent, et je restai trois mois sans le revoir. J'appris depuis qu'il était allé à Tanger. Son retour fut signalé par de nouveaux cadeaux, des bracelets, des bagues, une montre anglaise, deux pièces de toile fine de Maïorque, etc.

Quelques jours après mon maître me conduisit à Alger, où une fièvre ardente accompagnée de délire vint me saisir tout-à-coup. Confiée aux soins de quelques empiriques qui n'entendaient rien en médecine, ce ne fut qu'au bout de quarante jours que ma jeunesse triompha de la maladie et que l'on eut quelque espoir de me voir renaître à la santé. Lorsque je pus m'occuper un peu des objets qui m'environnaient, je me vis couverte d'amulettes et de talismans. Je fis signe à mon maître que je désirais qu'on enlevât tout cet attirail superstitieux, ce qu'il s'empressa aussitôt de faire de ses propres mains. Huit jours après, il me conduisit à la campagne.

Ma convalescence fut bien longue : mes yeux ne pouvaient supporter l'éclat du jour ; la moindre nourriture me donnait des étouffemens, et quand le vent du désert soufflait, je me sentais défaillir.

Enfin je pus marcher et je sentis peu à peu mes forces revenir; mais, hélas! avec elles revinrent aussi et mon chagrin et mes amers regrets de la patrie.

Cependant les deux négresses qui me servaient, en voyant la fraîcheur de la jeunesse reparaître sur mes traits, me montraient un miroir et souriaient en battant des mains pour essayer de m'arracher à mes tristes pensées; mais ma position, votre souvenir, mes chers parens, semblaient me reprocher ce retour à la santé que je ne désirais pas et qui venait presque malgré moi.

Enfin, ma bonne mère, je rends aujourd'hui grâces à Dieu de sa protection divine, qui me réservait une aussi grande félicité sur la terre que celle de vous revoir encore, de vous revoir bientôt! Oui, mes bons parens, les événemens inespérés dont Alger vient d'être le théâtre vont enfin vous permettre de presser dans vos bras, sur votre cœur, votre pauvre Alyse que vous avez tant pleurée et qui elle-même a pleuré tant de fois en pensant à vous.

Un plus long refus d'unir ma main d'esclave à la main du maître qui la sollicitait pouvait changer sa générosité en colère et me jeter dans une position affreuse. Je l'ai donc épousé, et depuis lors j'ai pu apprécier toute la bonté de son cœur, toute la noblesse de ses sentimens. Malgré les événemens qui ont fait d'Alger une conquête de la France, il me permet de continuer d'aimer mon pays et ma religion. Aussi, ma tendre mère, votre Alyse est toujours française, toujours catholique, et elle élève ses enfans dans la religion de ses pères.

Mon mari acquiesça à toutes ces conditions, comme aussi il me promit de n'avoir que moi seule pour femme, afin d'obtenir mon consentement, et il m'a tenu parole avec une fidélité qui lui a valu mon affection la plus tendre et la plus sincère. Je serai fière de vous le présenter, ma bonne mère, et vous serez la première à apprécier son noble et beau caractère.

La fortune a souri dans une grande proportion aux entreprises de mon mari; il attend en ce moment des chevaux de Tunis, et, comme son habitude est de spéculer dans tous ses voyages, il se propose de conduire ces chevaux à Marseille et à Paris, d'où je viendrai, ô mes bons parens, avec mes enfans et leur père, demander à vos genoux la bénédiction paternelle.

Le fils aîné du riche algérien dont il est ici question est actuellement élevé dans une maison d'éducation des environs de Meaux.

XIV.

Prise du fort Maz-el-Kébir. — Entrée à Bone et à Oran. — Les ruines d'Hippone.— Abdourrahman, Bey de Titery. — Expédition de Blida. — L'interprète égyptien. — Le talisman — Trahison des Arabes. — Mort du commandant Trélan. — M. de Bourmont reçoit le bâton de maréchal de France. — Conspiration de la milice turque. — Assassinat du colonel du 4e léger. — Découragement de l'armée. — Le vent du désert.—La revue.—Les ordonnances de juillet.—L'ordre du jour.— M. de Bourmont se retire en Espagne.

Le 22 juillet, M. Aimé de Bourmont, capitaine, aide-de-camp du général en chef, partit pour Oran, dans le but de recevoir pour son père la soumission du Bey de cette province. Il s'acquitta de sa mission avec beaucoup d'intelligence, et suivi d'un détachement de marins choisis dans les équipages des trois bricks formant la division navale, il s'empara du fort Maz-el-Kébir, qui défend l'entrée de la petite rade de ce nom, et qui, à proprement dire, est le port d'Oran.

Quoique l'on ait peu ou même point parlé de la surprise de ce fort, ce fait d'armes n'en est pas moins l'un des plus remarquables de la campagne.

Le Bey montra les meilleures intentions envers les Français, et il demanda l'envoi de forces imposantes pour le protéger contre les fréquentes excursions des Kabyles.

Une petite division fut ensuite organisée pour aller prendre possession de Bone. Elle se composa des 6. et 49e. de ligne, accompagnés d'une batterie d'artillerie et d'une compagnie de sapeurs. Le commandement en fut confié au général Damrémont.

La ville de Bone ouvrit ses portes à la vue des soldats français, qui débarquèrent sous ses murs. Les Arabes l'appellent *Bleïd-el-Hunel*, ville des jujubiers, à cause de l'abondance avec laquelle ces arbrisseaux croissent dans ses environs. La ville de Bone, bâtie sur la côte ouest d'un golfe, est ceinte de bonnes murailles renfermant un espace rectangulaire dont la face orientale est baignée par la mer.

Les ruines d'Hippone (Hippo regius) sont à trois quarts de lieue de Bone, entre les embouchures de la Seybouse et du Boudjehma qui se réunissent avant de se jeter dans la mer.

Cette ville, antique résidence des rois de Numidie, devint florissante sous les Romains. Saccagée par les Vandales, elle fut totalement détruite par les Arabes musulmans, à la chûte de l'empire grec. Ses murailles, ses tours et sa position la rendaient une des cités les plus fortes du pays. La ville d'Hippone fut illustrée par St.-Augustin, son évêque. Docteur éloquent, prélat admirable, philosophe profond, St.-Augustin fut une des colonnes de l'église et de la religion, qu'il défendit victorieusement contre les novateurs : Ses travaux à cet égard ont rendu son nom célèbre par toute la terre.

Saint-Augustin naquit à Tagaste, petite ville qui se trouvait au Sud-Est d'Hippone, mais dont on ignore aujourd'hui la véritable position.

On voit encore à Hippone les ruines de la cathédrale et de la maison de St.-Augustin. Une source limpide qui coule près de ces ruines vénérables est appelée par les Arabes : *la Fontaine de Saint-Augustin*. Les marins de toutes les nations qui touchent à ces parages, ont l'habitude de venir boire de l'eau de la fontaine du grand saint et de visiter dans un pieux recueillement les débris de la cathédrale, d'où jadis sa voix puissante parlait au monde entier.

Tel est l'empire de la vertu qu'elle survit,

dans la mémoire des hommes, aux siècles et à la chûte des empires. Des Arabes, des barbares eux-mêmes vous montrent avec une vénération religieuse, après les quinze cents ans qui ont passé sur ces décombres, les lieux témoins de la sainteté d'Augustin, tandis que Cicéron fut obligé d'apprendre aux bourgeois de Syracuse où était le tombeau de leur compatriote Archimède.

On voit dans Bone une vingtaine de colonnes antiques qu'on y a apportées des ruines d'Hippone. Plusieurs de ces colonnes ornent l'entrée de la principale mosquée. Le général Damrémont apporta en France un buste de marbre du saint docteur, lequel se trouvait encore dans cette poussière de tant de siècles. Mais reprenons le récit des événemens dont l'Algérie fut le théâtre après l'entrée de l'armée française dans Alger.

Abdourrahman, Bey de Titery, s'était montré notre ennemi le plus acharné depuis notre entrée en Afrique. Ses troupes n'avaient cédé le terrain que pied à pied à l'invasion française; elles s'étaient retirées les dernières et couvraient encore la plaine de Métidja après la capitulation, sans doute dans l'intention de recommencer la lutte. Mais, comme je l'ai déjà dit, la défaite des troupes de Hussein, ses malheurs et ses revers de fortune lui enlevèrent peu à peu le dévouement des siens, et Abdourrahman envoya son fils au camp français pour demander une nouvelle investiture qu'il vint, peu de jours après, solliciter en personne auprès du général en chef.

Abdourrahman portait le jour de cette visite un magnifique yatagan qu'il déposa en entrant, sans doute en signe de soumission; mais cette arme si riche ne se retrouva plus quand on voulut la lui rendre.

Plusieurs kaïds et cheiks de Kabyles et de Bédouins envoyaient des parlementaires pour traiter de leur soumission et attendaient près du cap Matifou le résultat de leurs ouvertures auprès du nouveau maître, et tout semblait promettre un avenir paisible à la conquête de l'Algérie.

Cependant les habitans de Blida, petite ville située à 8 lieues au sud d'Alger, à la naissance du petit Atlas, avaient aussi envoyé leur soumission, en demandant protection à l'armée française contre les Kabyles des montagnes.

Le général en chef, autant pour pousser une reconnaissance dans l'intérieur du pays que pour rassurer les habitans de Blida, résolut de s'y transporter avec une forte escorte. C'était un piége tendu par l'astuce des Arabes, et dans lequel, il faut bien le dire, le chef français donna avec quelque légèreté. En vain le président du comité maure à Alger le supplia de différer cette promenade dont il prévoyait toutes les conséquences : le général Desprez insista fortement, et malheureusement son avis prévalut.

Le 22 juillet, une petite division composée d'un régiment d'infanterie légère et de huit compagnies de voltigeurs, avec quatre pièces de canon, un escadron de chasseurs et quelques cavaliers maures commandés par le nouvel aga, gravit les hauteurs qui environnent Alger, et entra dans la plaine de Métidja.

M. Dabousy, l'un des interprètes désignés pour suivre l'expédition de Blida, faillit avoir la tête tranchée à quelques pas de la colonne, au moment où nous étions à peine engagés dans la plaine. Cette circonstance mérite d'être rapportée.

M. Dabousy suivait l'armée à une faible distance, lorsque cinq Bédouins en embuscade l'assaillirent et le firent prisonnier. Ils allaient lui trancher la tête selon leur féroce coutume, lorsqu'ils s'arrêtèrent étonnés des invocations à Allah clairement exprimés en arabe par un homme qu'ils croyaient français.

L'interprète, heureux de ce premier succès, s'empressa de montrer aux Bédouins un talisman qu'il portait sur lui et qui venait, disait-il, du saint marabout Abd-el-Kader.

A cette vue la fureur de ces barbares s'arrêta comme par enchantement, et leurs yatagans cessèrent de menacer la tête de Dabousy. Cependant ils garottèrent leur prisonnier; et, après l'avoir attaché à un gros olivier, ils le laissèrent seul et se retirèrent pour délibérer sur son sort.

Pendant ce tems-là le pauvre interprète fut livré, comme bien on le pense, à d'horribles angoisses et à l'anxiété poignante que doit mettre au cœur d'un homme la perspective d'une mort violente et prochaine. Une sueur froide coulait de tous ses membres, et ses jambes chancelantes le soutenaient à peine, quand enfin, tout étant décidé, les Arabes revinrent auprès du gros olivier.

Alors le plus vieux de la troupe interrogea le patient en ces termes : « Quel est ton nom? — Beker-Ben-Spahi. — Ta patrie?—l'Égypte. — Ta religion? — Il n'y a point d'autre Dieu que Dieu, et Mahomet est son prophète.— — Quelle a été la volonté de la Providence touchant ton sort? — Prisonnier à la bataille d'Aboukir, j'ai suivi Sidy-Napoléon, empereur en France; j'ai servi dans ses armées, et mes deux mains m'ont été enlevées par l'hiver affreux de la Moscovie. —Ne vas pas à Blida, retourne vers Alger; le lion du désert de Sahara se réveille, c'est là qu'il attend les Français pour les dévorer.

L'interprète obéit à cette injonction sans se la faire répéter, et s'en retourna au camp, où il fut long-tems malade des suites de sa frayeur.

Il me montra depuis le précieux talisman auquel il devait la vie ; c'était tout bonnement un morceau de parchemin qu'il avait trouvé au camp de Staouëli, sur lequel, parmi des caractères arabes, se trouvaient représentés un croissant, une queue de cheval et un coq.

La colonne sous les ordres du général Hurel continua sa marche à travers la plaine de Métidja, suivie d'une foule d'Arabes qui accouraient sans armes, attirés par la curiosité. Plusieurs d'entre eux prêtaient leurs chevaux à nos soldats fatigués.

Le général en chef, accompagné du duc d'Escars, du général Desprez et de son état-major, nous rejoignit à quelques lieues de Blida, où nous arrivâmes quelques heures avant la nuit.

Les habitans vinrent au-devant de nous avec des provisions qu'ils vendirent à nos soldats. Tout fut exactement payé, et aucun désordre ne fut commis.

Bientôt nous vîmes arriver le kaïd de Blida, à la tête des principaux habitans de la ville. Ils venaient, disaient-ils, prêter serment d'obéissance et de fidélité à la France.

La ville de Blida est située entre deux collines de l'Atlas. De superbes jardins, d'élégantes villa, des aqueducs et de nombreux canaux d'irrigation nous signalèrent son approche. Les toits de plusieurs maisons et de quelques mosquées, couverts de tuiles rouges, se dessinaient au milieu de la plus riche végétation. D'immenses troupeaux paissaient dans la campagne qui avoisine la ville.

Le général en chef, sous la garde de deux compagnies de voltigeurs, se logea avec son état-major dans une maison située à peu de distance du mur d'enceinte, au milieu d'une belle plantation d'orangers; les troupes bivouaquèrent à cheval sur la route, auprès des jardins qui entourent la ville.

La nuit fut assez tranquille. A la pointe du jour, quatre compagnies d'infanterie et un peloton de chasseurs escortèrent le général en chef, qui voulait découvrir le côté ouest de la plaine et la gorge de l'Atlas d'où s'échappe le Mazafran.

Au retour de cette reconnaissance, quelques coups de fusil tirés sur notre arrière-garde commencèrent à faire douter de la bonne foi des Arabes. Cependant la ville paraissait toujours calme; seulement nous avions cru remarquer que les habitans comptaient le nombre de nos soldats.

L'ordre du départ avait été donné pour deux heures, et les troupes rentrées dans leurs bivouacs prenaient un peu de repos, lorsque tout-à-coup des coups de fusil se firent entendre de nouveau et se succédèrent avec rapidité.

Le commandant Trélan, envoyé pour en connaître la cause, tomba blessé à mort sur le seuil même de la porte. Ses dernières paroles furent un souvenir pour une jeune femme et deux enfans au berceau. M. de Trélan était le premier aide-de-camp du général en chef, l'ami d'Amédée de Bourmont et de ses frères.

Un instant après cet événement, nous vîmes paraître les Kabyles et leur nombre s'accroître de plus en plus. Ils descendaient en foule des hauteurs et se glissaient dans les jardins.

Il était une heure de l'après-midi, le soleil était brûlant, et nous avions neuf lieues à faire dans la plaine avant de gagner les montagnes du Boudjérah.

Le général en chef fit former le détachement en colonne serrée, la cavalerie en tête, l'artillerie au centre, et couvrir ses quatre faces par un encadrement de tirailleurs.

Cinq ou six mille Kabyles nous entouraient de toutes parts. Les haies, les plantations et les ravins qu'il nous fallut franchir avant d'atteindre la plaine, étaient garnis de Bédouins. Chaque jardin, chaque maison de campagne avaient été transformés en embuscades dont au passage il nous fallait essuyer les feux.

A peine eûmes-nous gagné la plaine que des nuées d'Arabes attaquèrent à la fois l'arrière et l'avant-garde et les deux flancs de la colonne. Notre infanterie riposta avec vigueur; quelques obus et plusieurs charges brillantes de cavalerie éloignèrent l'ennemi pour un instant; mais il revint bientôt à la charge avec un nouvel acharnement et continua de nous harceler par une vive fusillade.

Pendant sept heures de marche, la colonne n'avait fait que quatre lieues, chassant devant elle les Kabyles et repoussant leurs attaques sur tous les points. Nous emportions avec nous nos morts et nos blessés.

Nous arrivâmes à minuit auprès du premier puits que l'on rencontre dans la plaine en allant à Blida. Le détachement fit halte sous des figuiers, et forma un carré ouvert assez grand pour renfermer l'artillerie et les bagages.

Nous rentrâmes le 25 juillet dans nos cantonnemens, toujours harcelés par les Arabes.

Ce fut au retour de l'expédition de Blida que M. de Bois-le-Comte, major de cavalerie, envoyé en courrier par le président du conseil des ministres, présenta à M. de Bourmont le bâton de maréchal.

Cette malheureuse échauffourée de Blida fit beaucoup murmurer l'armée. Elle fit couler sans nécessité le sang de plusieurs braves, releva le courage de nos ennemis, empêcha la soumission des tribus que nos victoires avaient préparée, et fit changer en hostilités les apparences pacifiques qui s'offraient de toutes parts.

Le seul avantage que l'on put recueillir de

cette aventureuse expédition, c'est qu'elle fit ouvrir les yeux sur les dangers que courait l'armée en continuant à occuper Alger avec autant de sécurité que si c'eût été une garnison française.

Peu à peu l'horison se rembrunit, l'espoir brillant qu'avait d'abord fait entrevoir la conquête ne se réalisait pas. Une grande partie de la milice turque était encore dans Alger. L'audace et l'attaque perfide des Arabes avaient ranimé ses espérances. Un conseil secret avait eu lieu, et une vaste conspiration se tramait dans l'ombre. Il ne s'agissait de rien moins que du massacre des Français, de l'élection d'un nouveau Dey et du rétablissement de l'ancienne puissance.

De la poudre et des cartouches furent envoyées aux Kabyles, et des émissaires se rendirent auprès du Bey de Titery et des cheiks des tribus pour les exciter partout à la révolte, et Abdourrahman, ce barbare qui le premier avait reconnu la domination française, fut aussi le premier à recommencer la guerre.

Plusieurs tribus qui s'étaient soumises dès le commencement de la campagne, soulevées par les marabouts, reparurent bientôt sous les armes, rôdant autour des cantonnemens et massacrant ceux qui s'en écartaient. Dix-sept cadavres sans tête avaient été retrouvés dès le

26, à trois cents pas du fort l'Empereur et des bivouacs du 2ᵉ léger ; un escadron du train des équipages et les soldats qui l'escortaient venaient d'être hachés en pièces par les Bédouins sur la route de Sidy-Ferruch.

Les communications avec la campagne ne pouvaient avoir lieu qu'avec des précautions extrêmes. Il fallut mettre deux mille hommes sur pied pour une promenade militaire au cap Matifou, où l'on voulait se rendre dans le but de désarmer une batterie.

Ainsi, les débris de l'armée d'Ibrahim, revenus de la stupeur que leur avait causée la chûte d'Alger, reprenaient l'offensive et recommençaient à assassiner nos soldats chaque fois qu'ils en trouvaient l'occasion. C'est ainsi que périrent le colonel Freville du 4ᵉ léger, le trésorier de ce régiment et quelques autres militaires que l'on trouva percés de coups et mutilés, vers la Maison-Carrée.

La conspiration fut enfin découverte, et plusieurs Turcs cherchèrent leur salut dans la fuite. Le maréchal fit grâce de la vie aux conjurés qui tombèrent entre ses mains. Seulement, deux des plus coupables, trouvés nantis de munitions de guerre, furent pendus aux gibets de la porte Babazoune. Ils marchèrent au supplice avec un grand courage. Deux Maures reçurent la bastonnade. Enfin les Turcs furent embarqués sur-le-champ pour

Smyrne avec leurs familles, et l'Algérie fut ainsi délivrée de ces barbares, qui pendant trois siècles lui avaient fait subir leur oppression.

Le 29 juillet, le camp de Sidy-Ferruch et celui de Staouëli furent abandonnés. Il était tems ; car les maladies y commençaient leurs ravages, et les escarmouches des Arabes depuis le retour de Blida étaient devenues de véritables combats de tous les jours qui nous enlevaient beaucoup de monde.

Les fatigues, l'excessive chaleur du jour et l'usage immodéré du vin et des fruits verts, avaient fait naître dans l'armée des dissenteries et des fièvres cérébrales. Ceux d'entre nous qui étaient campés autour d'Alger souffraient de la fraîcheur des nuits, qui ont en ce pays une influence très-dangereuse.

Les états-majors qui étaient logés à la Kasaba et les régimens casernés dans Alger et ses forts trouvaient les nuits d'une longueur désespérante. Le doux sommeil de l'Europe ne venait plus reposer nos membres et rafraîchir notre sang. Mais c'est lorsque le vent du sud, ce *seymoun* des Africains, venait à souffler, que nous étions tous en souffrance. Jusqu'à trois heures du matin la nuit n'apportait aucun rafraîchissement à l'atmosphère embrâsée. Ce vent du désert souffle ordinairement trois ou quatre fois par mois et dure presque toujours vingt-quatre heures. On en reconnaît l'approche aux brouillards épais qu'il chasse devant lui, et qui viennent des hauteurs du petit Atlas.

L'insomnie et la dissenterie traînaient à leur suite la jaunisse, les fièvres intermittentes et cérébrales. Les hôpitaux étaient encombrés, et vingt-deux soldats moururent dans un jour au seul hôpital Mustapha.

Ces ravages quotidiens répandaient la consternation parmi les soldats valides. Les imaginations, en se frappant, augmentaient encore l'influence du mal moral qu'éprouve l'homme éloigné du pays qui l'a vu naître, et qui sur un sol étranger ne retrouve plus ni ses habitudes, ni ses goûts, ni sa nourriture ordinaires.

Le désir de revoir l'aspect chéri de la patrie se réveillait dans tous les cœurs. On n'apercevait plus dans la physionomie de l'Afrique, tantôt riante et calme, tantôt sauvage et tourmentée, rien de poétique; on ne voyait dans Alger que des ruelles sales et dégoûtantes, dans l'enceinte des camps qu'une monotonie affligeante, dans la promenade que la perspective d'être assassiné.

Il faut tout dire : l'armée était fière à bon droit de ses glorieux triomphes, et le refus du gouvernement d'accorder les décorations et les récompenses qu'on lui avait demandées pour les braves qui s'étaient distingués, était pour quelque chose dans l'espèce de découragement qui s'était tout-à-coup emparé de nos soldats.

Le comte de Bourmont venait d'être élevé à la plus grande dignité du commandement militaire. Dans cette haute récompense accordée à son chef, l'armée française entrevoyait celles qui étaient dues à son courage. Les colonels de tous les régimens avaient envoyé des mémoires de propositions d'avancement et de décorations, lesquels avaient été sur-le-champ transmis au ministère de la guerre.

La réponse ne fut pas favorable. En nommant maréchal de France le général en chef, le Roi envoya la croix de St.-Louis à Amédée, à Charles de Bourmont et au jeune Bessières. Aucune autre décoration ne fut accordée. Les demandes d'avancement, toutes modestes qu'elles étaient, parurent exorbitantes pour une campagne de vingt jours. Telle fut, dit-on, la réponse du premier ministre.

Un jour le maréchal, pour faire trêve aux préoccupations mélancoliques de l'armée, donna des ordres pour une revue générale.

Les régimens s'alignèrent en vue des champs de bataille qui, peu de tems auparavant, avaient été témoins de leur valeur.

Le maréchal parcourut les rangs avec une sérieuse attention, et parut ressentir une impression douloureuse en voyant par lui-même combien ils s'étaient éclaircis.

Le lendemain de cette revue, les promenades militaires recommencèrent. Ces excursions amenèrent quelques engagemens avec les Arabes. On échangea quelques coups de fusil, le canon gronda encore quelquefois, et l'état sanitaire de nos troupes s'améliora sensiblement.

Ici se borne le récit des événemens militaires de la campagne d'Afrique. Vingt jours, un général habile et le sang de trois mille Français avaient suffi pour conquérir un vaste empire et achever une entreprise où avait échoué le génie de Charles-Quint.

Tout-à-coup dans la matinée du 11 août, un bruit sinistre se répandit à la Kasaba. C'était un dimanche ; M. Sellière, parti de Marseille à la fin de juillet, avait eu connaissance des fatales ordonnances du 25 juillet et nous en apportait la nouvelle, qui, répétée à l'instant par mille bouches, répandit partout de graves inquiétudes.

L'ordre du jour suivant fut aussitôt publié par le maréchal :

A la Kasaba, le 11 août 1830.

« Des bruits étranges circulent dans l'ar-
» mée. Le maréchal commandant en chef n'a

» reçu aucun avis officiel qui puisse les accré-
» diter. Dans tous les cas, la ligne des devoirs
» de l'armée lui sera tracée par ses sermens et
» la loi fondamentale de l'état. »

Tout le monde sait le reste..... On reprenait en France les couleurs nationales. Le général Clausel arriva dans les premiers jours de septembre, et M. de Bourmont partit dès le lendemain de l'arrivée du nouveau gouverneur pour l'Espagne.....

Le chef qui, peu de tems auparavant, marchant à la tête d'une brillante et valeureuse armée, « était venu, avait vu et vaincu l'Algérie », lui pour qui un amiral avait fait préparer les magnifiques appartemens du vaisseau *la Provence*, déchu maintenant de son rang élevé, quittait comme simple particulier la capitale dont la victoire lui avait ouvert les portes, et repassait la mer sur l'humble navire d'un pêcheur, emportant dans une boîte le cœur de son fils Amédée........ noble jeune homme! qui, enterré sous le palmier du champ de bataille où vainquit son père, semble être resté là pour empêcher que l'on n'oublie ses malheurs et sa gloire!

Le récit des événemens militaires qui marquèrent la conquête de l'Algérie étant terminé, je me propose d'esquisser dans une suite de chapitres l'histoire, la religion et les mœurs des différens peuples du Nord de l'Afrique;

mais je crois devoir placer dès à présent sous les yeux de mes lecteurs la biographie du personnage le plus important de l'Algérie, de cet Abd-el-Kader qui en a rêvé la domination, et qui, prenant la générosité de la France pour de la faiblesse, a cru pouvoir violer impunément les traités qui le liaient avec elle et qu'il avait juré d'observer.

Cette biographie, que j'ai puisée à une source digne de toute confiance, trouve ici sa place naturelle, au moment où Abd-el-Kader, à la tête des tribus barbares qui se sont soulevées à sa voix, occupe l'attention générale.

XV.

ABD-EL-KADER.

Abd-el-Kader (Radji-Sidy-Mohammed, Ben-Sidy-Mahi-ed-Dyn, c'est-à-dire le pèlerin-seigneur Mahomet, serviteur du tout-puissant, fils du seigneur qui vivifie la religion), naquit à la fin de 1808 aux environs de Mascara, et fut élevé dans un collége, où les marabouts ses ancêtres réunissaient les jeunes gens pour les instruire dans les lettres, dans la théologie et dans la jurisprudence.

Son père, Sidy-Mahi-ed-Dyn, marabout très-vénéré dans la province d'Oran, qui, par par un seul mot de sa main, pouvait arrêter les poursuites du Bey, et qui jouissait du privilége de mettre à couvert les débiteurs et les assassins, prétendait appartenir à une famille dont il faisait remonter l'origine jusqu'aux kalifes fathymites.

Il vivait, en derviche, des aumônes des fidèles, que sa réputation de piété lui attirait d'autant plus nombreuses et plus abondantes qu'on lui attribuait le pouvoir de multiplier les pièces d'or dans la ceinture de ceux qui le visitaient.

Ayant ainsi promptement acquis une grande fortune, il fut élu Bey de Mascara, lorsque Muley-Aly, neveu de l'empereur de Maroc, eut abandonné le beylik d'Oran.

Le fils aîné de Sidy-Mahi-ed-Dyn, absorbé dans des contemplations religieuses, ne songeant point à succéder à son père, ce fut le second, Kadji-Abd-el-Kaber, qui devint Bey de Mascara.

Lors de son pèlerinage au tombeau du prophète, les saints de la Mecque lui avaient dit qu'il régnerait un jour. Fort de cette prédiction et convaincu qu'elle s'accomplirait, il s'exerça au maniement des armes, à l'équitation la plus difficile, aux actes les plus durs de la gymnastique; en sorte qu'à vingt et un ans il passait pour le meilleur cavalier de toute la Barbarie.

Livré avec ardeur à l'étude de l'histoire, il apprit parfaitement non-seulement celle de sa nation, mais encore celle des autres peuples. Naturellement éloquent, doué d'une nature intelligente et vigoureuse, il fut bientôt considéré comme l'homme le plus disert de son pays, avantage immense chez les Arabes, qui lui ont donné le titre de thaleb (savant) à cause de sa science, et celui de marabout (saint) pour sa conduite, qu'ils trouvent exemplaire.

Son premier soin, après s'être emparé du pouvoir, fut de marcher contre la ville de Tlemsen, divisée alors en deux partis : celui des Maures, commandés par Ben-Nouna, et celui des Koulouglis, sous les ordres de Ben-Aouada.

Abd-el-Kader fit taire la rivalité de ces deux chefs, empoisonna, dit-on, le premier, destitua le second, composa une administration mixte, et alla mettre le siége devant Mostaganem.

Une défense vigoureuse l'obligea à la retraite; il s'en vengea en emportant Arzew d'assaut, et en faisant crever les yeux, briser les os et trancher la tête à Sidy-Achmet, qui avait combattu dans la place avec les Kabyles.

Revenu à Mascara après quelques courses dans la province de Titery, le jeune arabe s'occupa d'établir, autant que cela lui était possible, une administration régulière. Au sein de son palais de briques et de boue, n'ayant pour le servir que quelques nègres, vêtu aussi simplement que le dernier de ses cavaliers, il rêvait la restauration d'un empire arabe.

La présence des Français à Alger, loin de contrarier ses projets, les servait au contraire, en lui permettant de réunir toutes les tribus de l'Atlas et en-deçà et de leur imposer sa domination au nom de l'indépendance africaine.

Aussi, dès qu'il fut investi du pouvoir, il ne perdit aucune occasion d'accroître sa popularité et son importance militaire. Quand, après la conquête d'Oran et d'Arzew, nos soldats voulurent abandonner le littoral et s'avancer dans les terres du côté de Médeah et de Tlemsen, des nuées d'Arabes les obligèrent à reculer. Aux voies de négociations tentées par le général Boyer qui commandait Oran, Abd-el-Kader ne répondit que d'une manière évasive et sans prendre aucun engagement.

Aux attaques dirigées par le général Desmichels, qui avait remplacé le général Boyer, il opposa une résistance qui les fit d'autant plus échouer qu'il connaissait à merveille les gorges étroites, les ravins profonds d'un pays totalement inconnu à nos soldats, et dans lequel ceux-ci ne pouvaient faire un pas sans tomber dans une embuscade, ou sans être égorgés par une troupe de cavaliers qui, Abd-el-Kader à leur tête, voltigeaient autour de nos escadrons, tranchaient la tête à ceux qui s'écartaient, et fuyaient rapidement quand on les serrait de trop près.

En 1832, le lieutenant-colonel Dubarrail, cerné dans Arzew avec quelques centaines de fantassins, eut beau, dans une brillante sortie, mettre en fuite plus de vingt mille cavaliers de vingt-deux tribus des environs, on eut beau disperser l'ennemi chaque fois qu'on pouvait l'atteindre : ces victoires, toujours chèrement payées par la vie de quelques soldats, ne faisaient pas gagner un pouce de terrain, et il fallait toujours, après de fatigantes et périlleuses promenades militaires, rentrer dans les villes ou dans les camps retranchés et se tenir en garde contre les attaques imprévues d'un ennemi qu'on désespérait de détruire.

En 1833, on voulut avoir recours à un système de conciliation : on reconnut l'indépendance du chef arabe; Mascara devint sa capitale, et le Shellif, qui, après avoir pris sa source aux environs de Titery, traverse le lac de ce nom, coule au nord, tourne subitement à gauche et se jette dans la mer au-dessous d'Arzew, lui fut assigné pour limite.

Non-seulement on constitua ainsi à Abd-el-Kader un véritable empire, confiné par l'empire de Maroc, les provinces d'Oran, de Titery et de Tlemsen, comprenant un pays bien coupé, semé de villages et de fertiles vallées, mais on lui accorda encore des avantages commerciaux considérables, et on poussa enfin l'oubli de toute prudence jusqu'à lui donner des fusils.

Aidé par des transfuges, l'habile africain organisa aussitôt ses troupes à l'européenne, forma une infanterie, lui apprit à se servir de la bayonnette, et commença peu après à laisser plusieurs corps de son armée commettre des dégâts dans les provinces d'Oran.

Bientôt les infractions au traité se succédant rapidement les unes aux autres, on dut employer la force pour rappeler au chef arabe qu'il ne pouvait les violer impunément.

Le 26 juin 1833, le général Trézel obtint un avantage marqué sur l'armée d'Abd-el-Kader, malgré les efforts d'une résistance opiniâtre et assez conforme aux règles de la tactique militaire, franchit le Sig et alla se loger dans le camp même de l'ennemi, qui envoya le lendemain des parlementaires, mais qui refusa de reconnaître la domination de la France et de lui payer un tribut.

Obligé dès lors à se retirer sur Arzew, le général se mit en marche le 28, au point du jour, et arriva à midi dans un défilé entre la Macta et le coteau dont elle baigne le pied.

Là, les Arabes ayant attaqué avec toutes leurs forces réunies, et la légion étrangère qui était en tête ayant hésité sous ce choc imprévu, Abd-el-Kader se précipita au centre même de l'armée, égorgea nos blessés et mit en déroute les soldats qui protégeaient le convoi.

Bientôt la voix des chefs ayant reformé nos bataillons, les ennemis furent obligés de lâcher prise; mais quand nos troupes arrivèrent le soir à Arzew, elles étaient harassées de fatigue et tout-à-fait démoralisées.

Il fallait venger dignement cet échec. Les préparatifs de l'expédition du maréchal Clausel étant connus du chef africain, il parcourut les tribus dévouées, rappela aux Beys l'humiliation d'une domination étrangère, les exhorta à se réunir pour secouer le joug, et réunit sous ses drapeaux à peu près trente mille hommes, avec lesquels il nous attendit.

Parties d'Oran le 26 novembre, nos colonnes (huit mille hommes) arrivèrent à Mascara le 6 décembre, attaquèrent cette ville, la détruisirent, et reprirent la route d'Oran, après avoir établi une garnison dans la forteresse de Mechouar.

C'eût été peu connaître le caractère d'Abd-el-Kader que de le croire découragé ou prêt à se soumettre. Bientôt remis de cet échec, il reparut en armes sur le territoire d'Oran, et intercepta les communications de cette place avec Tlemsen.

En avril 1836, le général d'Arlanges, voulant les rétablir, plaça un camp retranché à l'embouchure de la Tafna, mit en déroute un corps de troupes commandé par le Bey en personne, et se dirigea vers Tlemsen.

Quelques jours après, Abd-el-Kader reparut, attaqua à la tête de six mille Arabes notre petite colonne, l'obligea, après une lutte terrible, à rentrer précipitamment dans son camp retranché de la Tafna, l'y suivit, s'assit au confluent de l'Isser et de la Tafna, coupa les communications avec Oran et provoqua le général d'Arlanges soit par ses tirailleurs, soit par sa correspondance.

Voici une de ses lettres qui peint bien son caractère : « Abd-el-Kader est plus près de toi que tu ne penses; il t'attend avec son armée, et tu n'oses pas venir à lui..... Un moment de combat est plus doux pour Abd-el-Kader qu'une heure de sommeil; toi, tu restes enfermé pour ne pas braver ses regards. »

Les provocations de l'arabe restaient sans réponse; la position du général, sans fourrage pour les chevaux, sans vivres pour les soldats, était fort embarrassante. Enfin, le 6 juillet, Abd-el-Kader, après un combat meurtrier, pendant lequel il se montra toujours à la tête des siens, fut vaincu, mais ne quitta le champ de bataille que le dernier.

Depuis lors toutes les occasions d'inquiéter la marche de nos troupes, en voltigeant autour d'elles et en se bornant à de simples escarmouches, furent saisies par le Bey, qui fit relever Mascara de ses ruines, sans toutefois cesser d'intercepter les arrivages d'Oran.

Cet état de choses faisant juger utile de revenir au système de conciliation déjà tenté par le général d'Erlon, des négociations furent entamées avec le chef arabe, et le général Bugeaud, envoyé pour conclure une convention avec lui, signa le 30 mai 1837 un traité que le gouvernement ratifia ensuite, et d'après lequel le Bey, qui reconnaissait la souveraineté de la France en Afrique, devait administrer les provinces d'Oran, de Titery et la partie de celle d'Alger qui n'est pas comprise dans les limites convenues.

Abd-el-Kader s'engageait à ne pénétrer dans aucune autre partie de la régence; à acheter en France sa poudre, son souffre et ses armes; à ne concéder aucun point du littoral à une puissance quelconque sans l'autorisation de la France, et à donner à l'armée française (cette année seulement) soixante mille fanégues de froment et d'orge, et quinze mille bœufs.

A cette condition, les Arabes devaient avoir le libre exercice de leur religion sur le territoire français; le commerce était libre entre les Français et les Arabes, qui pouvaient réciproquement s'établir sur l'un ou sur l'autre territoire.

Les criminels des deux territoires devaient réciproquement être rendus, et des agens pouvaient être entretenus par la France sur les possessions d'Abd-el-Kader, comme par lui dans les possessions françaises, pour servir d'intermédiaires en cas de contestations.

On sait comment Abd-el-Kader a rompu ce traité sans déclaration de guerre, et avec quelle audacieuse perfidie il a recommencé les hostilités en égorgeant nos soldats, qui croyaient voir en lui, non l'ennemi, mais l'allié de leur nation.

Aujourd'hui la France a repris son épée, et ses enfans viennent, à l'admiration de tous les braves de l'Europe, de montrer à Mazagran et Mostaganem que cent vingt-trois soldats français peuvent vaincre douze mille barbares.

Nous ajouterons aux détails ci-dessus le portrait du chef africain, dû à la plume de M. Defrance, qui, après avoir été son prisonnier, a publié une intéressante relation de sa captivité.

Abd-el-Kader est petit, il n'a pas cinq pieds. Sa figure longue est d'une excessive pâleur;

ses grands yeux noirs sont doux et caressans ; sa bouche, petite et grâcieuse ; son nez, aquilin ; sa barbe est claire, mais très-noire. Il porte une petite moustache qui donne à ses traits, naturellement fins et bienveillans, un air qui lui sied à ravir.

L'ensemble de sa physionomie est doux et agréable. Il affecte une extrême simplicité dans ses vêtemens ; jamais d'or, jamais de broderies sur ses burnous. Quelques glands en soie sont les seuls ornemens qui relèvent la simplicité de ce costume.

Il a la tête rasée, et sa coiffure se compose de trois ou quatre calottes grecques l'une dans l'autre, sur lesquelles il rabat le capuchon de son burnous.

Ses mœurs sont pures et rigides ; il n'a qu'une femme, qu'il aime tendrement. Sa famille se compose d'une fille de quatre à cinq ans, et d'un fils qui lui est né peu de jours avant l'entrée des Français à Mascara.

Il aime beaucoup l'étude, à laquelle il consacre le peu de momens que lui laisse sa vie agitée : il a une petite bibliothèque qui le suit dans toutes ses courses. Il paraît avoir des idées de religion et de providence, mais exemptes du fanatisme ordinaire chez les Musulmans.

Il ne craint pas de discuter avec les chrétiens, et il le fait sans aigreur et même avec politesse. Il se plait à entendre parler de Napoléon; et ce qu'il admire le plus en lui, ce ne sont pas ses triomphes militaires, mais l'ordre qu'au sortir du bouleversement général il sut rétablir dans ses états.

XVI.

Peuples de l'Algérie. — Leur origine. — Les Berbères ou Kabyles. — Les Arabes-Bédouins.—Les Maures.

PLUSIEURS causes morales et politiques ont contribué à varier la physionomie des diverses peuplades qui habitent la partie du continent de l'Afrique comprise entre le désert de Sahara et la Méditerranée. Salluste désigne ces peuplades sous les noms de Maures et de Numides.

Les descendans actuels de ces peuples antiques, d'origines différentes, mais unis par les mêmes intérêts, ont conservé les mœurs et le caractère de leurs ancêtres, et le Kabyle des montagnes qui harcèle aujourd'hui les colonnes françaises est le même homme que le soldat de Jugurtha qui se battait autrefois contre les légions romaines (an 640 de Rome). Seulement, le nom de Numide s'est changé en celui de *Berbère* ou *Kabyle*, qui signifient l'un et l'autre *enfans du même père*.

Entendez-vous gronder la foudre ? la voyez-vous, des hauteurs qui environnent Alger, éclater au loin par le plus beau tems du monde ? C'est le tonnerre qui ébranle les montagnes de l'Atlas, habitées par ces belliqueux et indomptables Kabyles, depuis le royaume de Tunis jusqu'à l'empire de Maroc.

La langue qu'ils parlent entre eux n'a aucune analogie avec les dialectes connus ; ce qui fait dire à Dapper qu'ils ont conservé l'antique langage des Carthaginois.

Des yeux pleins de feu et de courage, le nez aquilin, le front haut et superbe, une taille élevée et bien prise, la démarche droite et fière, le teint basané : tel est le portrait des Kabyles. Ils ont la peau blanche en venant au monde, et ils restent blancs en grandissant quand leurs travaux ne les exposent pas aux ardeurs du soleil.

Leur costume consiste dans une ligature autour des reins et le burnous ou manteau blanc. Je ne connais rien de plus imposant qu'un beau Kabyle, drapé élégamment dans son burnous, que fixe autour de sa tête un triple cordon de laine brune, monté sur un dromadaire marchant à grand pas et qu'il dirige avec une longue baguette blanche.

Nous les avons vus sur le champ de bataille, ces Kabyles. Ils se dispersaient et fuyaient avec la rapidité de l'éclair, puis revenaient avec une audace inconcevable pour se retirer encore la tête baissée sur le crin de leurs coursiers, absolument comme le dit Salluste, lorsqu'il parle de la guerre de Numidie.

Ces hommes audacieux et intrépides ne furent jamais soumis à aucune puissance. Ils firent bien, il est vrai, quelques traités avec le peuple romain; mais ils ne permirent jamais à ses députés de mettre le pied sur leur territoire; et la république et l'empire, qui chancelèrent si souvent sous le poids de leurs triomphes, ne durent quelquefois leur salut qu'à la cavalerie auxiliaire numidienne.

Les Kabyles habitent des cabanes composées de morceaux de bois recouverts de roseaux et de branches d'arbre, qu'ils enduisent de terre glaise. Ces cabanes sont dispersées çà et là, dans les vallées ou sur les versans des montagnes. Quelques-unes sont en pierre.

Autour des maisons sont des vergers délicieux qui renferment une quantité considérable de ruches de mouches à miel, faites avec des écorces de liéges ou de roseaux. Beaucoup de ces mouches à miel habitent dans le creux des rochers et les troncs des arbres.

Les Kabyles sont donc les Numides, qui depuis l'invasion des Romains en Afrique se sont retirés dans les montagnes de l'Atlas, où ils ont continué de vivre comme leurs aïeux, toujours les armes à la main, pour repousser les oppresseurs qui en voulaient à leur liberté.

Les Bédouins mènent pour la plupart une vie nomade et logent en tribus sous des tentes; ceux même qui vivent dans des cabanes les abandonnent souvent et vont en construire ailleurs. Ils sont voleurs, perfides et cruels. Ceux de nos Français qui tombent entre leurs mains sont impitoyablement massacrés.

Les Kabyles et les Bédouins font la guerre d'une manière épouvantable. Il n'y a point de quartier pour l'ennemi vaincu; c'est un grand bonheur pour lui s'ils ne font que lui trancher la tête.

Les Arabes-Bédouins sont venus de l'Asie à l'époque où, sous les kalifes sarrasins, ils envahirent la Syrie et l'Égypte, et se répandirent dans l'Afrique septentrionale. On sait que les descendans des Sarrasins furent introduits dans la péninsule espagnole par le comte Julien.

Le vaillant Charles Martel extermina tous ceux qui eurent l'audace de pénétrer en France.

Toute la population arabe et kabyle est divisée en tribus, sous l'autorité de cheiks.

Les Arabes-Bédouins n'avaient qu'une soumission apparente sous le Dey et ses Turcs, et quittaient le pays à la moindre avanie qu'ils essuyaient de la part de ces derniers. Le voisinage de nos troupes leur a fait souvent aussi abandonner leurs habitations. Je vais en citer un exemple :

« Pendant que j'étais à Oran, dit M. Rozet,
» les chefs de la tribu du village *Ras-el-Aïn*,
» composé de maisons construites à chaux et à
» sable, vinrent trouver le commandant fran-
» çais, et lui dirent qu'ayant à se plaindre de
» la manière dont on se conduisait avec eux,
» ils allaient abandonner leur village. Effec-
» tivement, dans la nuit même, toutes les
» familles qui l'habitaient s'en allèrent, en
» emportant sur leurs dromadaires, sur leurs
» chevaux et sur leurs ânes, tout le mobilier,
» et jusqu'aux portes et croisées de leurs mai-
» sons. Le lendemain, nos soldats étant entrés
» dans le village le trouvèrent tout-à-fait
» désert. »

Les personnes âgées et les marabouts sont

l'objet de la vénération des Kabyles et des Bédouins. Ils diffèrent bien en cela des Maures, qui ne font pas grand cas de la sainteté des ans, lors même qu'elle se trouve dans leurs parens les plus proches.

Les Kabyles et les Arabes-Bédouins élèvent une très-grande quantité de moutons. On en voit des troupeaux immenses paître, pendant toute l'année, sur les montagnes et dans les plaines. Ces peuples en mangent la chair, et ils en boivent le lait; mais c'est particulièrement pour leur laine qu'ils en font tant de cas. Elle l'emporte de beaucoup en finesse sur celle du mérinos d'Espagne.

Certains Kabyles ou Bédouins passent plus de tems avec leurs chevaux que dans le sein de leur famille; ils les aiment au-dessus de tout, et leur attachement pour eux est poussé à un tel point qu'ils leur suspendent au cou, comme au leur propre, des amulettes pour les préserver de certains maux et de la méchanceté des esprits malins.

J'ai vu des Arabes recevoir dans un bassin l'écume qui coule de la bouche du dromadaire, et s'en frotter le visage en criant comme en extase : *Hadji Baba! Hadji Baba!* c'est-à-dire: O père pèlerin! Ils prétendent faire allusion par là à l'honneur qu'ont les chameaux et les dromadaires de porter tous les ans à la Mecque un magnifique coran, avec les autres présens envoyés par le grand sultan ou par chaque chef d'une puissance musulmane.

Voici, d'après un algérien, ce qui s'observe chez les Kabyles et les Bédouins nomades, pour contracter leurs mariages :

Lorsqu'un jeune homme se sent de l'inclination pour une demoiselle, il la demande au père. Si ce dernier approuve ce mariage, il reçoit l'amant avec civilité. Il s'étend ensuite sur le mérite extraordinaire de sa fille, sur l'industrie ménagère et la fécondité de la mère, comme présages de semblables qualités dans la jeune personne. Sa parole donnée, il requiert du prétendu un certain nombre de bœufs, de vaches et d'autres animaux, en guise de reconnaissance pour le don d'une épouse si méritante.

Quand les articles sont réglés, le jeune homme conduit tous ses troupeaux, avec ses autres effets, devant la maison, la tente ou la cabane de son beau-père. Celui-ci communique alors la demande de mariage à sa fille, qui, sans montrer la moindre répugnance à la volonté de son père, se prépare à recevoir son époux.

Lorsque le mari entre dans la hutte, on lui fait cette question : *Combien vous coûte la mariée?* à quoi il a coutume de répondre qu'une femme sage et vertueuse n'a point de prix.

Après les complimens réciproques entre les

deux époux, ils reçoivent les visites de toutes les femmes du douaire. La nouvelle mariée est placée ensuite sur le cheval du mari, et conduite au domicile de ce dernier au milieu des chants et des acclamations de ses compagnes.

A son arrivée, les proches parens de l'époux lui présentent un mélange de lait et de miel. Pendant qu'elle le boit, ceux qui l'accompagnent chantent en chœur un épithalame qui n'est pas dépourvu de charme ; plusieurs disent même que ce chant abonde en expressions heureuses, hardies et sublimes.

Ils concluent en priant Dieu d'accorder aux époux une nombreuse postérité, d'augmenter leurs troupeaux et d'entretenir leur cabane toujours pleine de lait et de miel.

Après cette cérémonie, l'épouse descend de cheval devant sa demeure, et ses compagnes lui présentent un bâton, qu'elle prend et enfonce dans la terre aussi avant qu'elle peut, en disant que comme ce bâton ne pourra être arraché que de force, rien aussi que la force ne la séparera jamais de son époux.

Avant de l'admettre dans la maison, on lui livre les bestiaux du mari. On l'installe en même tems dans l'office de les faire paître, voulant lui donner à entendre par là qu'elle doit contribuer de son travail au maintien de la famille.

Après cette cérémonie indispensable, elle

commence avec ses parens et amis les réjouissances de la noce. Enfin, après les chants, les danses et le festin, continués jusqu'à la nuit, elle est présentée au mari, et la compagnie se retire.

Pendant le premier mois du mariage, la femme ne sort point de la tente de la cabane, et porte un voile sur le visage, ouvert à l'endroit des yeux.

Les Maures sont proprement ceux qui habitent les villes. Ceux-ci étant restés sur le bord de la mer eurent des relations avec les européens, tandis que les Kabyles se tinrent renfermés dans leurs montagnes. Les conquérans qui se succédèrent dans l'Algérie ont modifié les mœurs et le caractère des Maures. Ils forment la plus grande partie du peuple algérien. Ils habitent tous des maisons. Quelques-uns demeurent à la campagne, dans les vallées et les plaines cultivées, mais à une petite distance des villes.

Il n'y a point de générosité chez les Maures; les ennemis désarmés sont massacrés par eux avec une froide cruauté. Ils se jetaient comme des bêtes fauves sur les prisonniers français que les Turcs amenaient à Alger pendant la campagne de 1830, et ceux-ci avaient mille peines à empêcher que nos soldats ne fussent mis en pièces.

Les femmes étaient encore plus acharnées

que les hommes. Le dey Hussein ayant eu la barbarie d'abandonner à la populace les têtes des matelots qui montaient les bricks le *Silène* et *l'Aventure**, elles furent foulées aux pieds, traînées dans la poussière des rues et dans les égouts des ruisseaux.

Le costume des Maures est à peu près le même que celui des Turcs. Ils portent le turban, ont une culotte très-large qu'ils attachent avec une coulisse à la ceinture ; leurs vestes sont brodées en or ou en soie. Ils ne mettent jamais de bas.

Leur turban est très-différent de celui des hommes du levant. C'est une petite calotte de couleur rouge et d'un seul tissu, artistement entourée de plusieurs aunes de mousseline. Ils lui donnent le nom de *tulbend*, d'où dérive celui de turban. Tout le monde convient qu'il a plus de grâce et qu'il est plus commode que celui des Turcs. Ce dernier est large et aplati vers la pointe, découpé et entortillé autour des bonnets, ce qui forme un effet désagréable.

Les anciens du peuple et ceux qui possèdent

---

* On sait que les bricks *le Silène* et *l'Aventure* ayant fait naufrage sur les côtes de Barbarie, près du cap Matifou, leurs équipages furent massacrés par les Arabes. M. de Chabrol, lieutenant de marine, fut une des premières victimes. Vingt et un Français seulement échappèrent à la mort, et ils le durent, non à la pitié, mais à l'espoir qu'avaient les Arabes d'obtenir des rançons pour leurs têtes.

des dignités portent la barbe en pointe, et ont les joues rasées. Ils se rasent aussi la tête à cause de la chaleur du turban. Un Turc ou un Maure de distinction qui seraient sans barbe s'exposeraient à la risée publique.

Les jeunes gens ne portent ni barbe ni turban. Ils n'ont que des moustaches dont ils sont fort curieux, et une calotte de Tunis. La plupart laissent derrière la tête une touffe de cheveux, seul indice auquel on puisse reconnaître qu'ils ne sont point chauves.

L'habillement des femmes qui habitent les villes diffère peu de celui des hommes, si ce n'est par les pantalons qui descendent jusqu'aux chevilles. Quelques-unes portent des brodequins couverts de broderies, de très-belles boucles d'oreilles et des colliers de cinq ou six rangs de perles.

Les inclinations du peuple maure sont assez bien exprimées dans l'un de ces proverbes : *un cheval, une femme et un livre*. Son insouciance pour ce qui ne touche pas immédiatement à ses besoins physiques et à ses plaisirs habituels, est sans égale. Les Maures sont communément vifs, spirituels et ingénieux jusqu'à l'âge de trente ans ou environ; mais arrivés à leur maturité, ils commencent à décliner et à devenir stupides et nonchalans.

Cette modification intellectuelle n'est due peut-être qu'à leur vie sensuelle et à l'usage de l'opium, excès incompatibles avec les progrès de l'esprit. Aussi les arts sont-ils négligés et presque nuls en Algérie.

Les Maures, comme les Kabyles et les Arabes-Bédouins, ont le privilége d'épouser autant de femmes qu'ils sont supposés pouvoir en nourrir.

La réclusion complète dans laquelle vivent les femmes maures ne permet pas aux jeunes gens de voir leur Rachel ou leur Sara, ni de leur faire la cour.

Quand un jeune maure a entendu parler d'une jeune fille, qu'il croit pouvoir lui convenir, il va trouver une vieille qui a ses entrées dans la maison et la prie de s'informer si celle qu'il recherche a toutes les qualités qu'il désire.

Aussitôt que la duègne a vu la jeune fille, elle va rendre compte de son message. Si le jeune homme se décide à l'épouser ensuite, il fait sa demande au père lorsqu'il le rencontre. Le contrat de mariage se fait chez le cadi. Lorsque la jeune mariée est conduite chez son mari, les assistans font retentir l'air de leurs cris. Les fêtes nuptiales durent trois jours, pendant lesquels il est permis à toutes les femmes, même aux juives, de voir la mariée.

Lorsqu'un maure veut répudier son épouse, il n'a qu'à lui dire: *El merach hiseb harameh alie;* désormais cette femme est pour moi une chose sacrée, c'est-à-dire une chose à laquelle on ne doit pas toucher.

Il n'y a pas une seule femme turque dans toute l'Algérie. Les Turcs qui y résidaient étaient détestés par les femmes de leur pays, et regardés comme une bande de pirates. Leur nom était odieux parmi les Levantins, qui considèrent tous les gouvernemens barbaresques comme autant de repaires de brigands. Je vais citer un exemple de l'horreur que les dames de Constantinople avaient pour les Turcs d'Alger.

Il y a quelques années, un vaisseau français chargé à Marseille pour Smyrne fut obligé de relâcher à Alger pour s'y radouber. Il y avait deux dames turques sur son bord, qui se rendirent tout de suite chez le consul français et y restèrent tout le tems du séjour à Alger. Toutes les instances du Dey ne furent pas capables de leur faire accepter un palais à côté du sien. Elles ne répondirent à sa politesse qu'en protestant contre toute communication avec les Turcs-algériens.

Les Turcs d'Alger étaient donc obligés de s'unir à des filles maures ou chrétiennes.

Les enfans issus de ces mariages forment une classe à part et se nomment Koulouglis.

Dans l'état social, les Koulouglis sont tout-à-fait confondus avec les Maures; seulement, comme ils sont liés par le sang aux Turcs, ceux-ci pendant leur domination à Alger ne leur faisaient pas endurer toutes les vexations dont ils accablaient les autres classes de la population.

Un turc dans la régence d'Alger était aussi révéré qu'un roi : sa personne était aussi sacrée. Pour avoir tué un turc, on était brûlé vif ou empalé.

Pendant le blocus et la guerre d'Alger, quand la marine française empêchait l'arrivée des recrues venant de la Turquie, le nombre des janissaires diminuant sensiblement, les Maures encouragés par leur affaiblissement s'étaient déjà révoltés plusieurs fois contre les vexations qu'on leur faisait éprouver. Les janissaires leur disaient alors : « Attendez que la guerre soit finie, nous vous remettrons à votre place. »

Quoiqu'il en soit, les Turcs n'étaient pas les moins honnêtes gens de la Barbarie. Ils étaient francs, loyaux et scrupuleux observateurs de la foi jurée. Leur discipline mérite les plus grands éloges. Elle leur défend tout pillage durant le combat. Ce principe est si fortement gravé chez eux, qu'un soldat turc qui s'aviserait de piller pendant l'action serait noté d'infâmie. Ils abandonnent ce soin aux Maures ou à leurs propres esclaves. Aucun de nos soldats fait prisonnier par eux ne fut décapité.

A côté de ces bonnes qualités des Turcs

venaient se placer beaucoup de vices; ils étaient indolens, paresseux et sanguinaires. Le trait suivant, cité par un capitaine au corps royal d'état-major, me paraît capable de donner une idée de la violence féroce de leur caractère.

« En passant à côté de la cabane d'une famille arabe, dit le capitaine, un juif qui venait souvent avec nous dans les expéditions militaires me dit : « Il n'y a pas encore trois ans que deux soldats de la milice turque sont arrivés le soir dans cette cabane, dont le maître était absent. Les femmes les reçurent du mieux qu'il leur fut possible, et n'osèrent pas se refuser aux dernières complaisances, parce qu'elles craignaient qu'il ne leur en coûtât la vie.

» Le lendemain, avant de sortir, les turcs leur demandèrent à déjeûner; on leur servit des fruits, du laitage et un poulet auquel il manquait une cuisse. — Qu'est devenue cette cuisse, demanda l'un des soldats à la femme qui le servait?—Mon fils a tant pleuré pour l'avoir, dit-elle en montrant un petit garçon de trois ans qui était accroupi par terre, que je la lui ai donnée. — Amène-le-moi, répliqua le janissaire. La pauvre mère, toute tremblante, alla prendre son enfant par la main et le conduisit au turc, en se jetant à genoux et le priant les mains jointes de ne point lui faire de mal;

mais le barbare, sans répondre un seul mot, saisit l'enfant par les pieds, et, d'un seul coup d'yatagan, lui coupa la cuisse gauche, qu'il jeta à la figure de sa mère en lui disant : *Voilà comme un turc se venge des sottises qu'on lui fait.* »

Ce trait de barbarie est si extraordinaire que beaucoup de personnes se refuseront à y croire; eh! bien, les janissaires du Dey d'Alger en commettaient tous les jours de semblables. Toutefois, pour ménager la sensibilité du lecteur, je n'en citerai plus qu'un seul qui m'a été raconté par M. de Prébois, officier d'état-major.

Deux ans avant notre arrivée à Alger, un janissaire qui était allé dans une tribu de la plaine de Métidja vivre pendant quelque tems à discrétion chez les Arabes, fut trouvé mort dans un marais, où, selon toute apparence, il s'était noyé. Aussitôt que l'Aga en eut connaissance, il envoya un détachement de cavalerie qui s'empara de quarante pères de famille et les conduisit à Alger.

Les chefs de plusieurs tribus se réunirent à celle dont on avait pris les hommes, vinrent auprès du Dey protester de l'innocence de ceux qu'on accusait, et offrir une somme d'argent pour leur rançon.

Hussein, après avoir pris l'argent et feint de croire aux protestations des cheiks, leur dit : « Vous n'avez qu'à aller à la porte Baba-
» zoune, vous y trouverez tous ceux que vous

» réclamez. » Ils les y trouvèrent en effet, mais tous pendus par le cou aux crochets des murailles et des créneaux.

Avec la terreur qu'inspirait une cruauté si épouvantablement tyrannique, un turc seul pouvait parcourir avec sécurité tout le pays; trois mille janissaires suffisaient pour contenir un peuple répandu dans un rayon de deux cents lieues de longueur sur quatre-vingts de largeur, tandis qu'il nous faut vingt mille hommes pour garder une partie de la plaine de Métidja.

Lorsqu'une nation européenne menaçait de débarquer ses troupes sur le territoire de la régence, le Dey rangeait sous ses drapeaux les Maures, les Koulouglis, et appelait aux armes les Arabes et les Kabyles eux-mêmes.

Au milieu des hordes barbares qui nous attaquèrent à Staouëly, nous remarquâmes des Turcs à cheval, le sabre à la main, et frappant du plat sur les Bédouins pour les faire marcher en avant; ceux-ci poussaient alors de grands cris et se précipitaient au-devant de nos soldats.

Après avoir fait connaître à mes lecteurs une partie des habitans de l'Algérie, leurs mœurs et leur caractère, je vais entrer dans quelques détails sur la vie intérieure et les goûts privés des habitans de la ville d'Alger proprement dits.

La corpulence et l'embonpoint constituent à Alger la principale beauté des femmes. C'est pour n'être pas dépourvues de ces charmes qu'elles recherchent les viandes les plus succulentes et ont si souvent à la bouche des pâtes onctueuses de Nafé d'Arabie.

Le mari et la femme ont des appartemens séparés. Une dame maure ne montre jamais son visage à un autre homme que le sien ; elle ne le découvre pas même en présence du médecin, c'est-à-dire de l'empirique ; car il n'y avait qu'un médecin anglais à Alger, puis un autre médecin allemand dans le palais du Dey.

Les Algériens commencent leurs repas en invoquant Allah ; et, quand ils sont rassasiés, ils s'écrient : *Dieu soit loué !* Leur manière de manger avec les doigts est passablement rebutante.

Lorsqu'ils vont en visite, les Algériens commencent par envoyer leur nom, et entrent ensuite dans une petite cour ou salle basse. Si le maître de la maison est porté à les recevoir, il paraît d'abord avec du tabac, des pipes et le café. Mais s'il veut encore se montrer plus courtois envers celui qui le visite, il l'invite à monter dans l'appartement. Alors toutes les femmes en sont averties, afin qu'elles ne se trouvent point dans le même lieu.

Ce cérémonial s'observe avec ponctualité; et,

sous la domination des Deys, si quelqu'un était surpris sur les degrés ou dans quelque autre endroit de la maison sans s'être fait annoncer, il était considéré comme un voleur et mis à mort sur la preuve du plus petit larcin ; innocent même, on ne pouvait éviter la peine corporelle ou pécuniaire.

On présume à Alger que quiconque ose entrer dans une maison sans envoyer son nom d'avance a quelque dessein sur les femmes, s'il ne vient pas pour voler.

Le bœuf est la nourriture la plus ordinaire des Maures et des Arabes. Mais il n'est bon que six mois de l'année. Le filet de bœuf, qu'on grille à la flamme, se nomme *Kébal;* c'est le mets national de l'Algérie, comme le biff-theack est celui des Anglais.

La régence d'Alger était divisée en quatre provinces ou gouvernemens, dont trois seulement avaient des Beys, savoir :

Au Midi, la province de Titery, dont le Bey résidait à Médeah, qui en était la capitale.

Cette province ne comprenait que deux villes, Médeah et Miliana ; le reste du territoire était occupé par les douaires des Arabes et les cabanes des Kabyles.

Celle de l'Orient, dont la capitale était Constantine, et où le Bey s'était déclaré indépendant depuis la prise d'Alger. Elle comprenait une grande étendue de pays au sud, et les villes de Constantine, de Bone, de Bougie, de Stora, de Steffa, de Sétif, de Zamora, de Mascara et de Nikose.

Le gouvernement de l'Ouest, dont Oran, résidence du Bey, était la capitale. Il renfermait une grande quantité de tribus nomades, et les villes d'Oran, Tlemsen, Arzew, Mostaganem, Tenez et Cherchell.

Le gouvernement du Dey administrait, tant par lui-même que par un grand nombre d'officiers sous ses ordres, toute l'étendue du territoire situé entre le petit Atlas, la mer, le cours de la Chiffa et de l'Arrach. Ce territoire possédait trois villes, Alger, Blida, Colléah, et beaucoup de fermes et de petits hameaux arabes; mais on y rencontrait très-peu de tribus nomades, parce qu'elles redoutaient les janissaires, qui étaient continuellement en course dans les environs d'Alger et de la plaine de Métidja.

L'Algérie n'est pas sous une zône tempérée. Les violentes chaleurs commencent vers le mois de juin et durent jusqu'à la fin d'octobre. Quoique les nouveaux colons trouvent ici les hivers fort doux, on peut dire toutefois que le froid y est aigu pour un pays où il ne gèle presque jamais. Il pleut par intervalles depuis la fin d'octobre jusqu'au milieu d'avril, mais il ne tombe pas une goutte de pluie pendant le reste de l'année, à moins qu'il n'arrive un ouragan ou une tempête.

L'hiver et l'été se succèdent presque immédiatement, sans qu'on éprouve la fraîcheur intermédiaire du printems et de l'automne.

En décembre, les arbres perdent leurs feuilles; mais, avant le 20 janvier, on en voit de nouvelles se montrer. Les haies sont presque toujours parsemées d'arbustes verts et fleuris.

Au milieu de février, la végétation est en pleine activité; et, dans les premiers jours de mars, on fait une première récolte de pommes, de poires et autres fruits.

De mars en juin le tems est délicieux; et, à part les orages, on se croirait dans un paradis terrestre; mais au mois de juin les grandes chaleurs commencent à se faire sentir, les sources se tarissent, et la végétation brûlée par les ardeurs du soleil commence à perdre de sa fraîcheur et de son éclat.

XVII.

Instruction. — Ecoles musulmanes et israélites. — Industrie. — Agriculture. — Commerce. — Monnaies. — Bazars.

Un fait bien étonnant et qui à coup sûr paraîtra presque incroyable à beaucoup de gens, c'est que l'instruction populaire en France, malgré tous les soins apportés à son amélioration, est, généralement parlant, moins suivie et moins répandue que l'instruction que reçoivent les habitans de l'Algérie, lesquels savent tous ou presque tous lire, écrire et calculer.

Il est très-peu de parens qui abandonnent leurs enfans à l'ignorance, et l'éducation commence en Algérie dès l'âge le plus tendre.

N'est-il pas surprenant de voir ces enfans du désert, que nous appelons des barbares, posséder une instruction dont bon nombre des habitans de nos riches campagnes sont privés, malgré notre civilisation tant vantée, et cela jusque dans le voisinage de nos grandes villes, foyers de tant de lumières?

La population d'Alger ne s'élève guère au-dessus de trente-cinq mille* habitans, et cependant cette cité n'a pas moins de cent écoles. Dans ce nombre ne sont pas compris les colléges des mosquées.

Le Coran et l'arithmétique sont les bases fondamentales de toute instruction algérienne et musulmane.

Lorsqu'un jeune homme sait bien lire et écrire la première partie du livre sacré du prophète Mahomet, le maître lui en explique le sens mystique et moral ; et lorsque l'élève l'a apprise de mémoire et copiée, lorsqu'il sait les quatre premières règles de l'arithmétique, là se borne ordinairement son

---

* Les recensemens ne peuvent être exacts à cause de la réclusion des femmes.

existence intellectuelle, la religion et l'intérêt.

Il y a cependant à Alger des hommes instruits qui parlent avec pureté les langues orientales, connaissent la géographie et l'histoire. Beaucoup lisent encore les écrits que nous connaissons sous le nom d'*Avicennes*.

Les *Kodja* ou secrétaires du Pacha parlaient plusieurs langues et n'étaient pas étrangers à notre littérature moderne; ils avaient été élevés dans le collége de la grande mosquée.

Dans cet établissement on enseigne la théologie, la dialectique et les langues orientales. Il est confié aux plus savans des imans, sous la direction du grand marabout. C'est un séminaire où chaque élève a une cellule particulière absolument comme dans nos établissemens religieux d'autrefois.

J'ai vu bien souvent du haut d'une terrasse voisine, rassemblés sur le carré de la cour, tous les jeunes disciples de Mahomet. Ils se livraient avec toute la souplesse et l'agilité du jeune âge à des exercices gymnastiques.

Il y avait dans les groupes des jeunes hommes aux physionomies nobles et distinguées et véritablement remarquables.

Les femmes de l'Algérie sont privées des avantages de l'instruction. Il n'y en a peut-être pas une qui sache lire; et comment le sauraient-elles? les filles sont élevées par des mères ignorantes comme elles, et l'entrée des écoles et des mosquées leur est spécialement interdite.

Aux yeux d'un musulman, l'instruction des femmes est chose tout-à-fait indifférente, pourvu qu'elles ne soient pas privées de charmes. Le Coran, dans ses aphorismes ou sentences, ne parle nullement des femmes. Ce silence du prophète rend leur condition bien malheureuse. Les maris de l'Algérie en concluent presque tous que leurs épouses n'ont point d'âme.

J'ai souvent visité les écoles d'Alger et assisté à leurs séances. Là, au milieu d'une vingtaine de jolis petits arabes très-proprement vêtus, j'ai suivi toute la leçon du maître. Les jeunes musulmans me paraissaient attentifs, et mon arrivée ne leur faisait pas même tourner la tête. Voici ce que j'ai retenu du mode d'instruction nationale de l'Algérie :

Le maître est assis sur une natte de jonc, les jambes croisées, et tient en main une baguette. Chaque élève laisse sa chaussure à la porte, va baiser la main du maître qui la lui présente, détache ensuite une planchette enduite de blanc suspendue à la muraille, et s'accroupit en face du maître.

Tous successivement se placent de manière à former un cercle autour de lui.

La séance commence par la dictée, que le maître fait de vive voix et qu'il puise dans les sentences du Coran. Les écoliers écrivent en allant de droite à gauche, suivant la coutume des Arabes. La phrase achevée, l'un d'eux en avertit le maître en lui disant : *sidy*, et le maître continue sa dictée. Si plusieurs élèves l'interpellent à la fois, un signe, un regard suffisent pour leur faire garder le silence. Il répond avec calme et douceur à chacun en particulier, ne les corrige pas en pédant et ne les maltraite jamais. Seulement un petit coup de baguette vient de tems en tems stimuler les plus indolens et ceux qui écrivent mal leur devoir.

Les petits algériens sont doués d'aptitude ; ils paraissent capables d'une attention soutenue, et il est même rare que le maître ait besoin de recourir à la légère correction dont je viens de parler.

La dictée terminée et corrigée par le maître, les élèves vont ensuite s'accroupir le long du mur, où ils apprennent leur dictée en psalmodiant à haute voix, chacun sur un ton différent, et en se balançant le haut du corps.

Les écoles des Israélites se tiennent dans les *chenayas* (synagogues) ou dans les vestibules de ces temples. Les professeurs sont des rabbins. Les femmes juives n'apprennent point à lire, mais seulement à coudre, broder et repasser.

Les livres de prières quotidiennes, l'ancien

testament et l'histoire de *Flavius Joseph* sont les livres que l'on met aux mains des enfans qui fréquentent les écoles des rabbins.

Quant aux nègres de l'Algérie, ils passent leur vie dans la plus désolante ignorance. Ils n'ont d'autres notions que celles qu'ils reçoivent de l'éducation maternelle. Ils ne fréquentent point les écoles, mais ils assistent aux offices des mosquées.

Il y a à Alger des corporations de métiers, qui semblent rappeler nos anciennes jurandes.

Les arts mécaniques les plus cultivés sont la broderie sur étoffe et sur maroquin. Les brodeurs sont des Maures et des Koulouglis. Ils font de jolies bourses, des sandales, des harnachemens de chevaux d'une élégance et d'une richesse remarquables.

Les Maures de l'Algérie exercent presque tous les métiers connus en Europe; ils sont menuisiers, charpentiers, tonneliers, etc.

Malgré la fertilité du sol, l'agriculture est négligée, et c'est un désolant aspect que celui de tant de plaines et de collines en friche. Les Kabyles sont ceux de tous les habitans du nord de l'Afrique qui se livrent avec le plus d'activité aux travaux de la terre.

Les Arabes-Bédouins et leurs tribus nomades ne demeurent en général dans chaque localité que pendant le tems qu'ils y trouvent l'eau et l'herbe nécessaires à la nourriture de leurs troupeaux; ils lèvent ensuite leurs tentes et vont chercher ailleurs d'autres pâturages.

Il y a cependant quelques-unes de ces tribus qui cultivent avec assiduité le blé, le seigle et l'orge. Mais les tribus de cultivateurs arabes sont celles qui vivent sous des cabanes; on en trouve beaucoup dans la plaine de Métidja, surtout dans la portion située à l'Ouest du cours de la Chiffa.

Les Maures qui possèdent des campagnes ont toujours à côté de leurs maisons des jardins dans lesquels il règne un certain désordre. Ces jardins ne sont que des enclos d'arbres plantés irrégulièrement, sans allées ni compartimens. C'est presque la nature livrée à son abandon, au vague, comme le musulman qui se croit lui-même jeté sur notre globe sublunaire.

On aperçoit cependant une certaine grandeur dans cette surabondance et ce désordre naturels. Les Algériens pensent que la nature est assez belle d'elle-même, que la peine de planter est assez grande, et qu'il est inutile d'employer son tems à l'élégance ou à l'arrangement d'un parterre.

Les jardins des Maures sont cultivés par des esclaves, derrière lesquels se tient le maître accroupi, pour les empêcher de perdre leur tems. Il faut qu'un maure soit bien pauvre pour qu'il se décide à travailler à la terre.

Des melons, des citrouilles, des concombres, des poivres longs et des tomates, voilà ce que l'on remarque le plus fréquemment dans les jardins des Maures. La vigne y est féconde, et ses grappes sont d'une longueur prodigieuse.

Les exportations de l'Algérie consistent dans les produits du sol et quelques objets industriels : des essences de rose et de jasmin, des étoffes de soie, des plumes d'autruche, du froment, de l'orge, du riz, de la cire, du miel, des olives, des oranges, des citrons, des dattes, des figues, des raisins, etc.

Les Anglais avaient autrefois la haute main sur le commerce d'Alger ; leurs manufactures fournissaient des quantités considérables de toiles, de mousselines et de calicots, mais la plupart des transactions se faisaient par l'entremise des Juifs. La ville de Livourne jouissait depuis une époque reculée de la prérogative d'être le dépôt central du nord de l'Afrique.

On fabrique à Alger des draps de burnous ; mais les plus recherchés viennent de Constantine ou de Tunis.

Le plus grand commerce des Arabes consiste dans les bestiaux qu'ils élèvent et les produits qu'ils en retirent : ils vendent des bœufs, des vaches, des moutons, des dromadaires et surtout des chevaux. C'est dans les provinces d'Oran et de Constantine qu'on en trouve le plus, mais il s'en faut de beaucoup qu'ils soient aussi recherchés que ceux de Tunis.

Les monnaies d'Alger étaient fabriquées à la Kasaba ; elles sont d'or, d'argent, de billon et de cuivre. Ces monnaies ne portent aucune effigie, mais des caractères arabes des deux côtés. Sur une des faces on lit : *Sultan des deux continens, maître des deux mers : Sultan Mahmoud-Khan, son secours soit puissant* (c'est du grand seigneur qu'il est question); et, de l'autre : *Frappé dans Alger,* puis l'année. Voici, d'après M. Touhi, la valeur de quelques-unes de ces pièces relativement au franc :

OR.

Le sequin soltani ancien vaut . 9 fr. 60 c.
Sequin soltani nouveau, . . 8   90
Nousse soltani nouveau, . . 2   22

ARGENT.

Le double boudjou, ... 3   72
Réal boudjou, ... 1   86

Parmi les établissemens publics de la ville d'Alger, on distingue cinq grands édifices, lesquels sont destinés à recevoir les marchands étrangers qui viennent avec une certaine quantité de marchandises ou des esclaves. Ce sont les bazars. Ces bâtimens sont construits comme les maisons des particuliers ; seulement, sur chaque côté de la galerie, il y a plusieurs petits appartemens séparés les uns des autres, et qui se ferment à clef.

Chaque bazar a deux ou trois étages. C'est là que logent les négocians, où ils déballent leurs marchandises et les étalent en face de leurs chambres aux yeux des passans. J'ai vu vendre dans l'un de ces bazars quelques nègres de l'intérieur de l'Afrique, de neuf à dix ans, et plus tard j'en achetai moi-même un de cet âge, dans l'espoir de lui offrir le baptême et la liberté. Mes conventions faites avec le patron par écrit en bonnes et dues formes, étaient de payer le prix convenu (180 francs) au moment de mon embarquement et de mon départ pour la France.

De retour au camp avec ce petit malheureux, je lui fis demander par un kabyle du nom d'Aly, qui hantait les militaires français, quelle était sa patrie. Après avoir jeté un coup d'œil sur la mer, considéré la plaine, levé les yeux vers l'Atlas, l'enfant nous montra le Sud et fit un profond soupir. Je compris qu'il était d'un pays tout-à-fait inconnu à Aly, lui vieux corsaire qui avait parcouru les côtes de Guinée et la plupart des lieux où se fait la traite des nègres. Le jour d'une grande revue du maréchal Clausel, le petit orphelin vint me supplier avec larmes de le reconduire à El-Djezaïr, m'exprimant par une pantomime touchante le désir de demeurer sur la terre d'Afrique. Je le remis aussitôt à son patron. A mon départ d'Alger, je le rencontrai ; il me fit comprendre qu'il avait été acheté par un maure.

Outre les nègres qui sont encore vendus à l'encan dans les bazars d'Alger, on y vendait aussi avant notre arrivée des chrétiens des deux sexes, capturés dans les courses des corsaires. Après la bataille de Lépante, les Algériens vendirent en un an dix mille esclaves chrétiens dans leurs bazars.

La police de la régence d'Alger ne défendait pas la mendicité. C'est hors de la porte Babazoune, le long du grand chemin, que se tiennent les mendians maures ou arabes, et il y en a toujours une assez grande quantité. Presque tous les aveugles font de la musique ; leurs instrumens sont des flûtes et des chalumeaux faits en roseaux ; ils en tirent des sons assez agréables.

Sous le règne du Dey, il fallait bien se garder de faire trop régulièrement l'aumône au même pauvre ; au bout de quelque tems il ne faisait plus que vous demander *l'usage*, et si vous cessiez de lui donner, il pouvait vous appeler devant le Cadi, qui vous condamnait non-seulement à continuer, mais encore à payer tous les jours que vous aviez supprimés, en vous disant : *c'est l'usage*. Voici un exemple de cette bizarre coutume :

Un mendiant maure était allé se placer à la

porte d'un négociant vénitien, qui lui donnait trois réales tous les jours. Le pauvre faisait de grands remercîmens et adressait une prière à Dieu pour la conservation des jours de son bienfaiteur. Il arriva, au bout d'un certain tems, que les affaires de ce négociant l'obligèrent à faire un voyage en Europe, qui dura plus d'un an. Pendant son absence, le mendiant continua à se rendre devant sa porte comme auparavant, quoique les gens de la maison ne lui donnassent plus rien.

Quand le maître fut de retour, il retrouva son fidèle mendiant, qui lui témoigna toute la satisfaction qu'il éprouvait en le revoyant, et l'assura que chaque jour il s'était rendu à son poste et qu'il n'avait pas manqué d'adresser une prière au ciel pour la conservation de sa santé.

Le négociant remercia le pauvre et lui donna ses trois réales comme auparavant. « Vous oubliez donc que depuis un an vous » ne m'avez rien donné, répartit le mendiant. » Ce n'est pas trois réales que vous me devez, » mais bien huit cents et tant, parce que de- » puis que vous êtes parti je n'ai pas manqué » un seul jour de venir à votre porte et de » prier pour vous comme auparavant. »

Le vénitien ne tint aucun compte de la réclamation du mendiant, et alla vaquer à ses affaires ; mais le lendemain, ayant été appelé chez le Cadi, il fut très-surpris d'y trouver cet homme, qui réclamait la somme qu'il avait demandée la veille comme lui étant légitimement due.

Le vénitien eut beau représenter au magistrat qu'il n'avait jamais rien promis au demandeur, que c'était de sa libre volonté qu'il lui avait donné trois réales chaque jour pendant un certain tems : toutes les représentations furent inutiles, il fallut payer. « Si le men-
» diant avait négligé de se rendre chaque jour
» devant votre porte, lui dit le Cadi, vous
» pourriez réclamer; mais il s'est ponctuelle-
» ment acquitté de son devoir, et légalement
» vous lui devez la somme qu'il réclame. »

J'ai essayé de tracer avec ma plume un tableau, sinon complet, du moins fidèle des mœurs et du caractère des habitans de l'Algérie. Pour donner un trait de plus à cette esquisse, je vais raconter au lecteur, dans le chapitre qu'on va lire, la vengeance terrible d'un turc, la captivité, les souffrances et la fin tragique d'un portugais et d'une jeune fille de la plaine de Métidja

XVIII.

Vengeance terrible d'un turc.— Captivité, souffrances et fin tragique d'un portugais et d'une jeune fille de la plaine de Métidja.

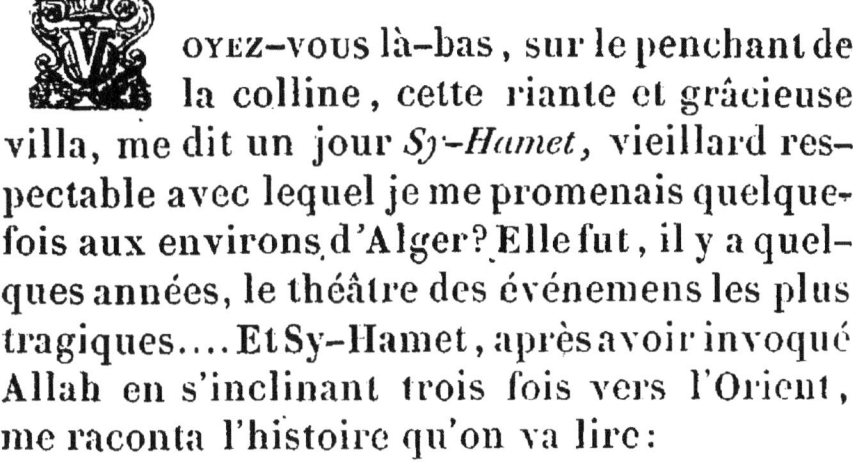oyez-vous là-bas, sur le penchant de la colline, cette riante et grâcieuse villa, me dit un jour *Sy-Hamet,* vieillard respectable avec lequel je me promenais quelquefois aux environs d'Alger? Elle fut, il y a quelques années, le théâtre des événemens les plus tragiques.... Et Sy-Hamet, après avoir invoqué Allah en s'inclinant trois fois vers l'Orient, me raconta l'histoire qu'on va lire:

Hadji-Méhémet-Effendi, officier de l'école des Tobjis (d'artillerie), fondée à Stamboul (Constantinople) par un nazarréen appelé *Barantot* (le baron de Tott), s'était élevé par son rare mérite au grade de grand-maître de l'artillerie; il s'était signalé dans plusieurs occasions importantes; mais, défait dans un combat sanglant par le Pacha d'Egypte, la crainte du châtiment qu'au reste il ne méritait pas, le fit passer en Algérie avec la meilleure partie de ses richesses, qui étaient considérables.

Hadji-Méhémet acheta cette délicieuse campagne qui est devant nous, et épousa dans notre pays plusieurs femmes d'une rare beauté. Sa personne cependant n'était guère attrayante, mais sa qualité de sidy-effendi et ses grandes richesses faisaient disparaître sa laideur.

Bel homme autrefois, Hadji-Méhémet avait pris une épaisse corpulence et avait été défiguré par l'explosion d'un baril de poudre, sauté en l'air à côté de lui; ses sourcils étaient brûlés, son visage couvert de cicatrices, et son nez de grains de poudre. Ses bras et ses mains avaient été à moitié brûlés par la flamme. Au lieu de cette barbe et de ces moustaches qui inspirent tant de vénération chez les Musulmans, il n'avait plus que quelques poils répandus çà et là. Enfin cet accident l'avait rendu hideux autant qu'on peut l'être.

Un de ses émissaires vint un jour l'informer de la découverte qu'il avait faite d'une beauté ravissante. C'était la fille d'un jardinier de la Métidja; son nom était Zulpha. Méhémet s'empressa de la demander à sa famille. La réponse des parens fut conforme aux désirs de Méhémet; mais la jeune fille, qui s'était bercé l'imagination de visions délicieuses, fut si effrayée à l'aspect de son époux qu'elle en tomba malade.

Méhémet feignit d'ignorer la cause du mal de la pauvre Zulpha, et en devint éperdûment amoureux.

Il espérait, par ses soins et ses complaisances, vaincre un jour l'antipathie de la belle fille. Il lui promit de renvoyer toutes ses autres femmes, d'augmenter le nombre de ses esclaves et de lui donner les plus riches parures, si elle voulait répondre à sa tendresse.

Les parens de Zulpha firent aussi tout ce qu'ils purent pour l'engager à supporter la vue et la compagnie de son époux. Elle parut céder à leurs prières. Sa santé se rétablit, et l'on vit peu à peu les fleurs de la jeunesse briller de nouveau sur ses traits.

Méhémet fut au comble de la joie en voyant cet heureux changement; mais son espoir fut encore déçu : les yeux de la jeune odalisque ne purent s'habituer à la laideur de Méhémet, son cœur ne put se résoudre à l'aimer. Les attentions touchantes, les instantes prières, loin de la toucher et de la fléchir, l'exaspérèrent au contraire, et elle déclara un jour que pour mettre fin à ses tourmens elle se donnerait la mort.

Méhémet, dont la passion ne faisait que s'accroître en présence de tous ces obstacles, ne put tenir contre le désespoir de sa jeune épouse: il lui promit de cesser de l'importuner de sa tendresse ; mais il la conjura, pour elle-même et pour lui Méhémet, de paraître du moins la partager.

La jeune fille céda aux raisons qui lui furent données, et une espèce de trêve s'établit entre elle et son époux.

Cependant le caractère de Méhémet s'aigrit de toutes ces contrariétés; il se montra inabordable pour tout le monde, et ses autres femmes devinrent les victimes de sa mauvaise humeur; non-seulement il suspendit les largesses dont il les comblait autrefois, mais il en vint même à les maltraiter pour les causes les plus légères.

Zulpha était dans sa quatorzième année ; et Méhémet, qui gardait toujours dans le fond de son cœur un rayon d'espérance, attendait sa félicité du tems et de la patience, lorsque le Dey d'Alger se mit à la tête de ses troupes pour marcher contre celles du Roi de Maroc.

Le Dey était accompagné de toutes les personnes les plus distinguées de sa cour, et Méhémet ne put se dispenser de le suivre : c'eût été manquer tout à la fois à l'honneur et à la prudence.

Depuis un an environ Méhémet avait à son service un jeune esclave nommé Ferdinand. Ce jeune homme était le fils d'un riche négociant portugais, qui par intérêt et par convenance professait extérieurement le christianisme, quoique juif au fond de l'âme. Le fils avait été circoncis ; mais, comme son père, il passait pour chrétien.

Méhémet aimait son jeune portugais avec toute la tendresse d'un père. Il le menait partout avec lui richement vêtu, ne lui refusait rien, et vivait dans l'espoir d'en faire un jour un musulman.

Méhémet avait en même tems une esclave vénitienne, qui, en devenant mahométane, avait reçu le nom de Fatime. Parvenue au déclin de l'âge, elle n'était plus que femme de charge dans la maison.

Cette duègne, qui cherchait à reconquérir quelque considération auprès des femmes en faveur chez Méhémet, profita de l'absence du maître pour conduire Ferdinand dans l'appartement où elles s'assemblaient tous les soirs.

Après de joyeux propos sur la beauté du jeune homme, les femmes de Méhémet lui demandèrent laquelle d'entre elles il trouvait la plus jolie. Cette question jeta le jeune portugais dans une si grande confusion (Ferdinand n'avait que seize ans), qu'il chercha d'abord à s'évader du harem ; puis il s'arrêta muet et interdit ; mais enfin, pressé de répondre, il soupira, arrêta ses yeux sur les beaux yeux de Zulpha, et les baissa ensuite en murmurant timidement : C'est elle !

Dès cet instant Ferdinand et Zulpha s'aimèrent.

Méhémet, avant son départ, avait ordonné à la gouvernante de veiller sur la belle odalisque et de la faire servir par une esclave fidèle ; mais Fatime trahit la confiance de son maître, et le jeune portugais, déguisé en fille, fut introduit par elle auprès de Zulpha.

Les deux amans s'endormirent avec confiance dans le sein du bonheur...... Une catastrophe terrible devait bientôt les réveiller.

Les autres femmes de Méhémet, aussi jalouses de la beauté de Zulpha qu'irritées de la préférence dont elle était l'objet, l'observèrent de près et employèrent pour le succès de leurs desseins un esclave noir qui, regardé comme un idiot, n'était soupçonné de personne.

Cet esclave, qui n'était pas du tout ce qu'il paraissait être, eut bientôt découvert toute l'intrigue et n'eut besoin pour cela que de quelques légères instructions de la part de ses artificieuses maîtresses. Celles-ci apprirent cette découverte avec des transports de joie. L'esclave eut ordre de continuer ses observations, et confirma bientôt son premier rapport par de nouvelles circonstances.

Voilà aussitôt les femmes de Méhémet qui soupirent après son retour. Elles brûlent du désir de lui peindre sous les couleurs les plus noires l'infidélité d'une favorite qu'il leur avait ordonné avant son départ de traiter avec le plus grand respect.

Le jour du retour arriva enfin; Méhémet trouva sa jeune épouse plus belle que jamais. Elle parut lui être plus soumise et le voir avec moins de répugnance qu'avant son départ. Charmé de cet heureux changement, Méhémet avait déjà oublié tous ses anciens soucis pour ne penser qu'à son bonheur. Mais l'esclave noir lui dévoila le terrible mystère, et l'orage éclata.

Méhemet se livra d'abord à tous les transports d'un désespoir qui fut sur le point de dégénérer en fureur; mais une réflexion subite calma les tortures de son âme, et il se dit : Puisqu'il m'est impossible de me venger de Zulpha, si je me montrais généreux envers elle? S'arrêtant à cette idée, il la caressa, la personnifia, et il la vit lui sourire. Zulpha serait heureuse par un autre, mais lui Méhémet trouverait peut-être dans l'immensité de son sacrifice un baume pour sa douleur, une sorte d'adoucissement et de consolation que la vengeance ne pouvait lui offrir.

Bref, au moment où les femmes de Méhémet se réjouissaient déjà du supplice prochain de Zulpha, leur rivale, lui s'affermissait dans sa résolution généreuse de la donner et de l'unir à son amant.

Cette décision une fois prise, Méhémet fit appeler Ferdinand et lui en fit part, en ajoutant qu'il ne mettait qu'une seule condition à sa générosité. « Je te donne Zulpha, lui dit-il, si tu veux te faire mahométan. »

Cette proposition inattendue, au moment où le jeune portugais croyait déjà voir la vengeance saisir sa tête comme une proie, sembla suspendre toutes ses facultés. Il ne put rien répondre; mais son cœur, ses yeux, l'expression de ses traits répondirent plus éloquemment que ne l'eût pu faire sa langue.

Rien ne pouvait être plus agréable aux femmes de Méhémet que l'absence de Zulpha; mais elles ne goûtaient pas également son mariage avec le beau Ferdinand. C'était un bonheur que chacune d'elles aurait souhaité pour elle-même, et, pour empêcher Zulpha d'en jouir, elles résolurent sa perte et celle de son amant.

Le Dey, informé secrétement par les soins des femmes de Méhémet du crime de Zulpha, fit ordonner à ce dernier de venir lui parler sur-le-champ. Méhémet fut surpris et atterré en apprenant que le Dey savait tout, et il entrevit dès lors qu'il était impossible de conjurer le dénouement sanglant et terrible qu'il avait voulu éviter.

Tous les officiers du divan déclarèrent que cette affaire était devenue publique, et ils conclurent que Zulpha et Ferdinand devaient subir la mort.

Méhémet, revenu un peu à lui-même, dit à l'assemblée que Zulpha n'avait été que son esclave et jamais son épouse; qu'ainsi la loi permettait à cette jeune fille d'épouser Ferdinand, s'il se faisait mahométan. Il ajouta ensuite que la clémence était toujours un encens agréable à Dieu et à son prophète.

La grande considération dont jouissait Méhémet auprès du Dey et des membres du divan, les fit incliner pour l'indulgence; ils pardonnèrent.

Tout fut préparé pour l'abjuration du portugais; la cérémonie devait se faire publiquement dans la cour du palais du Dey. Malheureusement pour le jeune prosélyte, il avait été circoncis dans son enfance, et il ne savait pas qu'il fallait l'être quand de chrétien on se faisait mahométan.

L'iman, surpris de le trouver déjà circoncis, s'écria que cet abominable était indubitablement juif ou mahométan, et qu'il ne se présentait que pour faire insulte à Dieu et à son prophète.

Le malheureux Ferdinand, interrogé, avoua qu'il était juif..... On le jeta vivant sur un bûcher, et son corps fut dévoré par le feu...... Zulpha et Fatime furent enfermées dans des sacs et jetées à la mer.

Le dénoûment horrible de cette tragédie mit au cœur de Méhémet la fureur et le désespoir. Il ne lui fut pas difficile de deviner quelles mains perfides avaient ourdi cette trame odieuse..... Il dissimula, attendit une occasion favorable et n'eut plus qu'une seule pensée, la vengeance.

Méhémet commença par s'occuper de faire passer en lieu sûr son or, ses bijoux et toutes les richesses qu'il lui était possible de transporter. Ces choses se faisaient lentement et dans le plus grand mystère pour ne pas éveiller de soupçons, lorsqu'une députation composée des principaux cheiks des Kabyles de Conco se présenta à Alger.

Méhémet leur proposa de les suivre dans leurs montagnes, s'ils voulaient lui donner un asile parmi eux et le couvrir de leur protection.

Les Kabyles acceptèrent cette proposition avec enthousiasme, heureux et ravis de posséder dans leur pays un homme aussi opulent et aussi expérimenté dans l'art militaire. Les moyens d'assurer l'évasion de Méhémet furent débattus et arrêtés sur-le-champ.

Le jour fixé pour son départ, Méhémet se rendit à sa maison de campagne sous prétexte d'y traiter les députés montagnards. Après le souper, il fit venir ses femmes dans l'appartement où il était avec les cheiks des Kabyles; et là, après leur avoir reproché leur lâche trahison et leur avoir dit qu'elles n'avaient que quelques instans pour se préparer au sort qui les attendait, il les dépouilla de leurs bijoux et de leurs ornemens, qu'il partagea entre les cheiks.

Les quatre femmes de Méhémet furent ensuite traînées au donjon, où il avait fait enfermer le nègre leur complice; quatre pieux aigus y avaient été préparés à l'avance..... et Méhémet et ses barbares compagnons regardèrent avec une joie féroce les quatre jeunes odalisques expirer dans les tortures du supplice du pal.

Le nègre fut écartelé, et un de ses membres fut attaché au cou de chacune des quatre victimes.

Cette orgie de sang terminée, Méhémet et les cheiks des Kabyles profitèrent des ombres de la nuit pour fuir vers les montagnes, où ils furent bientôt à l'abri de toute poursuite.

XIX.

DE LA RELIGION ET DES LOIS DE L'ALGÉRIE.

Les anciens habitans du Nord de l'Afrique étaient de ces idolâtres qui adoraient le soleil. C'est en l'honneur de cette brillante image du créateur qu'ils entretenaient un feu perpétuel dans des temples qui avaient, comme chez les Romains, leurs Vestales.

Ces peuples barbares reçurent la lumière de l'évangile vers le quatrième siècle. Elle leur fut apportée par quelques seigneurs siciliens confédérés qui conquirent Tunis et Tripoli.

Plusieurs princes chrétiens, chassés de l'Italie par les ravages des Goths, contribuèrent ensuite à répandre le christianisme dans les contrées qui avoisinent les côtes de la Méditerranée. Là, comme en Europe, il s'éleva des hérésiarques, des sectaires et des novateurs turbulens. Des évêques ambitieux, des prêtres savans nièrent la suprématie du pape; mais, à la voix d'Augustin, l'orthodoxie demeura triomphante. On peut juger du nombre des chrétiens de son tems par celui des premiers pasteurs.

Il se tint en 401 un concile national à Carthage, où assistèrent quatre-vingt-dix évêques orthodoxes, sans parler de cent vingt autres évêques de l'intérieur de l'Afrique qui étaient absens.

Dans le Sennaar seul, on comptait dix-huit siéges épiscopaux.

Le christianisme et l'idolâtrie se trouvaient alors confondus de la manière la plus choquante; mais la révolution étonnante arrivée sous le règne d'Héraclius changea la face de l'Afrique.

En 662, les Arabes sectateurs de Mahomet

pénétrèrent en Afrique, commandés par Occuba-Ben-Naikhc. Ils y établirent leur religion naissante par le fer et par le feu et chassèrent les chrétiens, qui se réfugièrent en Espagne et en Italie. Ceux qui restèrent furent indistinctement persécutés avec les idolâtres.

La dispersion totale des chrétiens n'arriva toutefois qu'au treizième siècle, lorsque les Schérifs, race de princes arabes descendus de Mahomet, subjugèrent la Numidie.

Entraînés par un fanatisme barbare, les Arabes ne laissèrent pas un seul chrétien dans le pays et employèrent les tourmens pour forcer les idolâtres à embrasser le mahométisme.

Toutes les sectes musulmanes ne sont que les branches de deux troncs, Mahomet et Aly; et cependant on compte dans la seule Afrique jusqu'à soixante-douze sectes différentes, quoiqu'au fond la religion y soit la même que celle qui se trouve établie dans toute l'étendue de la domination musulmane. La doctrine de Mahomet est celle que l'on suit en Algérie.

Les sectateurs de Mahomet reconnaissent plusieurs prophètes successivement envoyés de Dieu pour enseigner au monde la vraie religion, quoique sous des rites différens; ces prophètes sont : Adam, Noé, Abraham, Moïse, Jésus-Christ, et enfin Mahomet, qui, comme on le pense bien, est le plus grand des six.

Quiconque rejette la mission céleste de ces

prophètes est déclaré infidèle à la vraie religion.

Les mahométans croient à la prédestination absolue. Ils enseignent que Dieu est également la cause du bien et du mal, que Dieu et sa loi sont éternels, que la divinité se rendra visible dans sa propre essence, que Mahomet fut enlevé dans le ciel en corps et en âme, et qu'il est indispensable de prier cinq fois par jour.

Les sectateurs d'Aly prétendent que Dieu ne produit que le bien, que lui seul est éternel et non sa loi, que les âmes des bienheureux ne voient Dieu que dans ses œuvres, que l'âme seule de Mahomet fut enlevée dans le ciel et non son corps, et qu'enfin il suffit de prier trois fois par jour.

De tous les sectaires mahométans les plus remarquables sont les deux ordres connus sous les dénominations de marabouts et de santons.

Le nom de marabout est celui que l'on donne à des hommes plus instruits que les autres et qui vivent dans la retraite, à peu près comme nos anciens ermites. La science qu'on leur suppose et le mystérieux de leur conduite les font regarder comme des hommes inspirés de Dieu. Ils se marient; le fils aîné hérite ordinairement des prérogatives de son père, et les autres jouissent encore d'une grande considération.

Chaque tribu, chaque ville, chaque douaire a ses marabouts particuliers. Ces hommes sont entretenus par les dons volontaires des fidèles qui vont les consulter ou leur demander de prier pour eux, et ces dons suffisent pour les faire vivre dans l'opulence.

Ils ont un pouvoir presque illimité, jouissent d'une confiance sans bornes ; eux seuls ont la prérogative de recevoir les femmes chez eux, de les voir à visage découvert, même à Alger, et de rester avec elles des heures entières sans que le mari le trouve mauvais.

Il y a à Alger et dans les environs des hommes vraiment distingués parmi les marabouts maures, arabes et kabyles ; mais ceux que l'on rencontre dans les environs d'Oran leur sont bien inférieurs : ce sont ceux que l'on nomme santons. Quelques-uns de ces derniers ont l'habitude de se couvrir de haillons et de chapelets de différentes couleurs ; d'autres traînent, pendus à une corde, des morceaux de fer et une grande clef ; enfin il en est qui vont entièrement nus et font des gestes ridicules inspirés par le fanatisme.

Je vis un jour conduire un de ces santons à l'un des postes français de la rue Babazoune par deux hommes et un caporal ; il n'en conservait pas moins son attitude d'exaltation et son air inspiré.

Non-seulement les marabouts sont honorés

et respectés pendant leur vie, mais la vénération qu'on leur porte les accompagne au-delà du tombeau; quand ils viennent à mourir, on les enterre avec pompe, on place sur la tombe une châsse en bois très-artistement travaillée, et l'on enferme le tout dans un pavillon carré recouvert d'un petit dôme, construit très-solidement en maçonnerie et blanchi à la chaux. Une lampe est toujours allumée dans l'intérieur de cette chapelle; la châsse est entourée de drapeaux des différentes tribus qui révèrent le marabout.

Les fidèles qui viennent implorer le secours du saint suspendent leurs offrandes à cette châsse ou bien à des clous plantés dans le mur pour cet usage.

Les marabouts protecteurs des guerriers ont leur châsse ornée des dépouilles des ennemis; dans la chapelle de *Beni-Sala*, nous trouvâmes le pantalon, le sac, le livret et les jugulaires du schakos d'un soldat français assassiné peu de tems auparavant dans le voisinage.

La famille d'un marabout est ordinairement enterrée dans le même lieu que lui; c'est une grande faveur pour les croyans que d'obtenir après leur mort une place auprès de ces saints personnages. Aussi les tombeaux des hommes les plus distingués sont-ils placés autour de ceux des marabouts, et aussi près qu'il est possible.

On rencontre un très-grand nombre de tombeaux de marabouts dans toutes les parties du Nord de l'Afrique, autour des villes aussi bien que dans la campagne.

Tels sont les hommes dans lesquels les Kabyles, et l'on peut même dire tous les habitans de l'Algérie, mettent leur entière confiance; ils accordent les différends entre les familles et entre les individus; ce sont presque toujours eux qui décident de la paix ou de la guerre.

Nous en avons vu un, si vieux qu'il ne pouvait plus marcher, se faire conduire sur un âne au milieu des combattans, et ne se retirer que lorsqu'un boulet eut emporté la tête de sa monture et les jambes de celui qui la conduisait.

Les Hadgis sont réputés les plus fervens d'entre tous les Musulmans. On appelle ainsi ceux qui ont fait le voyage de la Mecque et visité le tombeau de Mahomet.

Considérés déjà comme sanctifiés, on les traite partout avec la plus grande distinction. Ce respect inspire à tous les autres le désir de faire le même voyage. Mais c'est un bonheur que très-peu sont en état de se procurer; car, outre le tems, la fatigue des déserts et les frais de route, on est obligé à une offrande sans laquelle le pèlerinage demeurerait sans récompense.

Ces pèlerins de la Mecque mènent de pair la religion et le commerce: ils travaillent en même tems à gagner le ciel et les biens de la terre.

Les Schérifs tirent leur origine de Mahomet. Ils portent un turban vert, et cette distinction n'appartient qu'à eux seuls. Tels parmi eux sont accablés de misère, qui ne voudraient pas renoncer à cette prérogative héréditaire pour les offres les plus avantageuses.

Ces Schérifs n'ont pourtant aucun titre ni document pour prouver leur descendance; ils ne la tiennent que d'une tradition non interrompue transmise de père en fils, et l'imposture à cet égard est un cas qui entraîne le dernier supplice.

La plupart des Algériens portent un chapelet de corail, d'ambre ou d'agathe. A mesure qu'ils en font glisser les grains, ils profèrent les attributs de la divinité, mais d'une manière si mystique qu'il est aisé de s'apercevoir que cette action provient plutôt de la dévotion que de l'habitude.

Quelques-uns prononcent uniquement à chaque grain *sta fer allah* : Dieu me garde; d'autres, *Allah, Illah, Mohammes rosoul allah* : il n'y a point d'autre Dieu que Dieu, et Mahomet est son prophète. Les plus érudits ajoutent à cette formule de foi l'énumération des attributs de Dieu, qu'ils récitent sur le chapelet dans l'ordre suivant :

« Au nom du seul Dieu,
» Loué soit le Dieu seul.
» Au nom du Dieu tout puissant,
» Loué soit Dieu dans toute sa puissance.
» Au nom du Dieu infiniment bon,
» Loué soit Dieu dans sa bonté.
» Au nom du Dieu infiniment sage,
» Loué soit Dieu dans sa sagesse.
» Au nom du Dieu miséricordieux,
» Loué soit Dieu dans sa miséricorde.
» Au nom du Dieu éternel,
» Loué soit Dieu dans l'éternité, etc. »

Ils terminent cette litanie par la prière suivante :

« O Seigneur qui jugez tous les hommes, je
» vous adore, je mets toute ma confiance en
» vous, je confesse que vous n'avez point en-
» gendré et que vous n'avez point été engen-
» dré vous-même; que vous êtes au-dessus de
» toute ressemblance, et que rien n'est égal à
» vous. »

Les Mahométans prient Dieu partout où ils se trouvent, un des préceptes du Coran étant que la prière est d'obligation partout.

Quand l'heure de la prière est venue, ils se mettent à genoux où ils se trouvent, en observant de tourner le visage du côté de la Mecque. Alors ils font leur prière avec des salutations profondes, appuyant souvent la tête sur la terre.

Pendant la prière, ils ne s'inquiètent nullement de ce qui les environne. L'indifférence en matière de religion et le respect humain sont choses tout-à-fait inconnues chez les sectateurs du prophète.

Les marchands dans leurs boutiques, les voyageurs sur les routes, les laboureurs au milieu des champs, tous se prosternent et prient.

Les cloches n'étant pas en usage chez les Musulmans, dans les villes et les villages on choisit des hommes d'une voix forte et sonore pour appeler les croyans à la prière du haut des minarets, qui, s'élevant en tourelles élancées au-dessus des maisons, ressemblent à des doigts qui indiquent aux hommes que le ciel est leur patrie.

Chaque crieur de mosquée psalmodie aux heures indiquées l'acte de foi des Musulmans: « Il n'y a qu'un Dieu, Dieu est grand, et Maho- » met est son prophète. » Puis, après avoir répété trois fois ces paroles, il ajoute : « Je vous » salue, venez à la mosquée adorer Dieu, et » que ceux qui sont dans la campagne et sur » les chemins prient où ils se trouvent. »

Le muezzin ouvre la mosquée à minuit. Au crépuscule, qui se nomme *Kemlebak-Denor*, il appelle pour la première fois le peuple à la prière; il remonte sur le minaret après l'heure de midi, puis à quatre heures, au coucher du soleil, et enfin une heure après le coucher du soleil. Dans la secte d'Aly, les prières se font au point du jour, à quatre heures et à neuf heures du soir.

Il n'y a jamais que les hommes et les jeunes gens adultes qui entrent dans la mosquée. Le pavé en est toujours couvert de nattes de jonc, et on trouve à la porte un bassin rempli d'eau ou une fontaine pour les ablutions.

En entrant dans la mosquée, les Mahométans ôtent leurs babouches sous le pérystile, et après s'être lavé les pieds, les mains et les oreilles, ils vont s'accroupir. Les uns ont un chapelet, d'autres lisent le Coran.

A certains passages ils font des salutations ; et, lorsque les imans prêchent, les salutations se répètent à chaque instant.

Les Algériens sont si recueillis et si attentifs dans leurs mosquées qu'on ne les entend jamais ni tousser ni cracher; le silence de la mosquée ressemble à celui du désert. Des lampes et une chaire forment toute la décoration de ces édifices. Les images y sont défendues, aussi bien que dans les maisons particulières.

Le vendredi est le jour férié de la semaine. Après la cérémonie religieuse, chacun peut vaquer à ses affaires, Mahomet n'ayant point fait une obligation de repos ce jour-là.

Indépendamment du vendredi, les Musulmans ont plusieurs autres jours de fêtes pendant l'année ; ce sont les suivans :

Le premier jour de l'an, qui correspond au 27 juin, *Acharra* ; la naissance de Mahomet, *le Ramazan*, qui est le carême des Musulmans ; *le Beyram*, la fête de *Kaïd-el-Kebir* ; enfin, la fête de *Chaoual ;* cette fête est la moins solennelle.

La fréquentation assidue de la mosquée plusieurs fois le jour est d'obligation. Toute personne convaincue d'avoir manqué huit jours de suite à la mosquée, se rend incapable de témoigner en justice.

Le christianisme a fait de la femme la compagne de l'homme ; le mahométisme en a fait une esclave, et, comme telle, l'a soumise à tous les caprices du despotisme. La polygamie vient ensuite enlever au mariage tout le charme d'une société intime.

Pour la femme d'un musulman, l'histoire d'un jour est celle de toute la vie, et rien ne fournit à son esprit les idées du lendemain. Il est vrai que les femmes algériennes sentent peu leur malheur, à cause de l'ignorance dans laquelle on les élève. Elles ne reçoivent qu'une éducation physique ; et, pour toute science, on leur apprend par cœur quelques sentences du Coran.

La religion musulmane sera toujours un

grand obstacle à la civilisation de l'Afrique française; le fanatisme qu'elle prêche est profondément enraciné dans le cœur de ses sectaires. Ils ne reconnaîtront jamais que les chrétiens sont leurs frères et qu'ils leur doivent une amitié réciproque.

C'est une opinion généralement reçue chez tous les peuples du Nord de l'Afrique que sacrifier un chrétien est devant Dieu une œuvre méritoire. Quelques fanatiques pensent même qu'ils n'occuperont qu'une place très-inférieure dans le paradis, s'ils ne s'en rendent dignes par le meurtre de quelque infidèle. Mais ils ne sont pas d'accord sur la manière dont ce meurtre doit s'accomplir.

Quelques-uns croient qu'il faut tuer un chrétien en duel ou à la guerre, en combattant à chances et armes égales. Mais les Bédouins et les Kabyles pensent presque tous qu'il suffit de le tuer et que la manière est indifférente.

Un riche algérien, au-dessus des atroces préjugés de ses compatriotes, me raconta un jour à cette occasion une histoire fort singulière arrivée à Alger.

Un italien renégat, devenu capitaine d'un bâtiment armé en corsaire sous le nom d'Aly, conduisit un jour dans le port d'Alger un vaisseau espagnol, dont il s'était emparé.

L'équipage s'était défendu avec tant de bravoure qu'il s'y trouva beaucoup de morts et de blessés. Il y avait au port un grand nombre d'habitans d'Alger et des Arabes qui firent retentir l'air de leurs acclamations ordinaires.

L'un des Maures présens, vieux bigot, se jeta aux pieds d'Aly et lui adressa cette bizarre demande : « Seigneur, que tu es heureux de » faire tant de ravages parmi les chrétiens et » d'avoir souvent l'occasion de les détruire ! » Ta gloire égale dans le ciel celle des plus » grands serviteurs du prophète. Mais que je » suis éloigné de ce bonheur ! Quoique exact » observateur de la loi, je n'ai encore sacrifié » aucun chrétien au grand Allah. Je mourrai » désespéré, si je manque à cet article. Sois » l'auteur de ma félicité en m'accordant une » victime parmi le grand nombre d'infidèles » qui sont actuellement en ton pouvoir. »

Aly, qui n'était pas un musulman fort scrupuleux, sourit à cette demande et répondit au bigot qu'il lui accordait ce qu'il demandait : « Va-t'en, lui dit-il, sur la plage près du tombeau des six Deys, et ce chien de chrétien (lui montrant un espagnol jeune et robuste) te sera envoyé pour assurer ta félicité. »

Le maure, transporté de joie, le remercia et se rendit dans le lieu désigné. Aly fit donner un fusil, un sabre et un bâton au vigoureux espagnol, et lui ordonna de rejoindre le vieux maure. « Tu lui diras, ajouta-t-il, que le capitaine t'envoie vers lui, comme il en est convenu; mais s'il veut user de violence à ton égard, je t'ordonne de le tuer. »

Le maure, qui vit venir le jeune espagnol bien armé, s'enfuit d'un autre côté et vint se plaindre à Aly en disant que le chrétien avait osé se présenter avec des armes et qu'il n'avait pu remplir son désir. « Vieux coquin! lui cria Aly, tue comme nous les chrétiens qui se défendent, et ne les assassine pas! »

On conçoit aisément qu'un peuple qui se livre à de pareilles atrocités ne doit pas avoir des principes religieux bien fixes; aussi les Kabyles n'ont-ils réellement point de dogmes déterminés. Ceux qui, depuis des siècles, sont en contact avec les Mahométans, ont pris quelques-unes de leurs pratiques religieuses: ils se réunissent même quelquefois dans une cabane particulière pour prier.

Ceux qui habitent Alger ont une mosquée dans le faubourg Babazoune; ils n'ont jamais voulu aller dans celles des Maures et des Turcs, et ils ont même toujours refusé de célébrer les cérémonies de leur culte devant un étranger, quel qu'il fût.

Voici ce que j'ai remarqué dans la cérémonie lugubre de l'enterrement d'un arabe.

Le mort est placé sans cercueil sur un brancard porté sur les épaules par quatre hommes. Il est revêtu de son burnous et recouvert d'un tapis en soie rouge et jaune, sur lequel sont brodés des croissans, des étoiles et quelques caractères arabes.

Arrivé près de la fosse, on dépose le brancard à terre, le marabout s'approche du cadavre et prie tout bas avec une fervente dévotion. Il impose ensuite les mains sur le défunt; puis, en finissant, il élève les mains et les yeux au ciel d'une manière très-expressive. Tous les assistans, rangés derrière le marabout, sur une seule ligne, font le même geste et prient comme lui en silence.

Les prières terminées, quatre des assistans élèvent un peu par les quatre coins le drap mortuaire et le tiennent ensuite suspendu sur la fosse. On recueille avec respect les ossemens épars sur la terre et on les place auprès du mort; une tête est mise sous sa tête comme pour lui servir d'oreiller; des vêtemens sont déposés à ses pieds; on recouvre ensuite la tombe de larges dalles en pierres brutes. Cette inhumation silencieuse, ces espèces de mystères ont quelque chose de grave et d'imposant.

Le culte hébraïque est le même à Alger que dans les autres contrées; mais j'y ai remarqué des particularités que je n'ai observées nulle part ailleurs, et que je crois utile de faire connaître.

Un juif à Alger prie Dieu soir et matin chez

lui ; très-souvent il monte sur sa terrasse, au soleil levant, avec un voile de laine blanche sur la tête; ce voile est fixé par une courroie, à laquelle est suspendu un morceau de bois orné d'une figure qui représente Dieu.

Après avoir fait face à l'Orient, il s'entoure le bras gauche avec une autre courroie, et alors il récite ses prières en gesticulant d'une manière étrange.

Il y a six grandes fêtes par année dans la religion hébraïque; elles durent chacune pendant plusieurs jours. Le 15 septembre commence la plus solennelle, qui est celle des tabernacles. Les Juifs passent cette fête dans des cabanes en roseaux qu'ils établissent sur les terrasses ou dans les cours de leurs maisons.

Le code des lois algériennes n'était du tems de la régence autre chose que le Coran, auquel la volonté souveraine et absolue du Dey suppléait au besoin ; la peine du talion en était, comme chez presque toutes les nations barbares, la base principale.

Du reste, la manière d'administrer la justice dans les états algériens était bien certainement l'une des plus simples et des plus expéditives qui aient jamais existé sur la surface du globe : il n'y avait là ni procureurs ni avocats.

En matières civiles comme dans les affaires

criminelles, la justice était rendue sans frais, sans écriture et sans délai. Le Cadi entendait seulement quelques témoins, et ses décisions étaient presque toujours sans appel; il fallait que les cas fussent bien importans pour que le condamné pût en appeler au souverain.

Les condamnés à mort étaient décapités, pendus, empalés, brûlés vifs ou jetés sur les grands crochets qui sont encore à la porte Babazoune, et sur lesquels ils restaient pendant plusieurs jours en proie aux plus horribles douleurs. On m'a dit qu'un homme jeté sur ces crochets était resté vivant pendant trois jours, et qu'il aurait peut-être encore vécu plus long-tems sans un janissaire qui en eut pitié et lui tira, en passant, un coup de fusil dans la tête*.

Les voleurs pris en flagrant délit avaient aussitôt la main droite coupée; ensuite on la leur pendait au cou, et les plaçant sur un âne, la face tournée du côté de la queue, on les promenait ainsi dans les faubourgs et par toutes les rues de la ville.

Les femmes adultères étaient obligées de se faire courtisannes; mais si le crime avait été

---

* Les autres instrumens de supplice étaient : masses pour casser la tête, fouets avec des pointes de fer, cordes nouées, tenailles en fer pour déchirer la chair, etc. Ces instrumens se voient encore dans le corps-de-garde situé sous la voûte de la marine.

commis avec un chrétien ou un juif, on les liait dans un sac et on les jetait à la mer; pendant qu'on les y conduisait, leurs parens les suivaient en lançant des imprécations contre elles.

Lorsqu'un malfaiteur avait reçu sa sentence, il marchait avec un seul gardien au lieu de l'exécution, sans fers et sans menottes et sans qu'il se fît aucun mouvement parmi le peuple.

Personne n'assistait au supplice que quelques enfans ou ceux qui passaient là par hasard. Les Algériens ne peuvent revenir de leur surprise quand on leur parle du cérémonial et du tumulte qui accompagnent les exécutions en Europe. Ils ont peine à croire que les habitans d'une ville entière quittent leurs occupations pour voir donner la mort à un de leurs semblables. On les trouve incrédules quand on leur dit qu'en France et ailleurs on loue des places tout près du lieu de l'exécution, pour voir bien à son aise les tourmens d'un malheureux que la prédestination, disent les Musulmans, a pu seule conduire à l'échafaud.

XX.

Retour en France — Les côtes de Provence. — Le Lazaret de Marseille. — Les deux Contarini.

J'AI placé sous les yeux du lecteur le tableau exact et fidèle de mes explorations, de mes études et de mes recherches sur l'Algérie. J'ai dépeint de mon mieux et avec toute la vérité de l'histoire ces contrées africaines, où flotte le drapeau de la France depuis le jour où sa puissante épée en a fait la conquête. J'ai raconté la gloire dont se couvrit notre jeune armée pendant l'expédition de 1830. J'ai dit l'origine, les mœurs et le caractère de ces peuples barbares, qui pendant tant de siècles, protégés par les rochers inaccessibles de leurs rivages et par les tempêtes qui en écartaient les flottes des puissances européennes, exercèrent impunément sur les mers leurs brigandages qui firent tant de victimes, et leurs crimes qui firent couler tant de larmes.

Il me reste maintenant pour accomplir la tâche que je me suis imposée, et pour rendre mon œuvre aussi complète que possible, à esquisser les événemens et les brillans faits d'armes qui, plus rapprochés de nous, sont plus connus, et ont par conséquent besoin de moins de développemens.

Je me propose de le faire dans un aperçu rapide; et en retraçant dans quelques pages la gloire des héros de Constantine et de Mazagran, j'accomplirai bien moins une tâche difficile qu'un devoir doux à remplir. Mais pour suivre l'ordre chronologique des dates, je parlerai auparavant de mon retour sur les rivages de la patrie, et là je prierai le lecteur d'explorer un instant avec moi notre belle et poétique Provence, dont je n'ai pu lui dire que quelques mots au commencement de ce livre.

Je m'embarquai le 20 octobre à bord de la gabarre la *Lamproie*, qui faisait voile pour la

France. Une brise du Nord très-agréable soufflait dans l'atmosphère, et bientôt les rivages de l'Afrique se perdirent dans les brumes de l'horison.

Quelle différence entre le départ de Toulon et le retour d'Alger ! La politique, cette plaie sociale qui brise les liens de l'amitié, qui fait du frère l'ennemi du frère, avait semé partout le trouble et la discorde.....

Ces grands événemens qui changent l'ordre établi et bouleversent les empires ne peuvent pas arriver sans secousse, sans froisser bien des intérêts, sans faire s'évanouir bien des espérances ; aussi la divergence des opinions fit-elle naître plus d'une fois l'aigreur dans les conversations générales et particulières qui eurent lieu pendant la traversée entre les passagers de la Lamproie.

Je passerai sous silence les regrets donnés par les uns, et les reproches pleins d'amertume adressés par les autres aux membres de la famille infortunée qui venait de s'embarquer à Cherbourg, car j'ai pris la plume pour faire une relation et non pour écrire un pamphlet.

J'abrége les détails sur notre voyage d'Alger à Marseille, qui aussi bien n'eut rien de remarquable, et je me hâte d'arriver aux rivages de l'antique Provence. Nous aperçûmes de loin les roches grises de ses côtes ; et bientôt, harcelés par une mer houleuse, nous entrâmes dans l'anse du Lazaret de Marseille.

On dit que le beau côté d'une prison en est le dehors ; c'est de même au Lazaret. C'est une prison pour le prince, le négociant, le voyageur et le soldat, pour des gens qui ne sont coupables d'aucun délit ; un hôpital pour ceux qui se portent bien, où chacun est soumis à une loi de suspects.

Vous venez d'un pays où règne quelquefois la peste ou le choléra asiatique ; le soupçon qui pèse sur vous à votre arrivée anéantit la pitié de tout ce qui vous environne ; de sorte que si jamais vous avez l'audace d'enfreindre le régime disciplinaire du Lazaret, votre tentative d'évasion peut vous coûter la vie. Du reste, vous en êtes préalablement averti par des écriteaux dont le laconisme ne laisse rien à désirer : « *Il est défendu de franchir les murs de cette enceinte sous peine de mort.* »

Des chaloupes canonnières gardent la côte, et de nombreuses sentinelles veillent autour des doubles murailles qui vous renferment, de peur que vous ne vous échappiez, et sont chargées de faire feu sur un homme qui fuit comme sur un animal dangereux.

Au retour d'une partie des bataillons expéditionnaires d'Afrique, le Lazaret renfermait environ trois mille hommes ; il peut en contenir quinze mille. C'est un composé d'une multitude de corps de logis isolés entre eux, dont toutes les portes sont en fer.

Ces portes ne s'ouvrent que pendant le jour, et l'office de portier est confié à des gardiens qui vous observent, vous suivent, portant une gaule blanche à la main pour vous retenir à distance de leur personne.

A la gravité avec laquelle ils s'acquittent de leurs fonctions, ils vous font l'effet de quelque sénateur romain ; mais ce sont tout bonnement des portefaix de l'ancienne roche de Marseille.

L'un de ces hommes eut la courtoisie de venir me réveiller la nuit même qui suivit notre arrivée au Lazaret, pour me faire remarquer un soldat somnambule qui s'était mis en faction sur le toit du quartier St.-Roch. Le factionnaire aérien fut fidèle à sa consigne, car il ne descendit qu'au bout de deux heures, puis alla silencieusement se replacer au milieu de ses camarades.

Çà et là, dans ce vaste enclos qui renferme des montagnes, le costume oriental se reproduit quelquefois ; on y voyait encore l'Alepien, le Tunisien et le Smyrnais accroupis et silencieux. Ceux-là ont tout le tems de réfléchir, leur quarantaine étant de quarante jours. Elle recommence, elle se double, elle se multiplie si quelque symptôme de maladie se déclare parmi eux.

« Je crois que je finirai mes jours dans les hangards de Marseille, me dit un négociant syrien; un de mes domestiques vient d'avoir une indisposition légère causée par la mélancolie, on vient de doubler pour cela ma quarantaine, et c'est pour la seconde fois. »

Aussi voit-on inscrites sur les murailles du Lazaret des caricatures, des lamentations et des épigrammes dans tous les dialectes et faites par des gens de tous les pays, où les noms propres des administrateurs sont consignés.

Les quarantenaires sont partagés en catégories, lesquelles ne doivent avoir aucune communication entre elles. Les arrivans du même jour et par le même bâtiment ont un même local séparé des autres, et on les prévient de ne pas communiquer avec ceux qui arriveront un jour plus tard; car le frôlement seul de leurs habits les rendrait suspects et passibles d'une prolongation de quarantaine.

La veille de notre sortie du Lazaret, les gardiens arrivèrent dans notre chambre, en fermèrent hermétiquement les portes et les fenêtres, puis jetèrent dans un grand réchaud ardent une matière dont la fumée est si pénétrante, si suffocante, que les hommes les plus robustes ne sauraient la supporter plus de vingt minutes sans se sentir asphyxiés.

Le séjour d'un Lazaret est soucieux; l'ennui, le désœuvrement vous y accablent. Enfin, après quinze jours de mélancolique mémoire, nous entrâmes dans la ville de Marseille, où je fus témoin de l'entrevue touchante des deux Contarini.

C'était à l'hôtel *Beauveau*, près de la Place Royale : la cloche venait d'annoncer le moment du dîner ; chaque voyageur vint prendre place à la table commune.

Un italien arrivé depuis quelques heures par la rue de Rome, dans un équipage élégant et armorié, vint se placer près de moi. On est plus communicatif, plus disposé à lier connaissance en voyage que ceux qui n'ont jamais quitté la glèbe natale. Bientôt la conversation s'engagea entre mon voisin et moi.

—Qu'est-ce que la gloire, me dit-il, si ceux qu'elle intéresse de si près y sont à ce point insensibles? On vient de me dire qu'une partie de l'armée expéditionnaire d'Afrique est entrée aujourd'hui presque inaperçue en cette ville. Ces troupes sont-elles nombreuses, Monsieur? — Trois mille hommes environ. — C'est une belle et glorieuse campagne. La France a droit d'en être fière ; car, indépendamment des avantages qu'elle doit en recueillir, la conquête d'Alger ajoute un nouveau lustre à sa gloire militaire, qui brille déjà d'un si bel éclat.

Puis la conversation roula, entre mon interlocuteur et moi, sur l'Algérie, dont je lui parlai en homme qui, l'ayant habitée et explorée assez long-tems, était à même de répondre et de satisfaire à ses nombreuses questions sur tout ce qu'il en avait lu dans les journaux de Venise ; qu'il me dit être sa patrie.

Nos mutuelles confidences ayant établi entre le seigneur vénitien et moi cette espèce d'intimité passagère que l'on voit souvent régner entre voyageurs que le hasard a réunis, il me proposa de l'accompagner dans une promenade qu'il désirait faire en ville, ce que l'amabilité de ma nouvelle connaissance me fit accepter sur-le-champ.

Nous nous rendîmes ensemble sur le port, nous franchîmes l'éminence rapide de Notre-Dame-de-la-Garde, et nous parcourûmes la rue de Rome jusqu'à l'arc de triomphe de la place Castellane. Nous visitâmes ensuite la place St-Michel et le Champ de Mars.

Les Provençaux disent qu'il n'y a qu'un Marseille dans le monde. Il est vrai de dire que quiconque voit cette ville dans son ensemble ne peut s'empêcher de l'admirer ; mais c'est surtout de la hauteur escarpée de Notre-Dame-de-la-Garde qu'elle présente un aspect enchanteur. Je parle de la nouvelle ville ; car l'ancienne, celle qui fut fondée par une colonie de la Phocide, ne possède que des rues étroites et tortueuses, des maisons d'antique structure, tandis que le nouveau Marseille est orné d'hôtels spacieux, de rues larges et alignées dont la plupart sont plantées de deux rangs d'arbres magnifiques.

Du haut de l'éminence dont j'ai parlé, l'œil s'égare sur l'immensité de la mer et sur une vaste et belle plage semée d'une multitude innombrable de bastides ou châteaux, que l'on voit s'élever dans la campagne à plusieurs lieues à la ronde.

Ce spectacle, quelque grandiose qu'il fût, n'avait paru faire qu'une médiocre impression sur l'âme du vénitien. Ce n'était à ses yeux ni Venise ni ses dômes ni ses riches palais: Il admira toutefois l'activité qui régnait dans le port et le mouvement que l'on voyait sur les quais. Là on apercevait les flammes variées des vaisseaux de toutes les nations qui se balançaient, gracieusement agitées par la brise.

On voyait flotter dans les airs la tiare et les clefs du pavillon romain à côté du croissant de la Turquie, le lion hollandais près des aigles autrichiennes, et les trois couleurs du drapeau de la France au milieu des drapeaux qui s'inclinèrent si souvent devant lui après la victoire.

Marseille est avant tout une ville de commerce. Son ensemble est majestueux, mais il est dépourvu de tout ce que l'on rencontre ordinairement dans les grandes cités. Ses monumens publics n'ont rien de bien remarquable, ses églises sont petites et mesquines. La cathédrale, qui paraît d'une antiquité carlovingienne, n'a aucun ornement, même dans le style gothique, qui la distingue.

Pendant notre promenade, qui dura plus de quatre heures, il s'était établi entre le vénitien et moi une sorte de mutuelle confiance qui nous amena à nous demander réciproquement nos noms. J'appris alors les titres et les qualités du seigneur italien. Il s'appelait Contarini et descendait de l'ancienne famille des Contarini de Venise. Il n'avait que vingt-trois ans, et il commençait un voyage pour voir de ses propres yeux ce qu'il avait lu dans ses livres et étudié sur ses cartes. Il allait visiter la France, la Belgique, la Hollande et l'Angleterre. Ce n'était pas un de ces voyageurs frivoles qui parcourent le pays en poste et n'en voient que les maisons; M. Contarini avait l'esprit observateur, et, tout jeune encore, il possédait l'aplomb, le calme et la sagesse qui ne sont ordinairement le fruit que d'une longue expérience.

« La Venise actuelle, me dit-il, n'a plus la splendeur qui l'environnait au tems de ses doges. C'était alors une nouvelle Tyr, et nos Vénitiens étaient les Phéniciens modernes. Aujourd'hui sa prospérité semble avoir disparu avec sa gloire, et Venise est tout simplement un port de mer, une place de commerce en décadence, une ville antique dont on admire les restes en y cherchant les souvenirs et les traces d'une grandeur éclipsée. Après quelques causeries pleines d'intérêt, grâce aux charmes que savait leur donner l'esprit de mon aimable compagnon, nous nous séparâmes en nous promettant mutuellement de nous revoir encore.

Le lendemain, un domestique de l'hôtel vint me prévenir que M. Contarini m'invitait à passer chez lui. Je me rendis avec empressement dans l'appartement qui me fut désigné; mais en y entrant, au lieu de me trouver avec ma connaissance de la veille, j'aperçus un capitaine de hussards en grande tenue. « Mille pardons, lui dis-je, monsieur le capitaine, je me trompe, et l'étourderie du garçon de l'hôtel en est la cause. Je lui avais demandé la chambre de M. Contarini, et il m'a indiqué celle-ci. — Je vous demande pardon à mon tour, monsieur l'abbé, me répondit l'officier français avec beaucoup de politesse; car vous ne vous trompez pas le moins du monde, et c'est bien moi qui me nomme Contarini. — Contarini, dites-vous, je le crois puisque vous me le dites, capitaine; mais c'est qu'alors il y en a plusieurs et tout au moins deux dans cet hôtel, car vous n'êtes pas à coup sûr le Contarini avec lequel je fis hier une promenade de plusieurs heures. — Non certes, je ne suis pas ce Contarini-là, puisque je vous vois pour la première fois de ma vie ; mais j'en suis un autre, et je me félicite de tout mon cœur de l'heureuse erreur que vous avez commise, puisque c'est à elle que je dois le plaisir d'apprendre qu'une personne de mon nom, un de mes parens peut-être, loge en ce moment sous le même toit que moi. Qui sait, monsieur l'abbé, c'est peut-être la Providence qui vous envoie ? Quelle est la patrie du Contarini que vous connaissez ? — Venise. — Venise, dites-vous? c'est cela même. O merci, mon cher Monsieur, merci mille fois. Puisse l'espérance que vos paroles mettent dans mon âme se réaliser ! Puissent mes yeux voir un descendant des Contarini mes aïeux, ma main toucher sa main amie, mes bras le presser sur mon cœur !

Et en prononçant ces paroles avec un enthousiasme qui prenait sa source dans les plus nobles sentimens, le capitaine s'élançait à sa malle, l'ouvrait avec précipitation, y mettait tout sens dessus dessous, pistolets, foulards, livres, etc., et en retirait un parchemin roulé, auquel pendait une boîte d'argent fermée par un cadenas. « Allons, me dit-il, M. l'abbé, je suis prêt à vous suivre; présentez-moi à votre ami, je brûle du désir de le voir et de l'entendre. Dites-lui qu'un capitaine français, du nom de Contarini, né en

Picardie, sera heureux d'avoir un entretien avec lui. »

Quelques minutes après cette conversation, qui avait fait naître en moi un vif sentiment d'intérêt et de curiosité, l'officier français et moi nous frappions à la porte du seigneur italien.

Nous entrâmes dans une antichambre, d'où nous entendîmes une douce mélodie. C'était le jeune vénitien qui, dans l'idiome harmonieux de sa patrie, chantait en s'accompagnant sur un instrument et faisait vibrer dans l'air les sons à la fois mâles et suaves de sa voix.

Il s'arrêta dès qu'il entendit le bruit de nos pas et vint au-devant de nous.

—Vous êtes d'une exactitude toute militaire, mon cher abbé, me dit-il en m'abordant avec un aimable sourire ; puis s'adressant au hussard, il lui dit avec une exquise politesse : Soyez le bien-venu, seigneur officier.

« Ce capitaine qui m'accompagne, dis-je à mon tour, porte comme vous le nom de Contarini ; le plus grand des hasards me l'a fait rencontrer, et sur le désir qu'il m'a témoigné de vous être présenté, je me suis fait un devoir de le conduire auprès de vous. — Je n'ai pas l'honneur de vous connaître, monsieur, répartit le seigneur italien, s'adressant à l'officier ; seriez-vous mon parent ? — Je suis celui des

Contarini de Venise, répondit le capitaine, et voici ma généalogie et les armes de ma famille, ajouta-t-il, en déployant le parchemin qu'il avait apporté.

Il ouvrit ensuite la boîte d'argent et plaça sur la table un titre signé de la main de Louis XV, ainsi qu'une lettre autographe de Louis XVIII.

Le jeune vénitien n'eut pas plus tôt jeté un coup-d'œil sur ces pièces, et cet examen ne lui eût pas plus tôt fait connaître que l'officier français qui était devant lui était son parent, que ces deux jeunes hommes se jetèrent dans les bras l'un de l'autre, comme deux frères qui se retrouvent sans s'y attendre après une longue absence.

Le noble vénitien et le capitaine français se tinrent long-tems embrassés dans une muette étreinte; il y avait quelque chose de si touchant et de si solennel dans le silence de leur bonheur, que je me sentis attendri jusqu'au fond de l'âme.

Le jeune vénitien rompit le premier le silence, en disant avec de douces larmes dans la voix : Cher Contarini! que ce soit désormais entre nous à la vie et à la mort!

Après cette première effusion d'une amitié qui datait de quelques instants et qui paraissait avoir duré toute la vie, les deux jeunes gens parlèrent de leurs familles et des événemens qui les avaient séparées.

Le capitaine Contarini appartenait à cette branche des Contarini de Venise qui passa en Corse, et qui, bannie en 1736, quand le baron Théodore de Neuhoff fut proclamé roi de ce pays, se réfugia en France, dans la province de Picardie.

— Non loin des ruines de l'antique château féodal de Labroye, dit le capitaine, où Philippe de Valois vint demander un asile après la bataille de Crécy, en disant au châtelain, qui ne le reconnaissait pas : *Ouvrez, c'est la fortune de la France*, on voit aujourd'hui une métairie et un petit manoir. C'est le patrimoine de mon vieux père, du chef de la famille des Contarini de France, du descendant des doges de Venise.

Mon aïeul, qui fit l'acquisition de ce petit domaine, se plaisait à aller rêver au milieu des ruines du château de Labroye, qui semblaient offrir à son imagination l'image de la splendeur déchue de son antique famille. Il grava un jour sur la pierre la plus apparente de ces ruines, dans la langue de sa patrie, ces paroles connues d'un monarque français après un grand revers : *Tout est perdu, fors l'honneur*.

Ce récit touchant du capitaine Contarini, auquel un ton de franchise et de loyauté toute militaire semblait donner un charme de plus, fit une vive impression sur l'esprit du jeune vénitien. Sa main se tendait à chaque instant pour presser affectueusement celle de son ami, de son frère; et ses yeux, dans lesquels se peignaient les douces émotions de son âme, fixaient constamment la belle et mâle figure de l'officier français, de laquelle ils semblaient ne pouvoir se détacher.

Après de longues et mutuelles confidences entre les deux jeunes gens, après des questions sans nombre sur leurs familles, le capitaine invita son parent à dîner et me pria d'être de la fête, moi, disait-il, à qui il devait le bonheur de voir, d'embrasser un Contarini.

L'offre de l'officier fut acceptée, et pendant le dîner les doux épanchemens d'une affection fraternelle continuèrent entre les deux Contarini, qui n'avaient eu besoin que de se voir pour se connaître, pour s'estimer, pour s'aimer enfin.

Le capitaine était venu à Marseille avec un lieutenant de son régiment pour témoigner devant un conseil de guerre; il était en garnison à Tours, et il lui fallait retourner à son corps. Avant de partir, il convint avec le seigneur Contarini de l'époque où il se rendrait en Picardie pour l'attendre et le recevoir au sein de sa famille, entouré de son vieux père, de ses frères et de ses sœurs, pour lesquels la visite de leur parent de Venise serait un jour de félicité inespérée.

Le jeune vénitien accepta avec empressement en disant qu'il aurait lui-même une bien large part dans le bonheur qu'on lui faisait entrevoir.

Les deux Contarini se séparèrent enfin, en se promettant de s'écrire et de se revoir bientôt........ Et moi, je me promis de conserver toute ma vie le doux souvenir de leur touchante entrevue.

XXI.

Aix, colonie romaine.—Ses troubadours.— Caractère de ses habitans.—Armes de la ville.—Eaux thermales. — L'Hôtel-Dieu.— Le corps d'une bienheureuse.—Tombeau singulier.—Promenades.

Aix et son territoire, comme le disent Spon et Millin, forment une terre vraiment classique. Séjour de la première colonie romaine dans les Gaules, cette ville fut long-tems un point central de communication entre ce pays et la ville de Rome. De beaux édifices la décorèrent, de nombreux établissemens y amenèrent l'abondance.

Ces terres fertiles, que le paisible laboureur parcourt aujourd'hui en chantant ses joyeux couplets, furent le théâtre de sanglantes guerres ; on y consacra des monumens d'affection ou de piété, des tombeaux y furent élevés à des guerriers illustres.

Il n'est pas un provençal qui ne connaisse Marius et ses triomphes ; tous vous montrent des médailles de cet illustre proscrit et vous entretiennent de ses victoires, de celle surtout qu'il remporta dans la plaine d'Aillane, entre Trets et Pourrières, où les barbares perdirent plus de deux cent mille hommes, et dont les Provençaux vous parlent encore comme d'un événement contemporain.

Un paysan me montra avec orgueil le monument triomphal que le général romain avait fait élever sur le champ de bataille. Ces ruines vénérables sont dans un lieu peu éloigné de la rivière de l'Arc, à quatre lieues d'Aix. Marius appela la montagne au pied de laquelle la victoire fut remportée : *Rupes victoriæ*, aujourd'hui Sainte-Victoire.

Les Salyens (tel était le nom du peuple provençal alors) se révoltèrent. Cécilius, autre général romain, les soumit ; et lors de la division des Gaules en dix-sept provinces, Aix devint la capitale de la seconde province Narbonnaise.

Les troubadours, qui parcouraient la France

au douzième siècle, tiraient leur origine de la Provence. Leurs poésies respiraient la plus aimable naïveté, parée de toutes les grâces d'un langage doux et d'une cadence harmonieuse.

Les châtelains et les princes cherchaient à les attirer dans leurs manoirs. Les troubadours parcouraient ainsi les provinces, en chantant sur la harpe les dames et les combats.

Les troubadours n'étaient pas, comme quelques auteurs l'ont écrit, des hommes efféminés, coulant leurs jours au milieu de l'indolence, des fêtes et de la volupté. C'étaient au contraire des guerriers valeureux qui maniaient aussi bien l'épée que la harpe, et qui avaient autant de courage en faisant la guerre que de grâces en chantant la beauté.

Les habitans d'Aix sont gais et spirituels. Malgré la vivacité qui leur est naturelle, ils ont un caractère réfléchi. Ce caractère a su les préserver des excès de l'exaltation des esprits, au milieu de nos misères politiques. Ils aiment généralement les sciences. L'art militaire compte parmi eux des généraux habiles, des guerriers intrépides; aussi la première parole que m'adressa l'archevêque d'Aix, à mon arrivée en cette ville, fut pour me parler du général Berthezène.

Les armes de la ville d'Aix portent cette

inscription : *Generoso sanguine parta*. Je traduis ici une inscription latine qui fait connaître l'origine de ces armoiries.

« Vers l'an 840, Vilfred *dit* le Velu, comte de Catalogne, après une bataille livrée aux Sarrasins, et au gain de laquelle il avait eu la principale part, se présenta couvert de sang et de poussière devant Charles-le-Chauve, roi de France. Ému à la vue de ce glorieux spectacle, Charles demanda au comte ce qu'il pouvait faire pour lui. Vilfred présenta son écu qui n'était marqué que d'un champ d'or, et pria le roi de lui donner un blason de sa main. Alors Charles, trempant ses doigts dans le sang qui coulait des blessures du comte, en traça quatre pals sur son bouclier. Dans la suite, ces armoiries furent données à la ville d'Aix par Raimond-Bérenger V, comte de Provence, en reconnaissance du zèle que les habitans avaient montré pour son service. »

Les eaux thermales sont situées à l'extrémité du faubourg St.-Jean-Baptiste, à l'endroit où étaient les bains antiques. Leur renommée et la température si douce de la Provence y attirent chaque année une foule d'étrangers. On montre aux eaux thermales les restes d'un bas-relief antique qui décorait un autel, et sur lequel sont tracées les lettres I. H. C. Ces trois lettres ont été l'objet de beaucoup d'interprétations, entre autres de celles-ci :

In hortorum custodiam. — Jucundorum hortorum custos. — Impensis hujus coloniæ, etc.

Deux tombeaux du moyen-âge servent de bassin à une fontaine. Un de ces sarcophages représente le passage de la mer Rouge.

Je ne pus visiter l'Hôtel-Dieu sans éprouver la plus vive émotion à la vue du spectacle offert par les sœurs de l'hôpital. Ces jeunes vierges, après avoir fait à Dieu le sacrifice des avantages que procurent dans le monde la santé, la jeunesse, la beauté et souvent les richesses, se consacrent au soulagement des maux qui affligent l'humanité. Les maladies les plus cruelles, l'aspect des plaies et des ulcères, les cris de la souffrance, les blasphèmes du désespoir, les angoisses de la mort, le danger des contagions mortelles, rien n'ébranle le courage de ces saintes filles. On dirait, en voyant agir les sœurs de l'hôpital, que chacune d'elles soigne un père ou une mère.

Ces vestales chrétiennes me montrèrent le corps d'une religieuse, morte supérieure de leur communauté en 1815; ce corps a été exhumé en 1822, et se trouve si bien conservé qu'il vous semble voir une personne endormie. Il est déposé dans une armoire vitrée de la lingerie.

Jacques de Laroque fonda en 1519 cet asile de charité. Il inséra dans la charte de fondation une clause des plus originales; il y est dit :

« On admettra dans cet hospice tout homme souffrant, quelle que soit sa croyance, *fût-il le diable*; et on exclura du nombre de ses administrateurs tout ecclésiastique, quelque rang qu'il ait dans l'église, *fût-il le pape.* »

Un monument funéraire fixa quelques instans mes regards. Près de l'Hôtel-Dieu qui est situé dans le faubourg Notre-Dame, est le tombeau de Joseph Sec, mort en 1794. Ce monument est d'un goût singulier. Il représente le pouvoir des lois sur les nations.

Une statue de Thémis domine l'édifice; plus bas paraissent l'Afrique et l'Europe inclinées respectueusement devant les tables de la loi, que montre aux nations le législateur des Juifs.

Au-dessus sont des bas-reliefs, dont les sujets ont été tirés de l'ancien et du nouveau testament; d'autres ont rapport à plusieurs événemens de la révolution. Il y a aussi des inscriptions en vers et en prose, et enfin des sculptures qui représentent des assignats d'une exécution parfaite. M. Sec fit construire de son vivant presque toutes les maisons qui forment le faubourg Notre-Dame.

Les eaux sextiennes de la ville d'Aix, ainsi appelées à cause de Sextius, gouverneur romain, qui en fut le fondateur, soutiennent leur antique renommée.

Il y a dix-neuf fontaines, dont la plupart

sont ornées avec goût et magnificence et portent des inscriptions à la mémoire de Réné d'Anjou, de Louis XV et du comte de Provence, son petit-fils, depuis Louis XVIII.

Plusieurs hydromanes ont des jets d'eau portatifs dans leurs maisons ; ces petites fontaines, confectionnées de brêche dure de la montagne de Sainte-Victoire, se vendent depuis quinze jusqu'à quarante francs. Elles sont un objet d'agrément et de propreté pour les cafés et les restaurans. Cette petite machine hydraulique fait élever l'eau par son propre poids. Elle est composée d'un tube qui fait plusieurs tours sur un cylindre incliné, et l'eau descendant dans le tuyau à chaque demi-tour s'élève par le mouvement du cylindre.

Les promenades sont belles et nombreuses à Aix. Celle qu'on nomme le Cours et qui aboutit aux grandes routes de Paris et de Marseille est plantée de quatre rangs d'ormes, d'acacias et de platanes ; trois fontaines jaillissantes sont distribuées dans l'allée du milieu. Les deux côtés de cette large et belle promenade, qui rappelle les boulevards de Paris et de Bordeaux, sont ornés d'hôtels et de maisons magnifiques.

De la rotonde située sur le Cours, la vue se porte sur des prairies, des massifs de verdure, des jardins et des côteaux couverts d'oliviers, d'amandiers et de vignes ; et des rochers grisâtres formant un effet très-pittoresque bordent l'horison.

Au loin s'élève la montagne Sainte-Victoire, près de laquelle Marius extermina l'armée des Teutons. Les débris de l'arc de triomphe qu'il fit élever sur le champ de bataille étonnent l'œil du voyageur par leurs dimensions colossales.

XXII.

Nîmes.— Ses monumens historiques.— La Maison-Carrée.— Les arènes.— Le temple de Diane. — La Tour-Magne. — Industrie. — Commerce. — Uzès. — La fontaine d'Eure.— L'aqueduc de sept lieues. — Le pont du Gard. — Les montagnes du Languedoc. — Les orpailleurs. — Le pavillon de Racine. — Le temple des Druides.— Une légende languedocienne.

EN quittant Aix, je vis Orgon, bourg fort connu depuis 1814; puis, traversant des plaines délicieuses et fertiles où paissaient de nombreux troupeaux, je vis le magnifique pont suspendu sur le Rhône, lequel sépare Tarascon de Beaucaire. Bientôt la Tour-Magne s'offrit à mes yeux, et le soir j'entrais dans Nîmes, cette ville si célèbre par son antiquité et par les monumens que la magnificence chevaleresque des Romains y a laissés et que les siècles n'ont pu détruire.

Ce pays-là aussi, la nature a pris soin de le marquer distinctement d'une empreinte de son doigt. Il est assis au revers des Alpes et de ce long appendice de cimes montagneuses qui, sous le nom de Cévennes et de montagne noire, court jusqu'à la Garonne.

Tout cela est incliné vers le soleil et reçoit le coup de la réverbération dans la Méditerranée. Aussi les chevelures blondes n'ornent point la tête des femmes de ces contrées; l'homme y naît le teint brun, les yeux noirs et ardens. Sa physionomie est l'image de son caractère, et ce caractère universellement répandu forme les mœurs du pays. C'est comme une bordure jetée autour de la Méditerranée, qui unit l'Espagne à l'Italie par une analogie remarquable de races, de mœurs et de climats.

L'exaltation des esprits produite par les événemens de la métropole se faisait encore remarquer chez les Languedociens. Le clergé déplorait la fatalité des guerres civiles, qui divisent les habitans d'une même ville, les amis et les parens. Ces anciennes et interminables rancunes entre catholiques et protestans, qui paraissaient assoupies, ne cessaient depuis plus d'un an de fomenter la discorde parmi les citoyens des villes et des campagnes.

Une fois à Nîmes, je m'empressai d'aller saluer ses nombreux monumens historiques.

Sur l'église cathédrale on voit des aigles romaines auxquelles on a tranché la tête. On prétend que c'est par ordre d'Alaric, qui voulait donner par là des preuves de ses victoires à la postérité.

Le grand nombre des monumens antiques que le peuple-roi a laissés à Nîmes fait croire que cette ville, dans sa splendeur ancienne, était devenue une seconde Rome. L'empereur Antonin-le-Pieux, fils du consul Aurélius Calvius, y est né, ainsi que Domitius Affer.

Adrien y fit bâtir une basilique pour servir de tombeau à l'impératrice Plotine, sa bienfaitrice, veuve de Trajan. Ce monument subsiste encore en entier; il a bravé les siècles, les mains des barbares et les révolutions des empires. On l'appelle *Maison-Carrée*. L'intérieur de cet édifice renferme le musée public.

Les archéologues et les connaisseurs affirment que la Maison-Carrée est un ouvrage achevé. On y voit des colonnes avec des chapiteaux de l'ordre corinthien, qui sont d'une beauté admirable. Selon Jacques Spon, Millin et Walter-Scott, ce monument est le chef-d'œuvre des Romains et le plus sublime effort de l'architecture.

On a vu des enthousiastes s'arrêter devant ce monument et demeurer debout en contemplation extatique pendant des heures entières.

Voici l'amphithéâtre : c'est une enceinte circulaire toute garnie de gradins et construite à ciel ouvert. Plusieurs portraits des Césars ornent l'intérieur de ce vaste cirque. On l'appelle dans le pays les Arènes. C'était là qu'avaient lieu les combats des bêtes et des gladiateurs. Il s'y est tenu plusieurs conciles.

Le temple de Diane est hors de la ville, auprès d'une fontaine magnifique. Ce temple, ou disons mieux ces ruines, font encore l'admiration des curieux et des connaisseurs. Dans le fond est une retraite obscure, d'où partaient les oracles.

La Tour-Magne est, parmi les monumens des Romains qui ornent la ville de Nîmes, un ouvrage des plus remarquables. Cette tour, qui couronne le sommet d'une colline, était, selon toute apparence, un lieu d'observation qui avait sa relation directe avec la superbe tour bâtie sur une éminence au-dessus du village de Belle-Garde. Les Romains arboraient sur ces tours et sur d'autres tours avec lesquelles elles correspondaient des signaux, à l'aide desquels ils pouvaient se communiquer tout ce qui se passait dans le pays conquis.

Les courses sont longues dans Nîmes, et si la ville était peuplée comme le comporte son étendue, elle n'aurait pas moins de cent mille habitans dans son enceinte, tandis que sa population actuelle s'élève à peine à trente mille âmes. Cela n'empêche pas qu'elle ne soit remarquable par l'industrie manufacturière de ses habitans, et sous ce rapport elle mérite d'être placée en première ligne parmi les cités du midi de la France.

C'est surtout la riche fabrication de la soie, ou pure ou combinée avec d'autres filamens, tels que le coton, la laine et autres matières, qui fait la principale branche de son commerce, l'un des plus importans de l'exportation française.

Les teintures de Nîmes pour la laine et pour la soie, jouissent d'une grande réputation et font un objet d'industrie assez considérable.

Pendant mon séjour à Nîmes, mon imagination me reportant aux siècles passés, je me promenais au milieu des Arènes, je contemplais les gladiateurs, je voyais les assemblées du peuple-roi, j'entendais ses acclamations, j'admirais dans les larges rues de la ville ces légions romaines, si imposantes et si belles. En considérant ces ruines illustres, ces inscriptions brisées, ces statues mutilées par les mains des barbares, que de majesté, que de gloire me rappelaient ces nobles traces du passage d'un grand peuple sur la terre!

Les impressions que faisaient naître en moi

ces augustes vestiges d'une grandeur qui n'est plus me rappelaient St.-Augustin quand il disait : Trois choses m'auraient fait grand plaisir : la première, c'eût été de voir l'ancienne Rome dans sa gloire; la seconde, d'entendre Cicéron parler dans la tribune aux harangues; et la troisième, d'entendre Saint-Paul prêcher les vérités divines avec la sublime éloquence de sa parole.

De Nîmes je me rendis à Uzès en traversant des prairies où serpentent les eaux du Gardon; où l'iris, le narcisse et le genêt fleuri émaillent la terre de leurs brillantes couleurs; où le grenadier, l'aubépine et plusieurs autres arbrisseaux odoriférans exhalent dans l'air leurs suaves parfums. C'est dans cette riante contrée que Florian a placé le sujet de son roman pastoral d'Estelle et Némorin.

La tour d'Uzès, que l'on aperçoit à une grande distance, fut bâtie par les Romains; elle est placée sur une éminence et domine toute la ville.

Le voyageur visite avec intérêt les rochers qui s'élèvent au Nord de la ville d'Uzès; c'est là qu'est la fontaine d'Eure, qui donna l'idée aux Romains de construire un aqueduc admirable pour fournir de l'eau en abondance à leur colonie de Nîmes. Cet aqueduc, dont on a découvert depuis peu la continuité, passait par le pont du Gard; il avait sept lieues d'étendue et formait dans son cours la figure d'un fer à cheval. La fontaine d'Eure et celle de Nîmes en étaient les deux extrémités, et le majestueux pont du Gard en était le milieu.

A la source même de la fontaine d'Eure située au bas des rochers d'Uzès, l'aqueduc existe dégradé dans sa partie supérieure ; mais le fond et les deux murs latéraux du canal subsistent et sont visibles jusqu'à l'endroit où, pour suivre le nivellement, l'aqueduc pénètre dans la terre.

Il est impossible, en voyant les restes de cet immense travail, de ne pas admirer l'excellente qualité du ciment des Romains, qui a bravé sans altération plus de vingt siècles.

La partie souterraine de l'aqueduc doit être parfaitement conservée, si l'on en juge par la beauté de la construction, qui paraît toute récente aux endroits où, sortant de la terre, il devient visible.

En venant d'Uzès au pont du Gard, avant d'arriver au chemin qui conduit de ce pont à Saint-Esprit, on voit à droite et à gauche de la route un grand nombre d'arcades dont quelques-unes sont entièrement conservées.

Après avoir passé sur le pont du Gard, l'aqueduc poursuit son cours en perçant les montagnes qui l'avoisinent.

Quand je pénétrai dans ce canal souterrain, je ne savais lequel je devais admirer le plus, ou de la patience des légions romaines qui employèrent quinze années de travail à percer ces rochers, ou de l'habileté des ouvriers qui vinrent à bout d'une telle entreprise sans le secours de la poudre, qui a permis depuis aux nations de construire des canaux souterrains à travers les montagnes.

Le pont du Gard, un des plus beaux monumens de l'antiquité et qui fait encore aujourd'hui l'admiration des plus habiles architectes, est situé à trois lieues de Nîmes, entre deux montagnes séparées l'une de l'autre par une distance de cent trente-six toises.

La rivière du Gardon, qui descend des montagnes des Cévennes et s'embouche dans le Rhône un peu au-dessus de Valabrègue, coule sous le pont auquel elle a donné son nom.

Ce colosse de maçonnerie, comme l'appelle l'historien du Languedoc, a une fondation solide et posée sur le roc vif, d'où s'élèvent trois rangs d'arcades à plein cintre qui forment trois ponts l'un sur l'autre, avec des retraites et des compartimens si bien proportionnés à toute la masse qu'on semble voir, dans cette habile disposition, le dessein qu'avaient les Romains d'immortaliser leur nom sur la terre.

La plupart des illustrations de l'Europe sont venues admirer ce travail prodigieux.

Des inscriptions nombreuses rappellent les

visites de l'empereur Napoléon, des empereurs d'Autriche et de Russie, des rois de Prusse, de Danemarck et d'une foule de savans et de hauts personnages.

Si le département du Gard offre de l'intérêt par les monumens de haute antiquité qu'il renferme, il n'en présente pas moins par la richesse et la variété de ses productions.

Le mûrier y est cultivé avec succès, et sa feuille, nourriture des vers à soie, y est d'un grand rapport. Les soies provenant des cantons d'Alais, du Vigan, de St-Jean-du-Gard, de St-Hypolite, de Lasalle, de Sumène, etc., sont très-estimées. Cette précieuse récolte fait la richesse des Cévennes ; elle est la source qui vivifie toutes les autres branches du commerce de ce pays.

Des plantations d'oliviers et de vignes sont répandues dans les belles prairies qui bordent le Gardon. Ces contrées produisent quelques vins très-estimés.

Plusieurs montagnes du Haut-Languedoc contiennent du plomb, de l'argent, de l'antimoine et d'autres métaux précieux.

Le Cèze et le Gardon roulent des paillettes d'or mêlées à beaucoup d'autres paillettes luisantes qui trompent l'œil le plus exercé. Condolet, charmant petit village situé près du Rhône, a toujours possédé et possède encore d'habiles orpailleurs. Je les vis un jour occupés à ce travail dans une presqu'île, à quelque distance de l'embouchure du Cèze dans le Rhône. Voici ce qu'ils m'apprirent de leur manière d'opérer l'extraction des parcelles d'or :

Ils vont, sur les bords du Cèze et du Gardon, chercher les endroits où les crues ont fait un dépôt de sable mêlé d'or. Par l'usage qu'ils ont de ce travail, ils sentent à la gravité de la corbeille si la terre dont elle est remplie contient de l'or. Ils appliquent sur le sable des couvertures, auxquelles s'adhèrent les parcelles de ce métal; puis ces couvertures sont secouées dans un baquet. On sépare ensuite l'or, à l'aide du mercure, des élémens hétérogènes auxquels il est mêlé.

Un travail assidu de tout un jour produit rarement moins de trente francs, quand six hommes se réunissent pour cette opération et que les crues sont favorables.

La cathédrale d'Uzès est remarquable par ses galeries suspendues autour de l'intérieur de l'édifice, et par sa tour à jour, dont la construction aux formes gracieuses et aériennes n'a sa pareille en aucun pays.

On montre aux étrangers le pavillon où Racine composa ses *deux frères ennemis*, pendant le séjour qu'il fit chez son oncle, chanoine de la cathédrale d'Uzès.

Près de l'ancien palais épiscopal sont deux

roches solitaires très-élevées et inclinées l'une sur l'autre. Au milieu de ces deux masses gigantesques est une excavation ou caverne, dont l'intérieur, qui se divise en deux espèces de chambres, fut, dit-on, consacré autrefois aux cérémonies du culte druidique. On voit encore aujourd'hui un escalier taillé dans le roc, lequel se rompt brusquement à quelques pas de l'autel, à la hauteur de cinq à six pieds.

Cet escalier se trouvait au bout d'un corridor obscur par lequel on faisait arriver la victime, et cette brusque rupture était, dit-on, faite à dessein pour l'empêcher de s'échapper par la fuite au couteau du sacrificateur qui l'attendait.

On sait que les Druides immolaient souvent des victimes humaines, et que ces sacrifices abominables furent interdits par les gouverneurs romains, lors de l'établissement de leur domination dans la province Narbonnaise.

J'eus sous les yeux, pendant mon séjour à Uzès, un ancien manuscrit qui fait mention d'un temple de prêtres druides, situé dans les rochers qui avoisinent la ville. J'en ai extrait la légende languedocienne qu'on va lire :

Au tems de nos aïeux, les Druides tenaient le premier rang dans notre pays ; les nobles occupaient le second, et le peuple languissait dans la servitude.

Il y avait des Druides dans toutes les Gaules; mais leur principale demeure était à Chartres, séjour du grand pontife sacrificateur, où l'on enseignait la divination et les dogmes d'un culte dont les mystères, comme ceux d'Éleusis à Athènes, n'ont jamais été révélés par aucun de leurs sectaires.

Quelque tems après la venue du grand César et de ses invincibles légions à Narbonne et à Nîmes, ces fiers Romains, qui élevaient des autels à des dieux inconnus, voulaient tout connaître dans le pays conquis, et l'ordre du sénat arriva même de s'enquérir de tous les lieux où les prêtres de la Gaule romaine s'assemblaient et de rechercher leurs écrits.

On découvrit plusieurs de leurs retraites dans des antres et au milieu des forêts; mais, pour les écrits concernant leurs rites et leurs solennités mystérieuses, il n'en fut découvert aucun, car ils n'avaient pas de tablettes de cuivre, de plomb ou d'ivoire, non plus que de papyrus, et ne se servaient point du graphium ou style à écrire*.

Les Druides enseignaient leur théologie de vive voix à leurs disciples. Les chefs de la

---

* Les anciens Gaulois n'avaient point de temples; ils ne commencèrent à en bâtir que sous la domination des Romains.

colonie ne purent donc rien transmettre au sénat romain touchant ces mystères. Ces dogmes ont été ensevelis en même tems que leurs sectateurs dans le secret de la tombe.

Mais la vigilance romaine n'en devint que plus active, et sur certains soupçons que ces mystères étaient horribles, humilians pour le genre humain, qu'on y sacrifiait dans les calamités publiques des hommes à Teutatès, divinité sanguinaire, les nouveaux maîtres du pays exercèrent la surveillance la plus grande.

Il arriva que le premier jour de l'an, jour destiné à la recherche du *gui sacré,* auquel nos anciens attribuaient de grandes propriétés, un jeune *Drudo* et une jeune *Druda,* qui s'aimaient à bonne fin, allèrent, revêtus de tuniques blanches, à travers la forêt de chênes qui longe le Gardon, accompagnés d'un chien fidèle, à la recherche du gui naissant.

Avant le lever du soleil, les deux jeunes amans étaient déjà bien loin du toit paternel, en face d'un rocher qui verse une eau continuelle. Ils traversaient sur la pierre le ruisseau limpide que forme cette cascade, lorsqu'un vieillard vénérable, revêtu d'une tunique de laine d'une éclatante blancheur, la tête ceinte d'une couronne de feuilles de chêne, et ayant un couteau d'or à la main, leur fit signe d'approcher. C'était le pontife révéré de cette partie des gaules ; les jeunes gens obéirent.

Un tissu du lin le plus pur fut étalé devant le pontife, qui détacha à l'aide du couteau sacré des branches de jeune gui et les répandit sur un voile, dont chaque extrémité revêtue d'un gland d'or était tenue par quatre prêtres druides, tandis que d'autres chantaient en chœur : *Au gui gaulois ! au gui l'an neuf !*

Le pontife fit alors ceindre le front des deux jeunes amans d'une couronne de ce gui sacré, et lui-même leur en offrit une branche en les invitant de nouveau à le suivre. Ils cheminaient ainsi doucement à travers les chênes plus que séculaires de la forêt, guidés par le pontife et ses prêtres.

Après une heure de cette marche silencieuse et imposante, le grand-prêtre s'arrêta et dit : *Gloire, louange à Teutatès !* et les Druides qui le suivaient redirent : *Gloire, louange à Teutatès !* et ajoutèrent : *qui renouvelle l'onde, la terre et l'air !*

Après ce cantique, le chef du cortége fixa les assistans et dit aux jeunes gaulois qui le suivaient : Qui êtes-vous, jeune Drudo et vous jeune Druda ? — Hermovic et Hilda, d'un lieu suburbicaire d'Uzès. — Vous allez entendre proclamer votre destin par le grand Teutatès lui-même ; vous n'étiez que fiancés, vous serez unis dès ce soir même en sa présence dans son sanctuaire, à son autel.

Le grand-prêtre commanda alors à Hermovic et à Hilda d'avancer à ses côtés. Ils étaient en ce moment-là près d'un antre dont l'entrée était fermée par une énorme pierre, qui fut dérangée à l'instant par les Druides. La terreur et l'effroi qu'inspirait la vue de ce lieu sombre firent d'abord reculer d'horreur et d'épouvante les deux jeunes gaulois, et ils voulurent prendre la fuite ; mais, hélas ! il n'était plus tems de reculer ou de fuir ; des bras vigoureux les précipitèrent dans l'antre du Dieu Teutatès, qui se referma aussitôt sur eux.

Précédés de plusieurs Druides qui dirigeaient leur marche timide et incertaine à travers un chemin obscur et sinueux, Hermovic et Hilda aperçurent bientôt, à la lueur de plusieurs lampes suspendues par des chaînes de fer, le temple et l'autel parés de cyprès et de pavots, et le chef des Druides lui-même qui était venu par une autre entrée.

Celui-ci commanda aux prêtres de lui présenter les deux jeunes gaulois. Ses ordres furent exécutés ; Hermovic et Hilda furent à l'instant descendus dans la grotte qui était plus bas.

La sécheresse qui affligeait le pays, la domination des Romains qui abolissait le pouvoir suprême des Druides, étaient deux calamités qui demandaient un sacrifice extraordinaire ;

il ne fallait pas moins que des victimes humaines, selon les prêtres Druides, pour réclamer la libéralité de Teutatès, pour apaiser son courroux et lui montrer la douleur publique de la Gaule.

Hermovic et Hilda étaient ces victimes sans le savoir. Ils furent entourés de bandelettes de lin, et leurs yeux s'ouvrirent à la vue de l'appareil épouvantable du sacrifice. Terrifiés et tremblans, ils le furent bien davantage encore quand le pontife sacrificateur leur adressa ces paroles :

« Hermovic, Hilda ! depuis long-tems nos larmes se mêlent aux parfums que nous brûlons sur nos autels. La Gaule envahie par un ennemi puissant, l'aridité de la terre, nos mystères troublés par des étrangers, notre Dieu lui-même tourné en dérision par de profanes humains, réclament de vous un dévouement héroïque à la patrie ! Vous êtes choisis pour être offerts en holocauste sur cet autel, où votre sacrifice désarmera la colère du grand Teutatès et fera tomber ses foudres sur nos tyrans !

Vous n'aviez plus de patrie ; en vous immolant, vous allez la reconquérir pour vos frères ; vous n'étiez que fiancés, mais vous allez être unis pour toujours ; et si le ciel vous enlève à la terre, c'est à cause de votre piété, de votre dévouement volontaire écrit là-haut : il sera immortalisé dans nos fastes, où vous recueillerez les hommages de la postérité. »

Après cette allocution foudroyante, malgré les cris, les larmes, les supplications du jeune homme et les accens du désespoir d'Hilda, Hermovic est placé sur l'autel d'où part la fumée de l'encens. Les sanglots et les tendres adieux que se font les deux victimes retentissent sous les voûtes du temple lugubre.

Près de l'autel une femme échevelée était assise sur un trépied, et un peu plus loin étaient groupés tous les prétendans au sacerdoce, revêtus de tuniques de différentes couleurs et ceints avec une ceinture de fer.

Leur tête était couverte d'une espèce de casque en forme d'obélisque. Ils portaient un bouclier sur lequel étaient gravés des épis de blé.

Déjà le pontife, dans l'attitude calme de l'inspiration, récitait lentement la prière des trépassés, selon les rites du sacrifice; déjà il détachait de son sein le couteau, lorsque les aboiemens du chien d'Hermovic se firent entendre en même tems que les pas précipités de plusieurs hommes qui arrivaient par les deux entrées de ce temple de la mort.

—Entrons-nous dans le Tartare, au séjour des Euménides, s'écriait un soldat romain? Et aussitôt un grand nombre de torches flamboyantes répandirent une grande clarté dans l'antre ténébreux, et un jeune Druide s'y précipitant avant les soldats vint dire au pontife sacrificateur que les Romains étaient là et qu'ils venaient d'investir le temple.

—Seigneur! dit-il, suspendez le sacrifice, les profanes arrivent sur mes pas.

—Loin d'ici les profanes! s'écrie le grand-prêtre.... A l'instant même, un centurion suivi de plusieurs soldats, le glaive à la main, arrête son bras homicide....

—Que signifie cet appareil, dit le centurion au chef des Druides?

—Celui d'un sacrifice au Dieu de la patrie!

—Et voilà les victimes?

—Elles ont été jugées dignes de lui être offertes.

—Vous connaissez l'ordre du sénat, il faut vous y soumettre; c'est faire injure aux dieux de l'empire que de répandre du sang humain sur leurs autels, et c'est manquer de respect à la majesté du peuple romain que de contrevenir à ses édits; et le grand Jupiter et Teutatès repoussent de leurs temples les sacrifices impies et sacriléges! Laissez aux Faunes, aux Sylvains et aux Dryades leurs forêts.

Salut, jeunes gens, ajouta le centurion en regardant Hermovic et Hilda et en inclinant son épée; rendez grâces aux dieux tutélaires du Capitole et à la vigilance des magistrats du peuple romain.

L'un des préteurs établi pour l'administration de la justice dans la colonie, arriva sur ces entrefaites avec les parens d'Hermovic et d'Hilda. Il ordonna au pontife des Druides de jurer sur l'autel, par Teutatès et les dieux de l'empire, qu'il renonçait lui et les siens pour toujours à l'immolation de victimes humaines; puis élevant la voix : Toute autorité, dit le magistrat romain, vient de Rome, du sénat et du peuple; en vous y soumettant, vous avez le libre arbitre de continuer vos rites et vos cérémonies, et vous allez en recommencer l'exercice en unissant, comme vous l'avez promis, Hermovic à Hilda.

La cérémonie du mariage s'accomplit à l'instant même sous les auspices du préteur, et les jeunes époux passèrent des portes du trépas aux joies de l'hyménée.

Depuis ce tems, la barbare coutume des Druides fut totalement éteinte dans le pays soumis à la domination des Romains.

XXIII.

EXPÉDITION DE CONSTANTINE

EN 1836.

Depuis mon retour en France, l'Algérie a été le théâtre de plusieurs événemens héroïques que tout le monde connaît. Je n'en ferai pas moins le récit des faits d'armes qui ont surtout occupé la renommée et fait battre d'admiration le cœur de tous les braves de l'Europe. Et d'ailleurs, dans un livre qui porte pour titre : *Souvenirs de l'Algérie,* pourrai-je ne pas consacrer quelques pages au souvenir glorieux des vainqueurs de Constantine et des héros de Mazagran?

Au mois de novembre 1836, une armée expéditionnaire, sous les ordres du maréchal Clausel, se dirigeait sur Constantine. Achmet-Bey se retirait devant nos troupes, et on lui supposait le projet de nous attendre sous les murs de sa ville pour nous en disputer la possession.

En attendant, les tribus l'abandonnaient et se joignaient pour la plupart à nous. Les Juifs, qui lui étaient tous hostiles, fomentaient des divisions dans son armée, et la désertion y était considérable.

Youssouf-Bey, à la tête de ses saphis, formait l'avant-garde de l'armée française composée de quatre brigades formant un effectif d'environ sept mille hommes. Les colonnes se réunirent à Guelma le 15 et se mirent en marche le 16, en suivant les deux rives de la Seybouse : les première et deuxième brigades sur la rive droite, les troisième et quatrième sur la rive gauche.

Cependant les soumissions des tribus arrivaient, et l'on n'apercevait aucune trace d'ennemis.

Du 16 au 21, l'armée continua son mouvement en avant, malgré les pluies abondantes qui ne cessèrent de tomber; mais arrivée au deuxième gué de la Seybouse, elle fut arrêtée par une plaine inondée qu'il fallait traverser.

Enfin le tems se remit et devint magnifique, et l'armée put se remettre en marche.

Les troupes du génie se donnèrent beaucoup de peine pour réparer les portions de la route dégradées par les torrens.

Arrivée à Raz-el-Acba, la colonne expéditionnaire trouva des obstacles qui arrêtèrent de nouveau sa marche. Ils étaient occasionnés par les accidens du terrain et par l'abondance des pluies, qui avaient fait déborder les rivières et qui avaient inondé les plaines. Les troupes du génie, sous les ordres du capitaine Redouté, travaillèrent avec une ardeur admirable et parvinrent à frayer un chemin à l'armée.

Cependant des difficultés d'un autre genre ne tardèrent pas à surgir. Plusieurs navires chargés de chevaux embarqués à Alger furent poussés jusque sur les côtes de Tunis, ce qui priva l'armée des moyens de transport sur lesquels on comptait. Force fut d'envoyer le bateau à vapeur *la Chimère* à Bougie pour y prendre une cinquantaine de chevaux ou mulets.

Après avoir passé le défilé de Raz-el-Acba, l'armée apprit qu'Achmet, ses femmes et ses trésors étaient sortis de Constantine. A Saumah, elle fut surprise vers 5 heures du soir par une pluie glaciale mêlée de neige. La nuit fut mortelle pour beaucoup de soldats et en engourdit d'autres par milliers.

Après être descendue d'un coteau où elle était campée, l'armée trouva le Ouëd-Ben-Mézioug extrêmement grossi et dut le traverser, les soldats ayant de l'eau jusqu'à la ceinture. La neige tombait toujours; néanmoins on franchit la rivière sans perdre un seul homme.

A une lieue plus loin, il fallut traverser un bras de la Tumelle. Nouvelle peine, nouvelle cause de maladie, et par suite diminution de combattans. Il ne restait pas alors quatre mille combattans sur les sept mille qui s'étaient mis en campagne.

L'armée arriva enfin sur le plateau de Mantsoure et prenait position à cent vingt toises de la place, lorsqu'un coup de canon et le drapeau rouge arboré sur les remparts détruisirent l'espérance que l'on avait eue d'entrer sans coup férir.

Il fallut alors recourir à la force; mais la force manquait de plus en plus, car le tems était horrible; la terre et les hommes étaient couverts de neige, et les voitures disparaissaient en se fixant dans la boue.

La ville ne voulait pas se mettre en hostilité contre les Français; mais des Kabyles y pénétrèrent par des portes que nous ne pouvions pas bloquer, et ils prirent de force le soin de sa défense.

Le second jour, une vive canonnade fut dirigée sur la porte Del-Cantara pour l'enfoncer. On continua le troisième jour, et la porte fut abattue.

On voulut y loger des sapeurs et ensuite des compagnies de grenadiers pour entrer ainsi dans la ville; la tentative ne réussit pas. Le seul parti alors que pût prendre l'armée était de se retirer, puisqu'elle n'avait rien pour vivre.

Sur les subsistances prises pour quinze jours, la moitié, presque enterrée dans les boues de Mantsoure, avait été abandonnée.

Le 24, vers huit heures du matin, l'armée quitta la position de Mantsoure à cent vingt toises de la place, et celle de Coudiat-Aty à la porte du sud où était l'avant-garde. Elle fut suivie d'abord par quelques centaines d'hommes sortis de la ville. Des cavaliers venaient de toutes les directions, et leur nombre s'élevait à près de deux mille. Il diminua les jours suivans, et l'on n'en vit plus le quatrième au défilé de Raz-el-Acba, où les Arabes, qui appellent ce passage le *coupe-gorge*, disaient que nous devions tous trouver la mort.

La retraite continua. Nos soldats, quoique malades, furent parfaits. Au milieu de tant de souffrances, de tant de fatigues et de dangers, ils ne proférèrent pas une plainte, ils ne montrèrent aucun découragement.

L'armée emmena tous ses canons, et une

garnison, composée pour la plupart d'indigènes, fut laissée à Guelma.

Il y eut pendant cette retraite plus d'un glorieux épisode qui fit briller dans tout son éclat la valeur et le dévouement chevaleresque des soldats français.

Le 63ᵉ de ligne et le bataillon du 2ᵉ léger du commandant Changarnier, soutenus par les chasseurs à cheval d'Afrique, repoussèrent brillamment toutes les attaques, tuèrent beaucoup de monde à l'ennemi, et le continrent constamment.

Dans un moment grave et difficile le commandant Changarnier se couvrit de gloire et s'attira les regards et l'estime de toute l'armée; entouré par les Arabes, chargé vigoureusement et perdant beaucoup de monde, il forma son bataillon en carré : « Soldats, dit-il d'une voix énergique, ils sont six mille et nous sommes deux cents; mais ils sont Arabes et nous sommes Français. Il n'y a que des lâches qui reculent, et je n'en connais pas un seul dans mon bataillon. *Vive le Roi!*......, » et ce cri fut répété deux fois par le bataillon, et les Arabes intimidés ayant fait demi-tour à vingt pas, un feu de deux rangs à bout portant couvrit d'hommes et de chevaux trois faces du carré.

L'artillerie, constamment et habilement dirigée par le colonel Tournemine, rivalisa de zèle et de bravoure avec toutes les autres armes.

Un fils du roi des Français, le duc de Nemours assistait à cette expédition et prit part à tout ce qui se fit dans l'armée de fatigant et de périlleux.

Parvenus aux régions élevées qui avoisinent Constantine, la pluie, la neige et la grêle avaient tombé avec tant d'abondance et de continuité qu'elles rappelaient aux vieux officiers les rigueurs de l'hiver de St.-Pétersbourg, en même tems que les terres entièrement défoncées leur représentaient les boues de Varsovie.

On peut donc dire, en parlant de notre jeune armée, que les fils des soldats de la Moskowa luttèrent comme leurs pères contre la fureur des élémens, et que, comme leurs pères, ils tombèrent, mais ne furent pas vaincus.

EXPÉDITION DE CONSTANTINE
EN 1837.

En 1837, une nouvelle expédition fut dirigée sur Constantine. L'armée expéditionnaire, divisée en quatre brigades et formant un effectif d'environ treize mille hommes, s'était réunie long-tems à l'avance au camp de M'jez-Hammar, sous les ordres du lieutenant-général comte de Damrémont.

Le 1er octobre 1837, l'ordre du jour qui suit fut lu devant le front des régimens :

« Soldats !

» L'expédition contre Constantine va commencer. Vous êtes appelés à l'honneur de venger vos frères d'armes, qui, trahis par les élémens, ont vu leur courage et leurs efforts échouer l'année dernière sous les murs de cette ville.

» L'ardeur et la confiance qui vous animent sont des gages du succès qui vous attend. La France a les yeux sur vous. Elle vous accompagne de ses vœux et de sa sollicitude. Montrez-vous dignes d'elle, du roi qui vous a confié un de ses fils, du prince qui est venu partager nos travaux, et que la patrie soit glorieuse de vous compter au nombre de ses enfans !

» *Le pair de France, gouverneur-général,*

» Comte de Damrémont. »

Partie du camp de M'jez-Hammar le 1er. octobre, l'armée arriva le 5 à Saumah et prit position ce jour-là même à environ deux petites lieues de Constantine, sur les bords du Ben-Mézioug. Le lendemain, de bonne heure, elle couronnait les hauteurs de Sata-Mansourah, et un peu plus tard celles de Coudiat-

Aty, sans que l'ennemi opposât une résistance sérieuse à sa marche.

Le lieutenant-général comte Vallée, ayant le commandement supérieur de l'artillerie, reconnut avec le lieutenant-général Fleury l'emplacement des batteries à établir, et on se mit aussitôt à l'ouvrage ; mais à peine l'armée s'établissait-elle qu'un tems affreux de pluies et de tempêtes vint l'assaillir.

Ce tems dura presque sans interruption jusqu'au 10. Il changea les bivouacs en des mares boueuses, dans lesquelles les chevaux enfoncèrent jusqu'au ventre et où les soldats ne pouvaient trouver aucun repos.

Cependant, après des efforts admirables, l'artillerie parvint à armer trois batteries à Sata-Mansourah et à en préparer une à Coudiat-Aty.

Le feu contre la place commença le 9 et dura une partie du 10. Les défenses de l'ennemi étant alors détruites en partie, la batterie de brèche put ouvrir son feu le 11, à quatre cents mètres de la place, sur le front de Coudiat-Aty.

La brèche était faite le soir, mais n'était pas encore praticable. Dans la nuit, les pièces furent transportées à cent cinquante mètres, et le 12 la brèche fut terminée. L'ennemi opposa partout une vive résistance ; ses batteries tirèrent tant qu'elles purent et avec acharnement.

Des fantassins embusqués sur le rempart ou dans les maisons attenantes à la muraille entretenaient un feu continuel à bonne portée. En même tems des attaques journalières eurent lieu contre les deux positions de Sata-Mansourah et de Coudiat-Aty.

La brèche étant terminée, comme nous l'avons déjà dit, le général en chef somma la ville de se rendre ; mais il n'en résulta aucune réponse satisfaisante d'Achmet-Bey, qui demandait avant d'entrer en pourparlers que nous cessassions nos travaux.

Le comte de Damrémont s'étant alors avancé de sa personne pour reconnaître la brèche, tomba au champ d'honneur frappé d'un boulet ennemi arrivant de plein fouet.

Le duc de Nemours était en ce moment à côté du général en chef, et le docteur Baudens qui accompagnait le prince décrivit alors en ces termes ce fatal événement :

« Ma position près de S. A. R. Mgr. le duc de
» Nemours qui accompagnait le gouverneur,
» me permit d'examiner sur-le-champ la bles-
» sure de cet officier-général, que je fis trans-
» porter à mon ambulance.

» On découvre dans le flanc gauche, au-
» dessous de la dernière fausse côte, une plaie
» largement béante de sept pouces d'étendue,
» donnant issue à une masse considérable d'é-
» piploon graisseux et à une portion de l'in-

» testin colon, qui est déchiré. L'estomac est
» perforé par le boulet, qui, entré dans la
» poitrine après s'être frayé un passage à
» travers le diaphragme et la base des pou-
» mons, est sorti par la région dorsale après
» avoir brisé en éclat les neuvième, dixième et
» onzième vertèbres, et laissant dans le tissu
» cutané une déchirure verticale longue de
» cinq pouces.

» Une petite plaie n'intéressant que le cuir
» chevelu existe à la région occipitale de la
» tête. Cette plaie provient de la chute du
» général, au moment où le boulet l'a at-
» teint.

» Côudiat-Aty, le 12 octobre 1837.

» BAUDENS. »

Par suite de la mort du général Damrémont, le lieutenant-général comte Vallée prit le commandement en chef de l'armée et donna les ordres nécessaires pour la formation des colonnes d'assaut, qui devaient être sous la direction du duc de Nemours.

Le 12 octobre, à 6 heures du soir, le nouveau général en chef annonça à l'armée, par un ordre du jour, que l'assaut serait donné le lendemain 13, à quatre heures du matin. Il prescrivit en même tems au colonel Tournemine, chef d'état-major de l'artillerie, de faire tirer toute la nuit, de cinq minutes en cinq minutes, pour empêcher l'ennemi de faire de nouveaux travaux, en tirant à mitraille dès qu'on apercevrait des travailleurs sur la brèche.

Le feu s'établit en conséquence, et la lune et le beau tems, favorisant ce tir de nuit, secondèrent l'adresse de nos canonniers.

Le feu de la place, presque nul le soir et une partie de la nuit, devint très-vif avant la pointe du jour, au moment où les colonnes d'attaque débouchèrent du Bardo pour se rendre à la batterie de brèche, et celui de nos quatre batteries redoubla en même tems de justesse et d'activité.

Enfin le vendredi 13 octobre, à sept heures, le général en chef, qui était à la batterie depuis quatre heures du matin avec S. A. R. Mgr. le duc de Nemours et le lieutenant-général du génie Fleury, donna le signal de l'assaut, et la première colonne d'attaque, le colonel de Lamoricière en tête, s'élança de la tranchée, franchit au pas de course l'espace qui la séparait de l'ennemi, et couvrit dans un instant le sommet de la brèche, pendant que le feu de nos batteries dirigé plus à droite achevait d'éteindre celui de la place et d'en disperser les défenseurs.

A neuf heures, le cri de *vive le Roi!* retentissait aux fenêtres de la grande caserne, le feu de nos batteries avait cessé de toute part, et le drapeau français flottait sur Constantine. Mais pendant ce terrible assaut combien de braves périrent, et quel sang généreux fut répandu !

Quand le colonel Lamoricière, s'élançant par-dessus les sacs à terre du parapet de la batterie, se précipita, l'épée haute, à la tête de ses Zouaves, oh ! alors il n'y avait plus ni tués ni blessés, on aurait marché sur le corps de son père.

On se battit pendant deux heures sur la brèche. Les Arabes faisaient une défense désespérée. L'effet de la mine qui sauta fut horrible, plus épouvantable, plus atroce que tout ce que l'on pourrait dire.

Le prince, qui était dans la batterie à cent pas de la muraille, fit belle contenance. En butte à une grêle de coups de fusil et à la mitraille d'une pièce de canon qu'on n'était pas parvenu à démonter, il ne sourcilla pas un instant.

Le duc de Nemours montra dans cette occasion qu'il était digne de commander à des soldats français ; il fut grenadier pendant le combat, humain, généreux et modeste après la victoire.

Les hommes mutilés, la peau en lambeaux et tout grillés, accouraient dans la batterie pour s'y faire soigner.

Le brave colonel Combes, du 47e. de ligne,

percé de deux balles au moment où il s'élançait à la tête de ses soldats, vint debout et d'un pas ferme rendre compte au prince de l'état de la brèche. L'enthousiasme le plus exalté dominait cette scène sanglante.

Enfin le chef des Kabyles qui défendaient la place, voyant que la résistance était inutile, se brûla la cervelle, et la défense de la brèche cessa. Les habitans furent successivement débusqués de tous les quartiers de la ville, dans lesquels ils se défendirent assez long-tems avec une extrême opiniâtreté ; plusieurs trouvèrent la mort en voulant se précipiter des remparts dans la plaine.

L'armée française déploya une rare bravoure dans ce siége mémorable ; les officiers de tout grade et les soldats de toutes armes accomplirent noblement leur périlleux devoir.

Nous eûmes des pertes nombreuses à déplorer; un jeune chef de bataillon du 2e. léger, M. Leblanc de Sérigny, fut tué sur la brèche, ainsi que le capitaine du génie Haket.

Le général Perregaux, les colonels Combes et Lamoricière ; les chefs de bataillon Dumas, aide-de-camp du roi ; Vieux, du génie ; le capitaine Leblanc, de la même arme, et le capitaine Richepanse reçurent de glorieuses blessures. Quelques-unes furent mortelles, mais les braves qui en furent atteints eurent du moins la consolation de mourir après la victoire.......

Colonel Combes! toi qui avais prononcé ces paroles sublimes qui sont un si bel éloge des nobles sentimens qu'il y avait dans ton âme toute française, lorsqu'à la première expédition de Constantine l'épaulette de général que tu méritais si bien t'ayant été offerte, tu répondis : « Si jamais les étoiles de général tombent sur mes épaulettes de colonel, je veux que ce soit en un jour de victoire et non dans un jour de revers pour ma patrie, » tu devrais le porter maintenant cet insigne vénéré du soldat; mais tu mourus en te dévouant héroïquement pour le salut de ton régiment et pour la gloire de la France..... La France! elle t'avait déjà donné son admiration, elle vient tout récemment de payer à ta veuve et à tes enfans le tribut de sa reconnaissance.

L'état des pertes de l'armée pendant le siége s'éleva à quatre-vingt-dix-sept morts et quatre cent quatre-vingt-quatorze blessés. Dans ce nombre, il y eut quinze officiers de tués, et trente-huit reçurent des blessures plus ou moins graves.

La chute de Constantine eut un grand retentissement en Afrique. Jusqu'au dernier moment les Arabes avaient regardé comme impossible la prise de la place. Une profonde stupeur suivit l'événement, et les tribus en conçurent une haute idée de la puissance de la France.

Dans l'impossibilité où je suis de citer, comme j'en aurais le désir, les noms de tous ceux qui s'illustrèrent pendant cette glorieuse campagne, je termine en disant :

Honneur aux vainqueurs de Constantine et à l'armée entière, sur laquelle rejaillit la gloire de ce brillant fait d'armes, car les vainqueurs de cette seconde Sarragosse étaient une partie de l'armée française ! Honneur donc à nos braves de toutes les armes, car ils prouvèrent en cette circonstance qu'en tout tems et sous tous les règnes le soldat français sera toujours digne de son antique et proverbiale réputation de vaillance.

XXIV.

MAZAGRAN.

Je ne crois pas qu'il soit possible de terminer d'une manière plus heureuse le récit des hauts faits qui ont illustré nos armes en Algérie, qu'en citant la victoire brillante des *Cent vingt-trois* de Mazagran la défense miraculeuse de ce poste vivra dans l'histoire et sera l'une des pages les plus héroïques des fastes militaires de la France.

J'emprunte à la plume de M. Chapuys de Montlaville, dont la voix généreuse s'est fait entendre la première pour demander à la patrie la récompense due à ces braves, son admirable récit de ce prodigieux fait d'armes.

« Sur les côtes d'Afrique, en face des beaux rivages de Malaga, à une lieue de la mer, sur une colline étendue, s'élève une ville arabe du nom de Mostaganem. Elle était autrefois le chef-lieu d'une petite province dont dépendaient Matamore et Mazagran. A une heure de marche, soit que l'on suive la plaine à travers des jardins délicieux peuplés d'orangers, de garoubiers, de figuiers, d'oliviers, d'arbres robustes, de plantes vigoureuses et charnues, telles que nous les fournissent les ardeurs de la terre tropicale, soit que l'on suive la crête du coteau et que l'on foule jusqu'à l'arrivée sa pelouse fine et légère, on trouve une autre petite ville arabe composée de chétives maisons liées entre elles par des murs mitoyens, n'ayant pour toute ouverture qu'une seule porte, donnant sur la rue ou sur la campagne : c'est Mazagran.

» Les rues sont étroites à ce point que, dans la plupart, on est forcé de se suivre et qu'il n'est pas possible de marcher côte à côte. Les maisons sont des cahuttes construites en pierres sèches ; l'intérieur est sans mobilier. On voit que ces pauvres demeures appartiennent à des hommes que la civilisation n'a pas encore atteints.

» La ville est sans fortifications ; les murs des maisons forment seulement une espèce de chemise militaire qui, de loin, présente l'aspect d'une muraille de défense.

» Il y a au sommet du coteau dominant la mer un réduit qui est la citadelle du lieu. Ce réduit se compose de deux marabouts que le maréchal Clausel a fait fermer, et qui se joignent par quelques ouvrages en terre. On a relevé des fossés, établi des murs en pierres sèches, et puis on a dit à cent vingt-trois soldats du bataillon d'Afrique : « Vous garderez ce poste contre l'ennemi ; » et le bataillon d'Afrique a répondu : « Je garderai ce poste contre l'Arabe, son armée couvrît-elle de ses feux épars la colline et la plaine. »

» Cependant les journées se passaient, et l'ennemi ne venait pas.

» Tout à sa vie joyeuse et quelque peu indocile du joug, la dixième compagnie d'Afrique occupait ses loisirs à jouer, à chanter, à se quereller.

» Le 2 février, rien n'annonçait encore l'approche de l'ennemi ; cependant on le voyait depuis plusieurs jours paraître et disparaître à l'horizon ; tout-à-coup les vedettes signalent les Arabes, et aussitôt le réduit est enveloppé par une multitude poussant des cris sauvages et agitant au-dessus d'elle ses drapeaux et ses armes.

» C'est une surprise par masses, une invasion de la colline et de la plaine. La surprise et l'invasion furent tellement complètes et rapides que le lieutenant Magnian, qui était hors des murs, n'eut pas le tems de rentrer avant la fermeture des portes ; il se présente toutefois, et à l'aide d'une corde on le hisse dans l'intérieur, où il rivalise avec ses camarades de zèle et d'intelligence.

» Cependant, au milieu de cette nuée de cavaliers conduits par les Beys de Tlemsen et de Mascara, on distingue un bataillon d'infanterie marchant avec ensemble, soumis à une organisation régulière. Il pénètre dans la ville et s'établit dans les maisons qui font face à l'asile dans lequel nos soldats se sont réfugiés.

» Ce bataillon régulier est sous les ordres de Mustapha-Ben-Tamy.

» A ses allures précises, à ses premières opérations, on reconnaît une pensée européenne. Si nos renseignemens sont exacts, on peut affirmer qu'il a été instruit et dirigé par des misérables qui n'ont pas craint de déserter nos rangs pour combattre leur patrie, par des hommes qui ont passé de la civilisation à la barbarie.

» Avant que le feu soit engagé sérieusement, pendant que les Arabes paradent dans la plaine et tirent à coups perdus sur le réduit, qu'ils considèrent déjà comme leur proie, l'infanterie arabe prépare silencieusement son attaque. Les maisons qu'elle occupe à une portée de fusil des nôtres sont crénelées; les deux pièces qu'elle traîne à sa suite sont placées en batterie sur un plateau de cinq à six cents mètres qui domine un peu la position française.

» Ces préparatifs achevés, la fusillade commence avec une grande vivacité. Alors la cavalerie se rapproche; elle tire des milliers de coups de fusil; l'infanterie soutient un feu nourri, et l'artillerie bat avec vigueur les murailles qui abritent nos braves.

» Ce premier jour, les Arabes avaient en ligne une nombreuse cavalerie, quatre cents hommes d'infanterie et deux pièces de canon.

» Le capitaine Lelièvre n'avait à sa disposition qu'une pièce de campagne, quarante mille cartouches; mais il avait cent vingt-trois braves.

» Ces cent vingt-trois braves se multiplient; ils répondent à tous les feux; ils portent l'indécision et l'effroi dans les colonnes arabes à mesure qu'elles se présentent; leur pièce unique tire avec tant de justesse qu'elle abat les hommes par poignées; un paquet de mitraille jette par terre un monceau d'hommes et de chevaux. Des deux parts l'acharnement est le même. L'intrépidité des nôtres gagne les Arabes ; ils montent sur la brèche ; ils se jettent à corps perdu sur les sacs de terre pour les arracher, et sont tués à coups de bayonnette ou à coups de pierre.

» Les grenades surtout, lancées à propos dans les groupes, font de grands ravages sans abattre le courage de ces fanatiques.

» A peine cessent-ils le combat pendant la nuit. On les voit ramper dans l'ombre pour épier le moment d'une surprise ; mais toute surprise est impossible ; nos soldats veillent et profitent des courts instans de repos que leur laisse l'ennemi pour réparer, avec la truelle et la pioche, les ouvertures faites par les boulets arabes. Cependant les chefs ont envoyé chercher des renforts : deux ou trois mille hommes ne se croient pas capables d'enlever une bicoque défendue par cent vingt-trois Français ; les messagers amènent toute la réserve ; les cavaliers s'abattent ainsi par milliers sur Mazagran. Quatre-vingt-deux tribus, dont quelques-unes touchent au désert, fanatisées par les prédications, entraînées par les fausses espérances de Mustapha-Ben-Tamy, avaient fourni leur contingent. Tous arrivent ; un registre est ouvert pour l'assaut ; deux mille Arabes s'y inscrivent aussitôt. A chaque minute, les lignes ennemies s'épaississent et s'approchent. Ce n'est plus une troupe supérieure de deux ou trois mille Arabes, c'est une armée entière: et dix, douze et jusqu'à dix-sept mille cavaliers, dit-on, viennent se joindre à la première cohorte et se dirigent en rugissant contre les faibles murailles de la petite citadelle. A ce moment, la batterie du plateau redouble son feu; la pierre cède avant l'homme; la brèche est faite, et aussitôt la troupe des deux mille, l'élite des Arabes se précipite sur cette brèche. C'est alors que le capitaine Lelièvre, comprenant et faisant comprendre à ses braves qu'il faut lutter avec adresse et que le courage ici ne suffit pas, conçoit et exécute une habile manœuvre. Il simule la mort dans son réduit : tout se tait, les balles ne sifflent plus, les hommes se couchent à plat ventre, le fusil armé, le doigt sur la détente; le silence règne, l'Arabe s'élance, et à l'instant où il croit pénétrer dans la place et y planter l'étendard victorieux du prophète, nos braves se lèvent, une ceinture de feu enveloppe l'ennemi : chaque coup emporte un homme, la brèche est comblée par les cadavres; l'étendard du prophète est renversé, il est souillé de sang et de boue; l'ennemi fuit : une heure a suffi à cette victoire.

» Tout n'est pas fini cependant : les Arabes se rallient; ils reviennent à la charge. Ceux qui étaient dans la plaine montent sur la colline; une nouvelle foule se dirige sur le réduit ; d'énormes poutres sont placées contre les murailles ; l'ennemi s'en sert comme d'échelles ; il monte à l'assaut, pénètre sur la crête de la muraille, et c'est là qu'une lutte corps à corps s'établit avec les nôtres, qui frappent à coups de sabre et triomphent encore une fois.

» La fusillade, la canonnade recommencent ; les assiégés y répondent aussi vigoureusement que la première fois.

» Cette troisième tentative est un coup de désespoir. L'Arabe y met de la rage ; il se fait tuer à découvert. Le fanatisme, le dépit, la douleur, la honte le transportent : on le voit s'avancer hardiment sous le feu de nos hommes, planter trois drapeaux à une faible distance des murailles et environner ces drapeaux d'une troupe toujours fidèle, toujours combattant, quoique toujours décimée. Autour de ces drapeaux s'élèvent insensiblement des monceaux de cadavres, et toujours de nouveaux hommes viennent prendre la place des hommes tombés.

» C'est que ces Arabes sont les soldats de l'armée sainte, les Arabes du prophète. Ils avaient été envoyés par l'émir pour vaincre ou pour mourir, et ils obéissaient en mourant.

» Ainsi, pendant quatre jours consécutifs, cent vingt-trois hommes ont subi trois assauts et tenu tête à douze mille ennemis, dont le courage n'est pas douteux et dont les moyens d'attaque n'étaient pas aussi incertains, aussi faibles qu'on pourrait le supposer.

» Ils ont triomphé. Leur drapeau criblé de balles, déchiré par la mitraille, est un trophée qui ne les quittera plus. Le général Guéhéneuc, commandant à Oran, leur a dit dans un noble langage qu'ils ne se sépareraient plus de ce témoin glorieux de leurs hauts faits.

» Mais comment les désigner désormais? quelle dénomination consacrer à cette dixième compagnie ? la nommera-t-on, comme nos vieilles légions de la république, l'*Intrépide*, la *Terrible*, l'*Infernale?* Napoléon l'eût appelée l'*Immortelle*, et c'est ainsi qu'on l'appellera.

» Cette magnificence du courage français a saisi les imaginations arabes, et ce fait de guerre fera peut-être plus que cent victoires pour la consolidation de notre établissement en Afrique et pour la soumission des tribus.

» Voici l'extrait d'une lettre écrite par un Arabe de Mostaganem à un Arabe de l'intérieur. Ces expressions pittoresques, cette verve orientale peignent admirablement les quatre grandes journées de Mazagran :

» On se battit, dit le narrateur arabe, quatre
» jours et quatre nuits : c'étaient quatre
» grands jours, car ils ne commençaient pas
» et ne finissaient pas au son du tambour.
» C'étaient des jours noirs, car la fumée de la

» poudre obscurcissait les rayons du soleil,
» et les nuits étaient des nuits de feu éclairées
» par les flammes du bivouac et par celles des
» amorces. »

» C'est du 2 au 6 février que s'est accompli ce drame. Le 6, un nouvel assaut est tenté; mais déjà le découragement a traversé les rangs ennemis, les lignes ne sont plus serrées, elles flottent ouvertes, indécises.

» Elles se débandent. C'est en vain que les chefs supplient les soldats de continuer le combat ou de s'établir autour de Mazagran, afin de le réduire par la famine, c'est en vain qu'ils disent : nous sommes encore cent contre un. On n'écoute plus leurs paroles, on ne croit plus à leurs encouragemens, les âmes sont abattues, les soldats répètent que la fatalité est là et que Dieu combat pour nous.

» Frappés de désolation, ils se retirent.

» Les drapeaux sont enlevés et repliés vers les tentes, l'infanterie quitte les maisons, les cavaliers abandonnent leurs montures pour relever les morts. Après leur départ on a découvert de vastes silos remplis de cadavres.

» La nuit qui précéda leur retraite fut pour eux une nuit funeste. On entendit s'élever dans leur camp de douloureuses lamentations : ils pleuraient leurs parens, leurs chefs morts, ils pleuraient leur gloire perdue, Mahomet humilié devant le Christ.

» Les calculs les plus modérés évaluent leur perte à six cents morts. La garnison de Mazagran n'a perdu que trois hommes et ne compte que seize blessés.

» Abd-el-Kader a fait une perte irréparable par la destruction presque entière de son bataillon d'infanterie régulière.

» Il avait passé de longs mois à l'organiser, il avait payé cher les déserteurs qui l'avaient instruit, et il fondait sur ces nouvelles manœuvres ses meilleures espérances. Pendant ce combat de cent heures, les Arabes ont fait preuve non-seulement d'intrépidité, mais d'une certaine tactique à laquelle nous n'étions pas habitués. Ils avaient réuni sur ce point toutes les forces de leur intelligence, de leur savoir et de leur courage. Ils se sont surpassés eux-mêmes. L'émir attachait un grand intérêt au succès de cette attaque; cette victoire devait le décider à marcher sur Oran et à tenter la prise de cette capitale.

» Ce coup hardi, s'il avait réussi, pouvait rendre à toutes les tribus l'élan de la première année; il aurait facilité la levée en masse que l'émir aurait ordonnée comme prophète, et nous aurions eu à nous défendre dans toute la régence contre la guerre sainte.

» Il est juste d'expliquer ici à son tour la belle conduite de la garnison de Mostaganem pendant le siége de Mazagran.

» Dès le premier jour, elle s'était mise en marche pour aller au secours de ses frères.

» Arrivée sur le plateau, elle s'aperçut qu'il lui serait impossible, avec ses faibles moyens, de percer une troupe de douze à quinze mille cavaliers qui la séparait de Mazagran. La position du commandant était d'ailleurs critique. Mostaganem est une ville de trois à quatre mille âmes, peuplée d'Arabes alliés, il est vrai, mais dont la fidélité n'est pas à toute épreuve. S'il essayait une trouée, l'ennemi pouvait se rejeter sur Mostaganem et s'en emparer sans coup férir; peut-être attendait-il cette manœuvre, espérait-il ce résultat? Ce qui le fait présumer, c'est que les Arabes avaient fait dire au commandant, avec leur fanfaronnade orientale, que si les Français quittaient Mostaganem ils y rentreraient avant eux. Le lieutenant-colonel Dubarail fit donc sagement d'arrêter ses soldats au moment où l'ennemi tentait de se jeter entre la ville et ses troupes pour lui couper la retraite; il étendit aussitôt une ligne de tirailleurs sur ses flancs et se retira, toujours suivi, toujours combattant, jusque dans la ville.

» Mostaganem présentait à son retour un spectacle désespéré : les femmes, les enfans, les vieillards étaient éperdus; chacun se préparait à la fuite ou à la mort; on enterrait les richesses, on faisait des préparatifs de départ;

les plus faibles pleuraient, les femmes poussaient de grands cris : nul n'osait espérer qu'une poignée de Français pourrait résister à tant d'ennemis, nul ne croyait à un effort aussi prodigieux.

» Le lendemain et les jours suivans, les sorties recommencèrent ; l'ennemi éprouva des pertes graves. Les Arabes mettaient une si grande ardeur dans leurs attaques que les batteries tiraient sur eux à portée de pistolet, et que la garnison de Mostaganem en a tué un grand nombre à bout portant.

» La dernière sortie eut lieu le 6 après-midi. Trois cents hommes allaient se mesurer contre huit mille. Le capitaine Palais, commandant l'artillerie, précédait la colonne avec deux pièces de canon ; dix autres pièces avaient été disposées pour protéger la retraite, et ce fut à elles que l'on dut de pouvoir rentrer dans la ville sans éprouver des pertes plus considérables.

» A peine la colonne était-elle hors des murs qu'elle fut attaquée vigoureusement ; elle tint bon, et trouva assez de ressources dans son courage pour occuper l'ennemi et opérer ainsi une heureuse diversion en faveur de Mazagran.

» Le combat ne finit qu'à la nuit. Le lendemain, il n'y avait plus d'ennemis dans la plaine.

» Les efforts de la garnison de Mostaganem n'ont pas été sans fruit ; ils ont contribué à lasser l'ennemi, à répandre la terreur dans ses rangs, et une part honorable lui est due dans la délivrance de Mazagran. Si le lieutenant-colonel Dubarail n'a pas poussé la reconnaissance à fond et s'il n'a pas tenté d'arriver à Mazagran, ce n'est pas assurément faute de résolution, mais il ne pouvait pas s'éloigner sans livrer Mostaganem à l'ennemi. Son devoir a enchaîné son courage.

» Ajoutons que tous, officiers, sous-officiers, soldats, ont fait noblement leur devoir, et qu'ils méritent de recevoir un témoignage de la reconnaissance publique.

» Le 7 au matin, l'ennemi avait levé son camp, la plaine était déserte, et, suivant une belle expression, un silence plus effrayant que celui des tombeaux régnait sur Mazagran, lorsqu'une partie de la garnison de Mostaganem se dirigea vers cette ville, tremblant de trouver à chaque pas les débris mutilés du bataillon d'Afrique; elle suivait en hâte le plateau, lorsque tout à coup un point apparaît au-dessus de la ville arabe; c'est quelque chose qui flotte; on avance, on court; l'objet devient plus distinct, c'est le drapeau tricolore, ce sont ses lambeaux glorieux, mais vivans; il est déchiré, les regards le traversent en tous sens, mais c'est le drapeau de la France; il flotte sur la citadelle mutilée : les défenseurs de Mazagran l'entourent encore ; on se précipite, on les atteint, on les aborde, on les entoure, on les embrasse, on les admire, on croit assister à une résurrection. Eux, calmes et modestes, dans toute la majesté du courage, ne semblent pas s'apercevoir qu'ils viennent d'accomplir un fait héroïque ; seulement, lorsqu'on leur demande ce qu'ils veulent, des éclairs jaillissent de leurs yeux : *Du biscuit, des cartouches et tonnerre*, disent-ils.

» Ceci rappelle Marceau, répondant à un représentant du peuple qui lui demandait, après la capitulation de Verdun : « Que veux-tu ? — Ce que je veux, un sabre pour nous venger. »

» Deux heures après, le drapeau de Mazagran entrait à Mostaganem, au milieu des acclamations de la foule et au bruit de l'artillerie qui le saluait.

» C'est alors que le commandant de Mostaganem apprit, dans la conversation, que le capitaine Lelièvre avait tout préparé pour se faire sauter, en cas de revers; il le dit à ses soldats qui le trouvèrent tout simple, et lui le redisait avec la même simplicité, comme s'il n'y avait rien d'extraordinaire dans cette résolution qui rappelle d'Assas, le *Vengeur* et Bisson. »

Filippi, capitaine
au 50ᵉ régiment
1840.

TABLE DES MATIÈRES.

Introduction. 3

I.

Blocus d'Alger. — Préparatifs de l'expédition. — Les montagnes d'Ollioules. — La Sainte-Beaume. — Toulon. — Les bagnes. — L'embarquement. — Le bivouac de l'Empereur. — La rade. — Le peintre de Charles X. — Enthousiasme des Provençaux et de l'armée. — L'armée huit jours stationnaire. — La corvette la Bonite. — La couche anti-sociale. — Le homar de terre. — Le départ. — Les deux aventurières. — Physionomie de la Bonite en pleine mer. — Le spectacle en plein vent. — Vue de Mahon et de son port. — Croisières des Algériens. — Mlle de Bourck et la rançon de 75,000 francs. — Le coup de vent. 19

II.

La rade de Palma. — L'officier espagnol. — Palma et sa cathédrale. — Le général Berthier de Sauvigny. — L'évêque de Palma. — Le corps saint. — La trésorerie. — San Domingo. — Le général la Romana. — Lalameda. — Beauté des femmes de Maïorque. — Les funérailles. 45

III.

L'île de Cabrera. — Taher-Pacha. — Le commandant de la *Bonite*. — Le coucher du soleil, et la mer lumineuse. . 59

IV.

Le mistral. — Les montagnes de l'Atlas. — Entrée de la flotte française dans la rade d'Alger. — Vue d'Alger. — L'armée navale défile en ordre de bataille devant cette ville. — Sidy-Ferruch. — Le branle-bas du combat. — Les phalanges flottantes. — Débarquement de l'armée. — Les Bédouins et les Turcs. — Combat de Sidy-Ferruch. — Les feux de la marine jettent la consternation et la mort dans les hordes arabes. — Le tombeau des braves. — La frégate anglaise. — Les plaines fertiles de l'Algérie. — Le désert de Sahara. — Le pays des Kabyles. — Les chevaux numides. — La chasse à l'autruche. — Marche des colon-

nes françaises.—Les têtes coupées.—Le Bédouin familier.
— L'ouragan. — La flotte court un grand danger. — Les
feux du bivouac. — Le bois d'orangers. — Attaque des
Arabes au milieu de la nuit.—La fusillade s'engage sur
toute la ligne.—Retraite des Arabes. 69

V.

Affaire de Staouëly (19 juin 1830). 91

VI.

Le bivouac après la victoire. — La tente d'Ibrahim. — Les
parfums de l'Orient.—La tente de l'odalisque.—Les dromadaires. — Les Abdalazzis. — Le vieux Bédouin. — La
roche des amans.—Les Arabes jugés par Napoléon. . 103

VII.

Combat de Sidy-Kalef.—Le jeune Amédée de Bourmont
est blessé à mort.—Douleur du général en chef.—Explosion d'un magasin à poudre.—Terreur panique au camp
de Sidy-Ferruch.—Le lieutenant Amoros est assassiné.—
Affreux coup de vent dans la baie de Sidy-Ferruch. —
Massacre d'un bataillon du 4e. léger, surpris par les Arabes
au fond d'un ravin au moment où les armes étaient démontées.—Combats meurtriers des 26, 27 et 28 juin. . 115

VIII.

Assaut du 29 juin. — L'approche du combat. — L'armée
aborde l'ennemi à la bayonnette sans tirer un seul coup de
fusil.—L'armée couronne les montagnes qui dominent
Alger et le fort l'Empereur.—Alger est investi par terre
et par mer.—Les consuls européens.—Chants des Israélites.—Les environs d'Alger.—La cantinière du 9e. léger.
—Ouverture de la tranchée devant le fort l'Empereur.
— Sortie des Algériens.—La marine canonne les forts
d'Alger à demi-portée. 127

IX.

Explosion du fort l'Empereur.—Un envoyé de la milice
turque propose au général en chef de lui apporter la tête
de Hussein-Pacha.—Les bagnes d'Alger.—Les naufragés
des bricks l'*Aventure* et le *Silène*.—Le trésor de la
Kasaba. 147

X.

Entrée de l'armée française dans Alger.—Insouciance des Algériens à la vue des Français, maîtres de leur ville.—Cérémonie religieuse dans le palais de la Kasaba.—La danseuse du grand Opéra de Londres.—La contemporaine.—Les têtes des soldats français empilées comme des boulets de canon dans la Kasaba.—Description de ce palais.— Le trône de Hussein.—Intérieur du harem.—Canons français pris à la bataille de Pavie, trouvés à la Kasaba.—Expédition de Charles-Quint.—Désarmement des Turcs et des Maures.—Richesse de leurs armes. 165

XI.

Hussein-Pacha, Dey d'Alger.—Cruauté d'Aly, son prédécesseur.—1,400 Turcs mis à mort.—Ben-Cadi-el-Malek, premier ministre d'Aly, est étranglé par les ordres de Hussein, qui lui devait son élévation.—Violence et opiniâtreté de Hussein.— Férocité de la milice algérienne.— Six Deys d'Alger immolés successivement dans un seul jour.— Hussein-Pacha quitte l'Algérie, et se rend à Naples à bord d'une frégate. 177

XII.

La ville d'Alger. — Les cimetières. — Les minarets.—Tombeaux des Deys.—Les tentes françaises.—Meurtre d'une femme arabe. 189

XIII.

Une Française captive à Alger. 199

XIV.

Prise du fort Maz-el-Kébir.—Entrée à Bone et à Oran.—Les ruines d'Hippone.—Abdourrahman, Bey de Titery.—Expédition de Blida.—L'interprète égyptien.—Le talisman.—Trahison des Arabes.—Mort du commandant Trélan.—M. de Bourmont reçoit le bâton de maréchal de France.—Conspiration de la milice turque.—Assassinat du colonel du 4e. léger.—Découragement de l'armée.— Le vent du désert.—La revue.—Les ordonnances de juillet.—L'ordre du jour.—M. de Bourmont se retire en Espagne. 213

XV.

Abd-el-Kader. 233

XVI.

Peuples de l'Algérie. — Leur origine.— Les Berbères ou Kabyles.—Les Arabes-Bédouins.—Les Maures. . . . 245

XVII.

Instruction.—Ecoles musulmanes et israélites.—Industrie. —Agriculture. — Commerce. — Monnaies. — Bazars. . . 267

XVIII.

Vengeance terrible d'un turc.—Captivité, souffrances et fin tragique d'un portugais et d'une jeune fille de la plaine de Métidja. 281

XIX.

De la religion et des lois de l'Algérie. 293

XX.

Retour en France.—Les côtes de Provence.—Le Lazaret de Marseille.—Les deux Contarini. 313

XXI.

Aix, colonie romaine.—Ses troubadours.—Caractère de ses habitans.—Armes de la ville.—Eaux thermales.—L'Hôtel-Dieu.—Le corps d'une bienheureuse.—Tombeau singulier.—Promenades. 331

XXII.

Nîmes.—Ses monumens historiques.—La Maison-Carrée.— Les Arènes.—Le temple de Diane. — La Tour-Magne.— Industrie.—Commerce.—Uzès.— La fontaine d'Eure.— L'aqueduc de sept lieues.—Le pont du Gard.—Les montagnes du Languedoc.—Les orpailleurs.—Le pavillon de Racine.—Le temple des Druides.—Une légende languedocienne. 339

XXIII.

Constantine. 359

XXIV.

Mazagran. 375

Douai. Imprimerie de V. ADAM, rue des Procureurs.
1840.

www.ingramcontent.com/pod-product-compliance
Lightning Source LLC
Chambersburg PA
CBHW050437170426
43201CB00008B/710